21 世纪高职高专规划教材·物流管理系列

# 物流运输管理实务

（第 2 版 修订本）

主　编　徐家骅　沈　珺
副主编　徐　娜　陈克锋

清华大学出版社
北京交通大学出版社
·北京·

## 内容简介

本书共12章，在编写过程中注意吸收现代管理学科的最新研究成果，基于对国内外大量理论成果的收集、分析、研究，以最新的现代物流管理视角，从运输企业市场策略、运输服务的管理与创新、运输成本管理、运输业务流程管理等方面进行阐述，避免了过于深奥的理论探讨，突出了其实用性和可操作性，有利于学生分析和解决实际问题能力的提升，符合高职高专教育的培养目标和教学特点。本书可作为高职高专院校物流管理专业的教学用书，也可供企业物流管理人员参考和培训使用。

本书封面贴有清华大学出版社防伪标签，无标签者不得销售。
版权所有，侵权必究。侵权举报电话：010-62782989　13501256678　13801310933

### 图书在版编目（CIP）数据

物流运输管理实务／徐家骅，沈珺主编．—2版．—北京：北京交通大学出版社：清华大学出版社，2017.8（2019.9重印）
（21世纪高职高专规划教材·物流管理系列）
ISBN 978-7-5121-3238-2

Ⅰ．①物…　Ⅱ．①徐…　②沈…　Ⅲ．①物流-货物运输-管理-高等职业教育-教材　Ⅳ．①F252

中国版本图书馆CIP数据核字（2017）第130569号

**物流运输管理实务**
WULIU YUNSHU GUANLI SHIWU

| | |
|---|---|
| 责任编辑：张利军　　助理编辑：陈建峰 | |
| 出版发行：清华大学出版社　邮编：100084　电话：010-62776969　http://www.tup.com.cn | |
| 　　　　　北京交通大学出版社　邮编：100044　电话：010-51686414　http://www.bjtup.com.cn | |
| 印 刷 者：艺堂印刷（天津）有限公司 | |
| 经　　销：全国新华书店 | |
| 开　　本：185mm×260mm　　印张：16.5　　字数：410千字 | |
| 版　　次：2019年9月第2版第1次修订　　2019年9月第2次印刷 | |
| 书　　号：ISBN 978-7-5121-3238-2/F·1718 | |
| 印　　数：3 001~5 000册　　定价：45.00元 | |

本书如有质量问题，请向北京交通大学出版社质监组反映。对您的意见和批评，我们表示欢迎和感谢。
投诉电话：010-51686043，51686008；传真：010-62225406；E-mail：press@bjtu.edu.cn

# 出版说明

高职高专教育是我国高等教育的重要组成部分，其根本任务是培养生产、建设、管理和服务第一线需要的德、智、体、美全面发展的高等技术应用型专门人才，所培养的学生在掌握必要的基础理论和专业知识的基础上，应重点掌握从事本专业领域实际工作的基本知识和职业技能，因而与其对应的教材也必须有自己的体系和特色。

为了适应我国高职高专教育发展及其对教学改革和教材建设的需要，在教育部的指导下，我们在全国范围内组织并成立了"21世纪高职高专教育教材研究与编审委员会"（以下简称"教材研究与编审委员会"）。"教材研究与编审委员会"的成员单位皆为教学改革成效较大、办学特色鲜明、办学实力强的高等专科学校、高等职业学校、成人高等学校及高等院校主办的二级职业技术学院，其中一些学校是国家重点建设的示范性职业技术学院。

为了保证规划教材的出版质量，"教材研究与编审委员会"在全国范围内选聘"21世纪高职高专规划教材编审委员会"（以下简称"教材编审委员会"）成员和征集教材，并要求"教材编审委员会"成员和规划教材的编著者必须是从事高职高专教学第一线的优秀教师或生产第一线的专家。"教材编审委员会"组织各专业的专家、教授对所征集的教材进行评选，对列选教材进行审定。

目前，"教材研究与编审委员会"计划用2～3年的时间出版各类高职高专教材200种，范围覆盖计算机应用、电子电气、财会与管理、商务英语等专业的主要课程。此次规划教材全部按教育部制定的"高职高专教育基础课程教学基本要求"编写，其中部分教材是教育部《新世纪高职高专教育人才培养模式和教学内容体系改革与建设项目计划》的研究成果。此次规划教材编写按照突出应用性、实践性和针对性的原则编写并重组系列课程教材结构，力求反映高职高专课程和教学内容体系改革方向；反映当前教学的新内容，突出基础理论知识的应用和实践技能的培养；适应"实践的要求和岗位的需要"，不依照"学科"体系，而是贴近岗位，淡化学科；在兼顾理论和实践内容的同时，避免"全"而"深"的面面俱到，基础理论以应用为目的，以必需、够用为度；尽量体现新知识、新技术、新工艺、新方法，以利于学生综合素质的形成和科学思维方式与创新能力的培养。

此外，为了使规划教材更具广泛性、科学性、先进性和代表性，我们希望全国从事高职高专教育的院校能够积极加入到"教材研究与编审委员会"中来，推荐"教材编审委员会"成员和有特色、有创新的教材。同时，希望将教学实践中的意见与建议及时反馈给我们，以便对已出版的教材不断修订、完善，不断提高教材质量，完善教材体系，为社会奉献更多更新的与高职高专教育配套的高质量教材。

此次所有规划教材由全国重点大学出版社——清华大学出版社与北京交通大学出版社联合出版，适用于各类高等专科学校、高等职业学校、成人高等学校及高等院校主办的二级职业技术学院使用。

21世纪高职高专教育教材研究与编审委员会<br>
2017年5月

# 前言（第2版）

21世纪，变革成为时代的主题，经济领域发生变化的速度已远远超过人们学习的速度。物流产业在科技进步和管理技术创新的驱动下，经历了从量变到质变的过程，全球物流已经进入了国际供应链时代。物流发展中的新概念、新技术对物流产业的发展产生了直接的影响，成为不可忽略的经济热点。

物流学是一门综合学科，它的理论与实践对中国新的经济增长点的形成产生了巨大的促进作用。随着经济全球化和信息技术的发展，对于被称为"第三利润源"的现代物流的理论研究和实践活动已在世界范围内蓬勃兴起，竞争的国际化、需求的多样化、市场的一体化使现代物流的发展进入了一个崭新的阶段。交通运输是一个庞大而复杂的物流子系统，运输产业作为一个新兴的聚合型产业，是社会经济发展的基础；但无论是运输企业还是物流企业的运输部门，其技术水平和管理能力都亟待提升，如何针对不同的运输方式，进行有效的运输组织管理是摆在我们面前的重要问题。本书共12章，在编写过程中注意吸收现代管理学科的最新研究成果，基于对国内外大量理论成果的收集、分析、研究，以最新的现代物流管理视角，从运输企业市场策略、运输服务的管理与创新、运输成本管理、运输业务流程管理等方面进行阐述，避免了过于深奥的理论探讨，突出了其实用性和可操作性，有利于学生分析和解决实际问题能力的提升，符合高职高专教育的培养目标和教学特点。本书可作为高职高专院校物流管理专业的教学用书，也可供企业物流管理人员参考和培训使用。

本书由徐家骅、沈珺担任主编，负责组织编写、总撰、定稿工作，徐娜、陈克锋任副主编，他们在理论层次、实操层次及定稿等方面都提出了很多有益的编写修改意见。本书由徐家骅编写第1、2、6、8章，沈珺编写第3章，徐娜编写第4章，唐林兵编写第5章，段秀华编写第7章，马云霞编写第9章，徐娜编写第10章，俞静编写第11章，陈克锋编写第12章。

本书在编写过程中参考了大量的文献资料及网络信息，同时还借鉴和吸收了国内外众多学者的研究成果，在此对他们也深表谢意。由于现代物流业在我国正处于成长发展阶段，各种新的论断、见解和理论层出不穷。本书的编写时间较仓促，加之编者的水平有限，书中难免出现一些疏漏和不足，衷心希望广大专家和读者批评指正。

编　者<br>
2017年5月

# 目　录

## 第1章　运输管理基础知识 (1)
### 1.1　运输市场 (1)
1.1.1　运输市场概述 (2)
1.1.2　运输企业的市场研究 (5)
1.1.3　运输企业的市场定位 (7)
### 1.2　运输业 (9)
1.2.1　运输业的发展阶段 (9)
1.2.2　运输业的特点 (10)
1.2.3　运输业的分类 (11)
### 1.3　物流与运输 (12)
1.3.1　物流基础知识 (12)
1.3.2　我国物流业的发展现状及存在的问题 (13)
1.3.3　运输基础知识 (14)
1.3.4　运输与物流工作其他环节的关系 (15)
### 1.4　现代运输要素和运输合理化 (20)
1.4.1　现代运输要素 (20)
1.4.2　运输合理化 (21)
### 思考与练习 (26)

## 第2章　物流运输方式 (28)
### 2.1　公路运输 (28)
2.1.1　概述 (28)
2.1.2　公路运输的优缺点 (29)
2.1.3　公路运输的适用范围 (30)
2.1.4　公路运输的种类 (30)
### 2.2　铁路运输 (30)
2.2.1　概述 (30)
2.2.2　铁路运输的优缺点 (31)
2.2.3　铁路运输的适用范围 (32)

I

  2.2.4 铁路运输的种类 ………………………………………………………… (32)
 2.3 水路运输 ……………………………………………………………………… (33)
  2.3.1 概述 …………………………………………………………………… (33)
  2.3.2 水路运输的优缺点 ……………………………………………………… (33)
  2.3.3 水路运输的适用范围 …………………………………………………… (34)
  2.3.4 水路运输的种类 ………………………………………………………… (34)
 2.4 航空运输 ……………………………………………………………………… (34)
  2.4.1 概述 …………………………………………………………………… (34)
  2.4.2 航空运输的优缺点 ……………………………………………………… (35)
  2.4.3 航空运输的适用范围 …………………………………………………… (35)
  2.4.4 航空运输的种类 ………………………………………………………… (35)
 2.5 管道运输 ……………………………………………………………………… (36)
  2.5.1 概述 …………………………………………………………………… (36)
  2.5.2 管道运输的优缺点 ……………………………………………………… (37)
  2.5.3 管道运输的适用范围 …………………………………………………… (37)
  2.5.4 管道运输管理业务 ……………………………………………………… (38)
 思考与练习 ………………………………………………………………………… (40)

## 第3章 运输业务流程与运作 …………………………………………………… (42)
 3.1 运输业务流程实务 …………………………………………………………… (42)
  3.1.1 运输业务流程概述 ……………………………………………………… (42)
  3.1.2 运输规划的基本程序 …………………………………………………… (43)
  3.1.3 运输规划岗位的组织结构及关键职能岗位的操作流程 ……………… (44)
 3.2 陆运业务管理实务 …………………………………………………………… (48)
  3.2.1 陆运业务运作的基本程序 ……………………………………………… (48)
  3.2.2 陆运业务岗位的操作流程 ……………………………………………… (50)
 3.3 海运业务管理实务 …………………………………………………………… (52)
  3.3.1 海运业务运作的基本程序 ……………………………………………… (52)
  3.3.2 海运业务岗位的操作流程 ……………………………………………… (55)
 3.4 空运业务管理实务 …………………………………………………………… (57)
  3.4.1 空运业务运作的基本程序 ……………………………………………… (57)
  3.4.2 空运业务岗位的操作流程 ……………………………………………… (58)
 思考与练习 ………………………………………………………………………… (59)

## 第4章 多式联运 …………………………………………………………………… (61)
 4.1 集装箱 ………………………………………………………………………… (61)
  4.1.1 集装箱的概念 …………………………………………………………… (61)

- 4.1.2 集装箱的种类 (62)
- 4.1.3 集装箱的标记 (64)
- 4.2 集装箱运输 (65)
  - 4.2.1 集装箱运输的经济效果 (65)
  - 4.2.2 集装箱运输业务 (66)
  - 4.2.3 集装箱运输的运费计算 (68)
  - 4.2.4 集装箱的发放和交接 (72)
  - 4.2.5 集装箱运输的发展趋势概况 (74)
- 4.3 国际多式联运概述 (75)
  - 4.3.1 国际多式联运的含义与特征 (75)
  - 4.3.2 国际多式联运的优势 (76)
  - 4.3.3 办理国际多式联运业务的条件 (77)
  - 4.3.4 国际多式联运的形式 (78)
- 4.4 国际多式联运业务及其运营 (79)
  - 4.4.1 国际多式联运的主要业务及程序 (79)
  - 4.4.2 国际多式联运的货源组织和配积载 (81)
  - 4.4.3 多式联运经营人的责任 (82)
- 思考与练习 (86)

## 第5章 物流过程中的运输决策 (88)

- 5.1 运输方式的选择 (88)
  - 5.1.1 决策的概念 (88)
  - 5.1.2 运输方式选择的标准 (90)
- 5.2 运输服务商的选择 (94)
  - 5.2.1 运输服务商的分类 (94)
  - 5.2.2 运输服务相关指标的确定 (95)
- 5.3 运输路线的选择 (97)
  - 5.3.1 物流调运计划 (97)
  - 5.3.2 货物配载 (100)
  - 5.3.3 路线选择方法 (101)
  - 5.3.4 用节约法求解最优路线问题 (108)
  - 5.3.5 运输人员的安排 (109)
- 5.4 运输计划的编制 (111)
  - 5.4.1 编制运输计划的依据和原则 (112)
  - 5.4.2 运输计划的种类与编制步骤 (112)
  - 5.4.3 运输计划的检查与实施 (113)
- 思考与练习 (114)

# 第6章 运输成本与价格的管理 (117)
## 6.1 运输成本概述 (117)
### 6.1.1 运输成本的概念 (117)
### 6.1.2 运输成本的构成 (117)
### 6.1.3 影响运输成本的因素 (118)
### 6.1.4 不同运输方式的成本结构 (121)
## 6.2 运输定价 (124)
### 6.2.1 运价 (124)
### 6.2.2 影响运输企业定价的因素分析 (128)
### 6.2.3 运输企业定价的原则 (131)
### 6.2.4 运价制定的基本方法 (132)
### 6.2.5 运输企业的定价策略 (134)
### 6.2.6 运输价格的管理 (136)
## 思考与练习 (137)

# 第7章 运输服务管理与创新 (139)
## 7.1 服务概述 (139)
### 7.1.1 服务的概念及特征 (139)
### 7.1.2 客户服务的基本理论 (141)
## 7.2 运输服务质量管理与创新 (145)
### 7.2.1 服务质量管理概述 (145)
### 7.2.2 运输服务质量的内容 (147)
### 7.2.3 运输服务质量监督管理 (150)
### 7.2.4 运输服务创新 (151)
## 思考与练习 (152)

# 第8章 物流运输设备管理 (154)
## 8.1 设备及其管理概述 (154)
### 8.1.1 设备的分类 (155)
### 8.1.2 设备在现代物流中的地位与作用 (156)
### 8.1.3 设备管理概述 (157)
### 8.1.4 设备管理的主要任务 (158)
## 8.2 设备的选择与评价 (159)
### 8.2.1 选择设备的要求 (160)
### 8.2.2 设备的技术经济评价 (161)
## 8.3 设备的维护与检修 (163)
### 8.3.1 车辆的使用管理 (163)

  8.3.2　车辆的维护管理 ································································· (164)
  8.3.3　车辆的检修 ······································································ (165)
  8.3.4　设备维护管理的评价指标 ····················································· (167)
 8.4　设备的更新与技术改造 ································································ (167)
  8.4.1　设备的磨损及其补偿 ··························································· (167)
  8.4.2　设备的改造与更新 ······························································ (169)
  8.4.3　车辆更新与技术改造 ··························································· (171)
 思考与练习 ······················································································ (173)

## 第9章　国际物流 ···················································································· (175)
 9.1　国际物流概述 ············································································ (175)
  9.1.1　国际物流的概念及发展阶段 ···················································· (175)
  9.1.2　国际物流的特点 ·································································· (177)
  9.1.3　国际物流系统 ····································································· (178)
  9.1.4　国际货物运输的任务及其要求 ·················································· (180)
 9.2　国际货运代理 ············································································ (181)
  9.2.1　国际货运代理业概述 ····························································· (181)
  9.2.2　我国国际货运代理业的现状及发展趋势 ······································ (181)
  9.2.3　国际货物运输组织 ································································ (183)
  9.2.4　国际货运代理业务范围 ·························································· (184)
  9.2.5　国际货运代理市场准入资格 ····················································· (185)
  9.2.6　国际货运代理企业的基本业务 ·················································· (185)
 9.3　国际货物运输的业务流程 ····························································· (186)
 9.4　报关与报检业务 ········································································· (189)
  9.4.1　报关的分类及报关对象 ·························································· (190)
  9.4.2　报关的基本内容 ·································································· (190)
 思考与练习 ······················································································ (193)

## 第10章　运输合同 ·················································································· (195)
 10.1　运输合同概述 ·········································································· (195)
  10.1.1　运输合同的概念 ································································· (195)
  10.1.2　运输合同的特征 ································································· (195)
  10.1.3　运输合同的种类 ································································· (197)
  10.1.4　货物运输单证的种类 ···························································· (198)
 10.2　货物运输合同 ·········································································· (202)
  10.2.1　货物运输合同的概念与特征 ··················································· (202)
  10.2.2　货物运输合同的种类 ···························································· (203)

          10.2.3 海上货物运输合同 (213)
          10.2.4 货物运输合同管理人员的业务技能 (219)
  思考与练习 (220)

## 第11章 国际货物运输保险 (222)
  11.1 国际货物运输保险概述 (222)
      11.1.1 国际货物运输保险的含义 (222)
      11.1.2 国际货物运输保险的种类 (222)
      11.1.3 国际货物运输保险的特点 (223)
      11.1.4 国际货物运输保险的原则 (224)
      11.1.5 国际货物运输保险的程序 (224)
  11.2 海上货物运输保险 (225)
      11.2.1 海上货物运输中的风险 (225)
      11.2.2 海上货物运输中的损失 (225)
      11.2.3 海上货物运输中的费用 (226)
      11.2.4 我国海上货物运输保险的险别及相关条款 (227)
      11.2.5 除外责任 (229)
  11.3 航空货物运输保险 (229)
      11.3.1 航空货物运输保险的分类 (229)
      11.3.2 除外责任 (230)
      11.3.3 责任起讫 (230)
      11.3.4 被保险人的义务 (230)
      11.3.5 索赔期限 (231)
  11.4 陆上货物运输保险 (231)
      11.4.1 陆上货物运输保险的分类 (231)
      11.4.2 除外责任 (231)
      11.4.3 责任起讫 (232)
      11.4.4 被保险人的义务 (232)
      11.4.5 索赔期限 (232)
  思考与练习 (232)

## 第12章 运输法律法规 (234)
  12.1 国际货物运输法律法规 (234)
      12.1.1 国际海上货物运输的法律法规 (234)
      12.1.2 国际铁路货物运输的法律法规 (236)
      12.1.3 国际航空货物运输的法律法规 (238)
      12.1.4 国际货物多式联运的法律法规 (239)

  12.1.5 国际公路货物运输公约 ……………………………………………………… (240)
  12.1.6 国际货物运输法律法规操作人员的基本技能 ………………………… (240)
 12.2 我国货物运输法律法规 ……………………………………………………… (241)
  12.2.1 公路运输的法律法规 ……………………………………………………… (242)
  12.2.2 铁路运输的法律法规 ……………………………………………………… (242)
  12.2.3 航空运输的法律法规 ……………………………………………………… (244)
  12.2.4 水路运输的法律法规 ……………………………………………………… (244)
  12.2.5 货运代理的法律法规 ……………………………………………………… (245)
  12.2.6 国内货物运输法律法规操作人员的基本技能 ………………………… (245)
 思考与练习 …………………………………………………………………………… (246)

**参考文献** ……………………………………………………………………………… (248)

# 第1章

# 运输管理基础知识

**学习目标**
- 了解运输市场的概念及运输市场的构成。
- 熟悉运输市场研究的程序和方法。
- 了解运输业的发展阶段、特点、现状及存在的主要问题,熟悉运输业的分类。
- 了解物流的基本知识、运输与物流其他功能之间的联系。
- 了解现代运输体系的四要素,掌握运输的不合理现象、运输合理化的因素、运输合理化的有效措施、评价物流运输体系的因素。

## 1.1 运输市场

物流活动日益渗透到生产、流通、消费整个社会经济活动过程之中,与社会经济的发展存在密切的联系,成为社会经济活动的重要组成部分。运输市场的形成是由于客观上存在运输需求及社会经济发展中提供各种运输服务、满足需求者空间位移要求的各类运输者。由于运输产品的提供者与不同商品的生产者、中间商、消费者有着密切的相关性,因而市场战略是运输企业总体战略的核心,是处于主导地位的分战略,运输企业的其他战略都围绕实现市场战略而相互支持和配合。为此,作为运输企业必须要研究运输市场上的各种关系,对物流供需双方有深入的了解,才能提供优质的物流服务,才能真正起到联系物流供需双方的桥梁和纽带作用,才能适应市场的变化和发展。中国一直是亚洲市场增长的主要驱动力,半成品、加工制造业的发展和国内市场消费能力持续、强劲,运输和物流服务已成为产业热点。在20世纪最后几年,我国迎来了现代物流发展的春天,这是我国物流界专家学者及广大从业者经过十几年的努力取得的巨大成就。在当前全国"物流热"已经形成的大环境下,如果缺乏正确的物流市场研究,对物流企业的发展无疑将产生不利的影响。

## 1.1.1 运输市场概述

运输市场是运输需求者和运输供给者之间进行运输交易的场所和领域，是运输活动的客观反映。狭义的运输市场是指运输承运人提供运输工具和运输服务来满足旅客或货主对运输需要的交易活动场所，以及进行运输能力买卖的场所、较大范围的营业区域和各种直观或隐蔽的业务活动。运输市场涉及运输需求者、运输供给者、运输中介、政府。

1. **运输需求者**

运输需求者是指具有现实或潜在运输需求的单位、组织和个人。运输需求者总的趋势是运输需求多样化、高质量的运输需求比重越来越大，要求与之相应的运输结构为其服务以取得最佳的社会经济效益。运输市场上的需求方构成比较复杂，一般包括工业企业、现代连锁商业和个体消费者。

由于企业为取得竞争中的优势地位，提高自身的核心竞争力必须集中精力发展核心主业，客观上刺激了市场运输需求，这必然增大对第三方物流的需求量。在市场竞争机制的作用下，社会对现代物流服务需求表现得越来越强烈。各类生产和零售企业随着经营规模的发展及对市场竞争的适应，已经迫切需要采购现代物流来提升竞争能力，物流外包已成为现代企业物流运作的一大趋势。从现代物流的特点分析，运输需求者的需求具有涉及面广、内涵丰富和无法进行单一计量的特点，因此许多物流企业（包括希望介入物流服务领域的企业）较难把握市场需求和进行市场定位。

从物流的发展规律来看，现代运输服务的需求包括量和质两个方面，即从运输规模和运输服务质量中综合反映出物流的总体需求。运输规模是物流活动中运输作业量的总和。在当前没有系统的社会物流量统计的情况下，由于货物运输是物流过程中实现位移的中心环节，用货物运输量（简称货运量）的变化趋势来衡量社会物流规模的变化趋势是最接近实际的。例如，企业可以采用一地区的货运总量作为物流量来进行需求分析，通过不同运输方式的货运量在货运总量中所占的比例，可以分析出该地区不同运输方式货运量的结构，从而分析出此地区各种运输方式的货运需求量。运输服务质量是物流服务效果的集中反映，可以用运输时间、运输费用、运输效率来衡量。

2. **运输供给者**

运输供给者是指提供运输服务、满足运输需求者空间位移的各类运输者。

1) 运输供给者（运输服务商，物流企业，物流供应商）的类型

(1) 按资产拥有程度可以分为以下两种。

① 资产型物流企业：主要是指运用自己的物流资产，如运输车队、附属仓库等来提供专业的物流服务。

② 非资产型物流企业：主要是指提供咨询信息服务的物流企业，一般没有固定的运输和仓储设施。

(2) 按物流供应商（以下简称供应商）的规模和服务项目的数量可分为如图 1-1 所示的类型，即将供应商的规模作为纵坐标，服务项目的数量作为横坐标进行矩阵分析。

专家级供应商是指生产规模大、经验丰富、技术成熟，但经营品种相对少的供应商，这

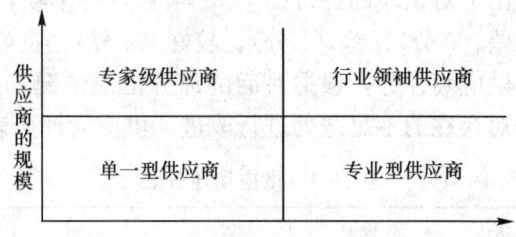

图 1-1 物流供应商的类型

类企业的目标是通过竞争占领并扩大市场;行业领袖供应商是指生产规模大、经营品种相对多的供应商,这类企业的目标是立足本地市场,并且积极拓展国际市场,其目标是通过竞争占领并扩大市场;单一型供应商是指生产规模小、经营品种也少的供应商,这类企业的目标是定位本地市场;专业型供应商是指生产规模小、经营品种多的供应商,这类企业的目标也是定位本地市场。

2) 企业物流供给模式

企业物流供给模式可分为自营物流和物流外包。现代企业选择物流供给模式时,还需要考虑自有运输资源和社会运输资源的合理利用,委托第三方物流运作可以使企业集中精力搞好主业,发展其核心竞争力。第三方物流是物流专业化的重要形式,特别是进入 21 世纪以来,第三方物流受到物流产业界、理论界的高度重视。

(1) 在自营物流的企业中,最典型的就是海尔集团(以下简称海尔)。对海尔来讲,把物流作为降低成本的机器,物流首先是使其实现三个"零"(零库存、零距离和零营运资本)目标的基础,其次,物流是使其能够获得在市场竞争中取胜的核心竞争力。海尔自营物流的特色可总结为:借助物流专业公司的力量,在自营物流基础上小外包,总体实现准时制采购、原材料和成品配送的同步流程。经过多年运作,海尔物流积累了很多运输管理和仓库管理的优势,其物流运作模式日益引起人们的关注。

(2) 企业要进行物流系统评价(包括物流市场供需分析),如果不具有自营物流的能力,则实行物流外包的形式。物流外包大致有以下几种形式。

① 物流业务完全外包,物流业务全部外包给第三方物流,是最彻底的物流外包形式。

② 物流业务部分外包,物流业务部分自营,部分外包。

③ 物流系统接管,企业将物流系统全部卖给或承包给第三方物流企业。

④ 物流系统剥离,企业将物流部门分离出去,成为一个独立的子公司,允许其承接第三方物流业务。日本的家电行业基本采用这种模式,以内部物流为主,外部物流为辅,如东芝集团建立了独立的物流子公司,主要管理东芝集团的家电产品和信息产品物流业务。

⑤ 管理外协,对希望自己拥有物流设施(资产)的企业,将物流管理职能外协。在欧盟国家,大型零售商把这种形式看成是改进物流作业管理的一种方法。

企业对物流供应商(以下简称供应商)的评价和选择的方法有直观判断法、采购成本比较法、招标采购法、协商选择方法、评分法等方法,下面列举企业常用的评分法。

评分法是指依据供应商评价的各项指标,按供应商的优劣层次,分别对各个供应商进行评分,得分最高者为最佳供应商。

例如：企业负责人列出了对供应商评价的14个项目，每个项目评分标准分为5个档次并赋予不同的分值，即极差（0分）、差（1分）、较好（2分）、良好（3分）、优秀（4分），然后在供应商评分表上为供应商评分，根据最后的评分汇总情况，比较后最终确定供应商，并据此要求选定的供应商对存在的不足之处进行改进。供应商评分表如表1-1所示。

表1-1 供应商评分表

| 序号 | 项目 | 极差 0 | 差 1 | 较好 2 | 良好 3 | 优秀 4 |
| --- | --- | --- | --- | --- | --- | --- |
| 1 | 服务能力 | | | | | |
| 2 | 供应商信誉 | | | | | |
| 3 | 运输速度 | | | | | |
| 4 | 快速反应能力 | | | | | |
| 5 | 控制与工作评价 | | | | | |
| 6 | 运输价格 | | | | | |
| 7 | 企业文化 | | | | | |
| 8 | 运输质量 | | | | | |
| 9 | 管理专业知识 | | | | | |
| 10 | 财务实力 | | | | | |
| 11 | 信息共享 | | | | | |
| 12 | 设备、技术水平 | | | | | |
| 13 | 利益风险共享 | | | | | |
| 14 | 退出条款 | | | | | |

### 3. 运输中介

运输中介指为货物运输需求者与运输供给者提供运输服务信息及运输代理业务的企业或经纪人。随着运输市场的不断发展，运输中介已经成为市场中的一个不可或缺的要素，并且发挥着越来越明显的作用。传统的运输中介通常只注重物流操作性的任务，而现在的趋势是越来越多的运输中介转型为第三方物流公司，扩大其服务的内容，提高物流服务能力，提供供应链的物流计划能力。关于运输中介的基本类型及业务模式将在后面的章节中介绍。

### 4. 政府

一个功能完善的运输市场由市场规律和价格机制调整、决定其运行。然而由于市场不是万能的，在调节经济发展中存缺陷，并且运输市场有其特殊性，仅依靠市场来调节运输供给是远远不够的，因此有时需要政府在运输市场中发挥必要的作用。

经济发展本身直接产生物流需求，宏观经济政策和管理体制的变化对物流需求将产生刺激或抑制作用。为此，宏观物流发展必须打破地区封锁，明确准入条件，规范许可程序，加强市场监管，促进公平竞争，建立优胜劣汰的市场机制，消除影响物流业发展的政策性束缚。制定相关规章及指导原则将为现代物流的发展扫清体制性障碍。

例如，我国加快西部地区的经济发展，加快建设重要的物流基础设施，目的就是要改变东西部地区之间物流的不平衡和不合理现象，使物流的合理化组织以功能强大的物流中心等设施为依托,而这样的市场环境变化将影响物流需求。虽然我国的物流基础设施发展较快,但仍难以满足高速发展的物流需求。同时,中国政府认真落实加入世界贸易组织时的承诺,不断加大对外开放的力度,允许世界贸易组织成员的企业、其他经济组织或个人采用独资形式在中国境内设立道路运输企业,国际上一些著名的物流企业已争相进入中国市场,中国道路运输市场开放达到了加入世界贸易组织时承诺的最高水平。

## 1.1.2 运输企业的市场研究

**1. 物流调研的类别**

根据研究目的的不同,物流调研可分为物流需求市场调研和物流供应市场调研。

**2. 物流调研的步骤**

(1) 调研准备阶段:确定调研目的和范围,制订调研计划。

(2) 调研实施阶段:选择资料收集方法,设计调研表,选择调研方式,实地调研。

(3) 调研结果处理阶段:整理分析阶段,撰写调研报告。

**3. 物流需求市场预测**

1) 物流需求市场预测概述

物流需求是指一定时期内社会经济活动对生产、流通、消费领域的原材料、成品和半成品、商品及废旧物品、废旧材料等的配置作用而产生的对物流在空间、时间和费用方面的要求,涉及运输、库存、包装、装卸搬运、流通加工及与之相关的信息需求等物流活动的诸方面。物流需求分析的目的在于为社会物流活动提供物流服务能力不断满足物流需求的依据,以保证物流服务能力供给与物流需求之间的相对平衡,使社会物流活动保持较高的效率与效益。物流需求是物流服务能力供给的基础,在一定时期内,当物流服务能力供给不能满足这种需求时,将对物流需求产生抑制作用;当物流服务能力供给超过这种需求时,将不可避免地造成物流服务能力供给的浪费。物流需求分析的社会经济意义就在于此:企业借助于定性和定量的分析手段,了解社会经济活动对物流服务能力供给的需求强度,有目的地投资物流服务领域,将有利于企业合理规划及对运输市场的准确定位。

物流需求市场预测从物流需求分析的社会经济意义出发,要求我们应重视物流需求分析。物流需求分析应着重做好以下工作:① 自觉加强对目标市场的调查研究工作,重视物流需求市场预测分析,为企业的经营发展战略服务,如中国政府实施西部大开发的战略之前,日本一物流企业已花费了3年时间在西南地区的重庆和成都进行了物流调查,收集了相关的物流信息资料;② 重视对国内外成功物流企业的经验的研究和借鉴,减少物流需求分析中的盲目和武断行为;③ 加强对国际、国内经济形势的分析,分析全社会物流需求特点,明确物流企业服务对象的需求在质和量方面的特点,提高物流需求分析的准确度,找准物流企业的市场切入点,同时在物流需求分析中还应考虑物流需求的地域范围、渠道特性、时间的准确性、物流供应链的稳定性及顾客服务的可得性、作业绩效和可靠性等方面;④ 重视发挥物流咨询研究机构的作用,注重科学预测技术并结合专家分析;⑤ 提高信息管理和利用能力,加强物流信息管理,完善物流信息系统建设,重视物流需求信息的综合分析、评估。

2) 物流需求市场预测的步骤及方法

(1) 确定预测目标,制订预测计划。
(2) 收集和整理资料。
(3) 选择适当的预测方法。
(4) 进行预测。
(5) 分析预测误差。
(6) 参照新情况,确定预测值,并进行评审。

**4. 物流调研资料综合分析的方法**

物流调研资料综合分析的方法按研究内容的空间、时间性质分成三大类。

(1) 空间结构分析。空间结构分析是指分析各个对象在物流市场中所占的份额,提出对应不同对象的战略和策略方案,如在运输市场分析中物流需求市场分析和物流供应市场分析。物流需求市场分析是在调查、了解各个市场物流需求量的基础上,根据现在的占有率情况,发现还能去开拓哪些市场、哪些业务、哪些客户。物流供应市场分析是指对物流服务提供商市场的研究分析。进行物流供应市场分析的目的是了解社会上物流供应能力的余缺和分布情况,为企业发展物流服务能力和物流服务能力分布提供帮助,并为企业进行物流经营、制订物流战略方案提供有利的依据。由于运输市场需求的不断变化,运输企业应不断调整、改变经营战略,以使运输企业提供的运输服务更符合运输市场的需求,提供更快、更及时、更合理、更优的运输服务。

(2) 时间序列分析。时间序列分析主要是研究对象的发展规律、发展进度和趋势,最常见的是对增长率的分析,预测未来的发展变化趋势。

(3) 空间时间序列分析。空间时间序列分析是指把空间结构和时间序列结合起来进行分析。

**5. 物流方案**

1) 物流方案的层次

物流方案主要包括物流战略方案和物流战术方案。

(1) 物流战略方案是对物流未来发展问题的解决方案,一般是未来的、方向性的、纲要性的、长远性的方案,对企业的发展起着指导性的作用。

(2) 物流战术方案是关于物流近期实施方面的解决方案,是对企业近期的物流工作带有计划性、指导性、可操作性的详细方案。

2) 物流战略方案的类型

(1) 按服务项目、发展方向、战略行为和战略重点划分,见表1-2。

表1-2 物流战略方案的类型 I

| 划分依据 | 物流战略方案的类型 |
|---|---|
| 服务项目 | 准时货运集散战略、快速货运集散战略、整车货运集散战略、成组货运集散战略、专项货运集散战略、国际货运集散战略等 |
| 发展方向 | 物流服务导向战略、市场服务导向战略、专业技术服务导向战略、规模经营服务导向战略、资源优化导向战略、实时服务导向战略等 |
| 战略行为 | 扩张型物流战略、稳定型物流战略、收缩型物流战略、关系型物流战略等 |
| 战略重点 | 物流系统生存战略、经营战略、发展战略等 |

(2) 按物流服务范围和物流功能的整合程度划分，见图1-2。

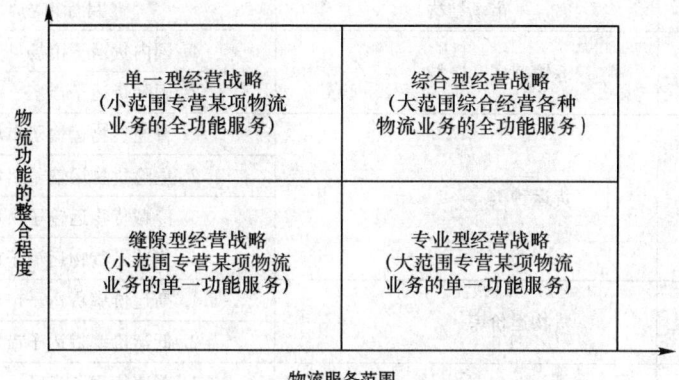

图1-2 物流战略方案的类型Ⅱ

## 1.1.3 运输企业的市场定位

**1. 运输市场的细分**

目标市场的多样性和复杂性决定了企业在具体选择目标市场策略时，要权衡利弊、全盘运筹，才能做出最佳选择。一般来说，企业选择进入目标市场时，必须考虑的因素包括：企业资源、产品特点、市场特点、产品的生命周期。

运输企业通过对运输市场的分析，结合自身的优势与运输市场的竞争状态，进行运输市场细分并选择特定运输需求者作为具体目标运输市场，从而树立一个鲜明的形象，以实现运输企业既定的营销目标。运输市场细分见表1-3。目标运输市场的评价及选择形式见表1-4。

表1-3 运输市场的细分

| 项目 | 运输市场结构 | 目标运输市场 |
|---|---|---|
| 1 | 运输的协作程度 | 1. 一般运输子市场 |
| | | 2. 联合运输子市场 |
| | | 3. 多式联运子市场 |
| 2 | 经营组织方式 | 1. 零担货运子市场 |
| | | 2. 集装箱货物运输子市场 |
| | | 3. 快件货物运输子市场 |
| 3 | 客户生产规模、货运量 | 1. 大宗货物运输子市场 |
| | | 2. 中等批量货物运输子市场 |
| | | 3. 零散货物运输子市场 |
| 4 | 货运距离 | 1. 长距离货运子市场 |
| | | 2. 中距离货运子市场 |
| | | 3. 短距离货运子市场 |

续表

| 项 目 | 市场结构 | 目标市场 |
|---|---|---|
| 5 | 运输范围和区域 | 1. 国内货运子市场 |
|   |   | 2. 国际货运子市场 |
| 6 | 货运种类 | 1. 普通货物运输子市场 |
|   |   | 2. 危险货物运输子市场 |
|   |   | 3. 冷藏货物运输子市场 |
|   |   | 4. 集装箱货物运输子市场 |
| 7 | 货物运价率 | 1. 高运价率货运子市场 |
|   |   | 2. 低运价率货运子市场 |
| 8 | 货运时效性 | 1. 普速货运子市场 |
|   |   | 2. 限时货运子市场 |
| 9 | 货运路径性质 | 1. 干线货运子市场 |
|   |   | 2. 支线货运子市场 |
|   |   | 3. 专线货运子市场 |

表1-4 运输市场的评价及选择形式

| 项 目 | 分 类 |
|---|---|
| 目标运输市场的评价 | 1. 运输市场的规模和增长潜力 |
|   | 2. 运输市场的吸引力 |
|   | 3. 运输企业自身的目标和资源 |
| 目标运输市场的选择形式 | 1. 产品与市场集中化 |
|   | 2. 产品专门化 |
|   | 3. 运输市场专门化 |
|   | 4. 选择性专门化 |
|   | 5. 全面覆盖 |

**2. 进入目标运输市场的策略**

经过市场细分并评价了细分市场的销售潜力、发展前景和市场吸引力后，企业要研究并决定进入目标市场的策略。以下为运输企业基本的营销策略。

(1) 无差异营销策略。它是指运输企业以一种产品、一种市场营销组合试图在整个运输市场吸引尽可能多的消费者的策略。这个策略将整个运输市场作为销售对象，着眼于消费者需求的同质性，对消费者的异质性忽略不计。例如，中国邮政的快递服务就是一个典型的例子。

(2) 差别营销策略。它是指运输企业推出多种产品、采用不同的市场营销组合满足各个细分市场不同需求的策略。运输企业通过运输市场细分并确定了目标运输市场后，由于服务于某一目标运输市场的运输企业不止一家，众多运输企业各显其能，以图赢得一定的市场份额，占有一定的市场地位。因此，运输企业进入运输市场之前，管理者需要调查、研究运输市场上相互竞争的各个品牌所处的地位、各自的特色和实力，从而考虑为自己的品牌确立一个适当的市场地位。

差异化是运输市场定位的目的,通过定位运输企业可有效地提升产品的消费价值,增强运输企业产品的竞争力。运输企业可选择以下 4 种差别与其他竞争者相区别。

① 产品的差别,采用不同的运输方式进入运输市场,展开竞争。

② 服务的差别,包括运输速度、服务可靠性、运输时间、安全性等。

③ 人力的差别。运输企业的竞争就是人才的竞争,运输企业必须通过培养比竞争对手更优秀的员工来取得强大的竞争优势。

④ 形象的差别。通过运输企业市场的知名度、美誉度、良好的运输企业文化等手段树立鲜明的运输市场形象,提高运输企业的核心竞争力。

(3) 集中营销策略。它是指运输企业集中力量推出一种或少数几种产品和市场营销组合手段,对一个或少数几个运输子市场加以满足的策略。

德国是一个物流业发达的国家,以 NEVAG 公司为例,其原为民主德国的国营运输企业,主要从事州内客货运输。1990 年德国统一后,它经过痛苦的市场转型后,现成为著名的物流专业运输公司。其主营业务是冷藏冷冻货物限时运输(欧洲境内 48 小时门到门、德国境内 24 小时门到门)。其成功经验与启示:① 抓住机遇,通过股份制改制成功;② 市场定位准确,发展其核心竞争力,集中力量更新设备,及时更新车辆,大力发展大型专业化运输车队,如冷藏集装箱车、原料牛奶罐装冷藏车,这些车有很强的温度控制功能,冷藏车货箱温度保持在 4 ℃以下,冷冻车则能保持在 -18 ℃。由于车辆价值昂贵,每台车价值高于 10 万欧元,一般个人或小型运输公司难以购置,从而避免了在普通货物运输市场的激烈竞争,保证了持续获得高额利润。

# 1.2 运 输 业

在社会生产过程中,生产工具、劳动产品及人本身必然要发生位置上的移动,运输是生产过程中不可分割的一部分。随着社会生产力的发展和社会分工的不断完善,商品生产和商品交换规模日益扩大使运输量不断增加,运输业迅速发展,逐渐从一般生产部门中分化出来,成为一个独立的行业,从而产生了除生产和销售的第三方——专业运输者。运输业是一种以持有、租赁或代理运输工具服务于他人而收取报酬的服务性行业。

随着经济全球化和信息技术的迅速发展,企业生产资料的获取与产品营销范围的日趋扩大,社会生产、物资流通、商品交易及其管理方式正在并将继续发生深刻的变革。与此相适应,被普遍认为是企业在降低物质消耗、提高劳动生产率以外的"第三利润源"的现代物流业正在世界范围内广泛兴起。随着运输需求(更快、更省等)多样化、运输技术的发展,经济技术性能优越的运输方式将取代落后的运输方式,运输业将分解为更多的分支,必定出现多种运输方式并存的局面。

## 1.2.1 运输业的发展阶段

**1. 水路运输阶段**

人类早期受水中漂浮物的启发,发明了将原木挖空的船——独木舟;随后又出现了以风为动力的帆船；到了 11 世纪，出现了跨洋运输的商船；工业革命以后，出现了使用蒸汽动力的机械帆船；到了 19 世纪，又出现了以煤为燃料，以螺旋推进器为主要机械装置的轮船；后来又出现了各种专业化的大型船舶。可以说在整个运输业的发展过程中都有水路运输，但是我们还是将水路运输作为主要运输方式发展的一个阶段，将铁路运输出现之前的运输业的发展阶段划分为水路运输阶段。

### 2. 铁路运输阶段

1825 年，英国人乔治·斯蒂芬森在斯托克顿和达灵顿之间铺设了世界上第一条客货两用的铁路，铁路运输开始得到发展。以美国的铁路发展为例，为了弥补当时铁路运输的不足，美国开始大量使用铁路运输，政府鼓励各个运输公司开展铁路运输服务，经过几十年的建设，形成了四通八达的铁路运输网。到了 20 世纪 20 年代，美国铁路运输达到了鼎盛时期。可以说，从 1825 年到 20 世纪 20 年代是铁路运输阶段。

### 3. 综合运输阶段

随着社会的发展，出现了除铁路和水路以外的交通工具，同时集装箱的出现带来了运输史上的革命。由于运输方式和运输手段的增加，各种运输方式的竞争也越来越激烈。每种运输方式在某种程度上都有其自身的优点，人们在选择运输方式时也会随着自己的需要而变化，这样便出现了多种运输方式并存的局面。特别是集装箱的出现，运输方式之间的衔接也变得越来越方便，多式联运组织形式也越来越普遍。从铁路运输阶段结束到 20 世纪 80 年代这一时期，可以说是综合运输阶段。

### 4. 高速运输阶段

随着现代物流理念的深入发展，企业竞争的焦点是速度和时间。由于产品地域的差异产生了运输需求，运输的速度在某种程度上对企业的发展起到了关键的作用。运输方式之间的竞争逐渐由成本的竞争转向速度的竞争，如各国都在积极发展高速铁路。中国、日本、欧洲各国等都在积极发展磁悬浮列车。从世界各国的发展来看，20 世纪 80 年代以后，运输业进入了高速运输阶段。

## 1.2.2 运输业的特点

（1）运输业是国民经济的动脉。运输业连接着国民经济的各个环节，其技术的进步与发展是决定国民经济生产规模和产业结构变化的重要因素。

（2）运输业是社会物质生产必不可少的条件之一。运输是生产过程在流通领域内的继续，是特殊的生产和流通的部门。在整个社会物质生产过程中，运输是为了满足商品从起始地到目的地的位移需要。这种位置移动是实现社会物质生产必不可少的条件之一，是实现商品流通的基础。离开了运输，社会物质生产过程便无法实现。

（3）运输业的生产不改变运输对象的属性或形态。运输业的产品（以下简称运输产品）只是"空间位移"，并不创造新的物质产品，通过改变商品的空间位置，在转移商品价值的同时，创造新的价值，从而使商品的交换价值增大，即创造商品的空间价值。运输业的生产不改变运输对象的属性和形态，社会产品的总量不会因为运输而增大。对个人消费者来说，其价值直接会和消费同时消灭，而对货物运输来说，其价值会追加到货物本身。所以，运输费用是一种生产费用，在满足运输需要的前提下，应提倡合理运输，减少运输成本，降低社会资源浪费。

（4）运输产品的生产过程和消费过程同步进行。运输在"空间位移"的生产过程中，其生产过程和消费过程是同步进行的，运输产品不作为独立的产品存在于运输生产过程之外，正是由于运输产品不具有实物形态，其生产与消费是同一过程，所以运输产品既不能储存，也不能调拨，运输企业只能根据市场需求，科学地组织运输生产，储备一定的运输能力，以满足运输市场的需求波动。

（5）运输业产销计算单位的不一致性。运输业的生产成本是根据所提供的服务量而定的，但运输销售收入却是根据使用者的实际使用量而定的。一辆货车开出后，不管是空车还是满载，其成本几乎是固定的，但运输销售收入的多少则完全决定于装载率，而且变动性非常大。这一特性使运输业的财务问题显得较特殊，且使得定价变得复杂而不易处理。理论上，成本是定价的重要的考虑因素，然而运输产品计算单位为车·km，但运输销售的计算单位是t·km，两者因装载率经常变动而难以取得一致，从而使得费率与成本之间也难有固定不变的关系。通常为了实际定价使用方便起见，一般还是以t·km为计算单位，实际上这是一种折中的方法。

（6）运输业的系统性。随着运输需求（更快、更省）的多样化，运输的技术发展使运输业分解为更多的分支，从而出现了多种运输方式并存的局面。尽管每种运输方式使用不同技术经济性能的运输工具，但生产的是同一产品，因而对社会产生相同的效应。由于生产过程跨越空间广阔，地理因素复杂，运输生产过程往往要经过几种运输方式相互衔接、共同完成，而运输业的生产场所分布在广阔的地域空间，在人和商品的运输过程中要由集中运输方式共同完成，因此必须要有一个干支相连、互相衔接的运输体系与之相适应。

## 1.2.3 运输业的分类

**1. 按运输对象划分**

（1）客运业。客运业对运输的基本要求（即经济性、迅速性、安全性和便利性）较高。

（2）货运业。货运市场对国民经济发展较为敏感，而且货运业对运输的基本要求（质量、安全性、经济性、及时性）也较高。

**2. 按运输范围划分**

（1）国内运输业：如我国国内运输业按地域又可细分为华东运输业、西北运输业等。

（2）国际运输业：划分类似于国内运输业。

**3. 按运输的协作程度划分**

（1）联合运输业。

（2）多式联运业。

（3）一般运输业。

**4. 按运输设备及运输工具划分**

（1）公路运输业。

（2）水路运输业。

(3) 铁路运输业。
(4) 航空运输业。
(5) 管道运输业。

**5. 按运输线路划分**

(1) 干线运输业。
(2) 支线运输业。
(3) 城市内运输业。

## 1.3 物流与运输

### 1.3.1 物流基础知识

物流的概念最早是在美国形成的，当时被称为 physical distribution（PD），译成汉语是"实物分配"或"货物配送"。1935 年，美国销售协会阐述了"实物分配"的概念："实物分配是包含于销售之中的物质资料和服务在从生产场所到消费场所的流动过程中所伴随的种种经济活动。"1963 年，物流的概念被引入日本，当时的物流被理解为"在连接生产和消费间对物资履行保管、运输、装卸、包装、加工等功能，以及作为控制这类功能后援的信息功能，它在物资销售中起了桥梁作用"。我国是在 20 世纪 80 年代才接触"物流"这个概念的，当时的物流已被称为 logistics，已经不是过去 PD 的概念。logistics 的原意为"后勤"，这是第二次世界大战期间军队在运输武器、弹药和粮食等给养时使用的一个名词，它是为维持战争需要的一种后勤保障系统。后来把 logistics 一词转用于物资的流通中，这时物流就不单纯考虑从生产者到消费者的货物配送问题，而且还要考虑从供应商到生产者对原材料的采购，生产者在产品生产过程中的运输、仓储和信息等各个方面，以及全面、综合性地提高经济效益和效率的问题。因此，现代物流是以满足消费者的需求为目标，把生产、运输、销售等市场情况统一起来考虑的一种战略措施，这与传统物流仅将其看作"后勤保障系统"和"销售活动中的桥梁"相比，在深度和广度上又有了进一步的发展。

**1. 物流的定义**

物流是指原材料、产成品从起点至终点及相关信息有效流动的全过程。它将运输、仓储、装卸、加工、包装、配送、信息处理等方面有机结合，形成完整的供应链，为用户提供多功能、一体化、方便快捷的综合服务。

(1) 美国对物流的定义。物流是对货物、服务及相关信息从起源地到消费地的有效率、有效益的流动和储存进行计划、执行和控制，以满足客户要求的过程。此定义是在美国许多物流定义版本中较有影响力的一种。它提出物流是为满足客户需求，使客户满意的服务过程，把物流作为企业管理的范畴，强调了物流的计划、执行和控制能力，即要有效率、有效益地降低物流成本，提高物流的整体效率。

(2) 欧洲物流协会对物流的定义。物流是在一个系统内对人员、商品的运输、安排及与此相关的支持活动的计划、执行和控制，以达到特定目的的过程。此定义是欧洲物流协会的权威定义，该协会也认为物流概念有一个发展过程，它既强调了物流的系统性，又强调了物流管理的计划、执行和控制职能。

(3) 中华人民共和国国家标准《物流术语》(GB/T 18354—2006) 对物流的定义。物品从供应地向接收地的实体流动过程。根据实际需要，将运输、储存、装卸、搬运、包装、流通加工、配送、信息处理等基本功能实施有机结合。

**2. 物流系统的要素**

(1) 物流系统的功能要素。物流系统的功能要素指的是物流系统所具有的基本能力，这些基本能力有效地组合、连接在一起，便成了物流的总功能，便能合理、有效地实现物流系统的总目的。一般认为物流系统的功能要素包括运输、储存保管、包装、装卸搬运、流通加工、配送、物流信息等。

(2) 物流系统的支撑要素。物流系统的建立需要有许多支撑手段，尤其是处于复杂的社会经济系统中，要确定物流系统的地位，要协调与其他系统的关系，这些要素必不可少，主要包括体制、制度、法律、规章、行政、命令和标准化系统。

(3) 物流系统的物质基础要素。物流系统的建立和运行，需要有大量的技术装备手段，这些手段的有机联系对物流系统的运行有决定意义。这些要素对实现物流和某一方面的功能也是必不可少的。这些要素主要有：物流设施、物流装备、物流工具、信息技术及网络、组织及管理。

## 1.3.2 我国物流业的发展现状及存在的问题

(1) 企业物流仍然是全社会物流活动的重点，专业化物流企业开始涌现。随着买方市场的形成，企业对物流领域中存在的"第三利润源"有了比较深刻的认识，优化企业内部物流管理、降低物流成本成为目前多数国内企业最为强烈的愿望和要求，并出现了大量的专业化物流公司，特别是第三方物流有了明显的进步。现代的企业物流主要有5个特点：第一，物流企业产权结构多元化；第二，传统物流与现代物流紧密结合；第三，物流运作模式在实践中不断创新；第四，现代物流理念日益深入人心；第五，物流信息化、标准化受到企业的普遍重视。当前，我国的物流企业主要有3类：一是国际型物流企业，如丹麦马士基航运有限公司等；二是由传统运输、储运企业转变形成的物流企业，如中国远洋海运集团有限公司；三是新兴的专业化物流企业，如黑龙江省华宇物流集团公司、北京的宅急送公司等。

(2) 运输业基础设施和装备发展初具规模。目前我国已经在交通运输、仓储设施、信息通信、货物包装与搬运等运输业基础设施和装备方面取得了长足的发展，为物流业的发展奠定了必要的物质基础。中国政府将致力于建设安全畅通、便捷高效的交通基础设施网络，为现代物流业的发展创造良好的基础设施条件。在交通运输方面，我国以干线铁路、高速公路、枢纽机场、国际航运中心为重点，大力推进运输业基础设施建设。

(3) 物流业发展已引起各级政府的高度重视。中央及各级政府从不同角度关注着我国物流业的发展，并积极地研究制定促进物流业发展的有关政策。

(4) 专业化物流服务和经营管理水平有限。中国尽管已出现了一批专业化物流企业，但整体物流服务水平和效率还比较低。目前国内多数从事物流服务的企业只能简单地提供送货运输和仓储服务，而在流通加工、物流信息服务、库存管理、物流成本控制等物流增值服务方面，尤其在物流方案设计及全程物流服务等更高层次的物流服务方面还没有全面展开。同时，由于缺乏必要的服务规范和内部管理规程，经营管理粗放，很难提供规范化的物流服务，服务质量较低。

2005年5月，中华人民共和国国家质量监督检验检疫总局和中国国家标准化管理委员会发布了国家标准《物流企业分类与评估指标》（GB/T 19680—2005）。这一标准的颁布实施，标志着中国社会经济发展史上一种新的企业形态的诞生。该标准已于2013年修订更新，最新版本为《物流企业分类与评估指标》（GB/T 19680—2013）。

现在，我国物流业已经进入了成长期，物流市场需求增长迅速，企业物流服务能力和服务品质均有显著提高，特别是第三方物流有了明显的进步。我国物流产业与发达国家物流业之间仍还存在不小的差距：一是整体实力较弱，产业集中度低；二是企业规模过小，难以适应物流增长的需求；三是第三方物流成长仍然缓慢，专业化程度不高。

（5）物流基础设施和装备条件水平低。虽然我国物流基础设施和装备条件已有较大的发展和改善，但全面满足社会经济及物流业的发展要求，仍然有较大的差距，这在相当程度上影响着我国物流效率的提高，不利于物流业的快速健康发展。

（6）物流市场需求约束较大。受传统计划经济体制的影响，从原材料采购到产品销售过程中的一系列物流活动主要依靠企业内部组织的自我服务完成。这种以自我服务为主的物流活动模式在很大程度上限制和延迟了工商企业对高效率的专业化、社会化物流服务需求的产生和发展。

（7）物流研究相对落后和物流专业人才短缺。我国在物流研究和教育方面还有所欠缺，从事物流研究的大学和专业研究机构不多，企业层面的研究和投入更是微乎其微。物流教育水平不高主要表现在缺乏规范的物流人才培育途径。

（8）行业与区域割据的制度约束。目前我国物流业在制度方面基本上仍沿袭原计划经济体制模式，即一个系统资源的物流业的管理权限被分别划分成若干个部门。因此，我国物流发展呈现出明显部门化、区域化特征，工业、商业、物资、交通等各自为政，都在上项目、抢市场，相互之间协调性差，从而造成了资源浪费。从长远来看，这势必会延缓跨地区、跨行业、全国统一、开放、竞争、公平、有序的物流大市场的建立。

随着中国物流企业的不断强身健体，以及政府职能的不断调整转化，中国物流业将越做越大。各级政府将在物流企业的设立、各地物流产业政策的协调方面提供良性发展的宏观环境，整个行业将不断实现资源的高效利用和整体效益的提高，最终迎来物流业飞速发展的春天。

## 1.3.3 运输基础知识

运输是人和物的载运及输送。本书中运输专指"物"的载运及输送，它是在不同地域范围间（如两个城市、两个工厂之间或一个大企业内相距较远的两车间之间），以改变"物"的空间位置为目的的活动，对"物"进行空间位移。如前所述，运输是物流系统中最主要和最基本的要素。运输是社会物质生产的必要条件之一，是国民经济的基础。运输虽然不创造新的产品，不增加社会产品的数量和使用价值，但它通过实现产品的空间位置移动连接不同的生产单位、生产与消费、不同的市场、不同的国家和地区而使生产不断地进行和延续，从而创造"场所效用"。

根据《物流术语》（GB/T 18354—2006），运输（transportation）是"用专用运输设备将物品从一个地点向另一地点运送。其中包括集货、分配、搬运、中转、装入、卸下、分散等一系列操作"。运输的地位和作用如下所述。

（1）运输是社会物质生产的必要条件之一。马克思将运输称为"第四个物质生产部门"。运输是一种特殊的物质生产活动，它不直接生产任何有形的物质产品，而是提供运输服务，使物质产品产生空间位置移动，从而创造了新的物质产品价值，而且物质产品只有通过运输变动其空间位置，才能实现产品的生产与消费，这种空间位置移动是社会物质生产的必要条件之一。运输作为社会物质生产的必要条件，表现在：①在生产过程中，运输是生产的直接组成部分，没有运输，生产内部的各环节就无法连接；②在流通过程中，运输是生产过程的继续，这一活动连接生产与再生产、生产与消费的环节，连接国民经济各部门、各企业、城乡、不同国家和地区。

（2）运输是物流的主要功能要素之一，创造"场所效应"。由于供求之间客观存在空间的距离，商品在不同的地理位置具有不同层次的价值，其使用价值的实现程度也不同，正是通过运输对商品进行空间的位移，改变了商品的空间位置，使商品最大限度地发挥其使用价值，最大限度地提高了产出投入比，即创造"场所效应"。通过运输，将"物"运到场所效应最高的地方，就能发挥"物"的最大潜力，最终实现资源优化配置。从这个意义上说，也相当于通过运输提高了"物"的使用价值。按物流的概念，物流是"物"的物理性运动，这种跨越空间的运动不但改变了"物"的时间状态，也改变了"物"的空间状态。运输承担了改变"物"的空间状态的主要任务，运输再配以装卸、搬运、配送等活动，就能圆满地完成改变"物"的空间状态的全部任务。

（3）运输是"第三利润源"的主要源泉。运输是企业降低成本的法宝，原因如下所述。

① 运输是运动中的活动，它和静止的保管不同。运输主要承担着大跨度空间位移的任务，由于活动的时间长、距离长，要消耗大量的动力，消耗的动力绝对数量越大，其节约的潜力也就越大。

② 运费成本在物流成本中所占的比重最大。日本通产省对六大类货物物流成本的调查结果表明，其中运输成本占40%左右。从运费来看，运费在全部物流费用中占最高的比例，一般综合分析计算社会物流费用，运费占50%，有些产品运费高于产品的生产费用，所以节约的潜力是很大的。因此，提高物流运输系统的效率和质量，对整个企业的成本和效益是至关重要的。

由于运输总里程长，运输总量巨大，通过各种运输合理化措施可以大大降低运输 t·km 数，从而降低企业运输成本。

## 1.3.4 运输与物流工作其他环节的关系

现代物流的出现给企业降低物流成本、提高劳动生产率、增加新的利润空间打开了崭新的"一扇窗"。现代物流的实质基本可以用"降低成本、提高效率、改善服务"来概括。现代物流的这种实质内涵对作为其管理与经营运作的核心环节——运输组织与服务，较传统运输提出了更高的要求。以下重点分析阐述运输子系统和物流其他子系统之间的关系。

### 1. 运输与包装的关系

运输与包装是相互影响的。运输方式决定对货物的包装要求,包装有利于运输功能的实现;货物工业包装的方法、规格、材料等都不同程度地影响运输的效率。根据物流学的观点,集装单元化是成组化运输的前提条件,也是包装的趋势。因此,货运企业应重视集装单元化在商品包装运输系统中的作用。

物流现代化是离不开集装的。从包装角度来看,集装是一种按一定单元将杂散物品组合包装的形态,是属于大型包装的形态。可以说,集装是物流现代化的重要标志。商品的集装化在现代商品包装运输系统中日益显示出优越性,其主要作用表现在以下几个方面。

(1) 包装采用合理的集装技术(集装箱、集装罐、托盘等),使得物品的单体包装及小包装降低,甚至可以去掉小包装,从而在包装材料上有很大节约,包装强度也由于集装的大型化和防护能力大大增强而有利于保护货物。以前,我国的水泥包装采用牛皮纸,整车运输。由于包装材料的不合理,物流过程中水泥包装经常破损,大量的水泥破漏,造成了企业经济损失,也污染了环境。现在采用集装罐卡车实行封闭式运输,降低了企业的包装成本与费用,不污染环境,是一种值得提倡的绿色运输方式。

(2) 现代运输企业采用集合包装的方法(集装箱、托盘等),集装后的商品密封在箱体内,无论经过多少环节,都可以避免货损、货差、丢失现象,从而保证商品的运输安全,提高商品的运输完好率。由于集装整体进行运输和保管,大大方便了运输及保管作业,便于管理,也能有效利用运输工具和保管场地的空间;有利于实现综合运输,实现商品的机械化运输,加速物流流转速度,提高运输、装卸的效率。

(3) 运输企业必须重视集合包装与成组运输的关系,车辆选择应优先考虑使用集装运输设备,主要有集装箱卡车、散装罐车运输设备及转卸设备(专用吊车、叉车、输送机等)。为提高货物实载率,货物包装的材料、规格、体积、外廊尺寸应该与运输车辆货厢内廊尺寸成对约倍数关系。应大力发展集合包装,采用国际包装系列标准,实现模数化包装能够提高装载效率、节省包装费用、防止货损货差、降低运输成本、加速车船周转。同时,在管理上注重加强集装箱、托盘的周转管理及联运网络管理。

### 2. 运输与装卸搬运的关系

习惯上,物流领域常将装卸搬运这一整体活动称作"货物装卸"。例如,"汽车运输"实际上包含了相伴随的装卸搬运作业。一般来讲,一次运输前后伴有 2 次装卸搬运作业。装卸搬运影响运输活动的质量和速度,装卸搬运对运输活动有一定的决定性。例如,货物装车积载方法不当往往会引起运输过程中的损失并存在安全隐患;卸放不当,堆码不当会引起货物下一步运输的困难。运输活动必须在有效的装卸搬运支持下才能实现高水平。

(1) 装卸是影响运输效率、决定物流技术经济效果的重要环节。装卸是随运输和保管过程而产生的附属性、伴生性的必要活动,其基本作业包括装车(船)、卸车(船)、堆垛、入库、出库及连接上述各项活动的短程输送。在物流过程中,装卸是物流每一项活动开始及结束时必然发生的活动,它出现的频率高于其他各项物流活动,每次装卸都要花费很长时间,所以往往成为决定物流速度的关键。

为了说明上述看法,现列举以下几个数据。①据统计,我国铁路货运以 500 km 为分界点,运距超过 500 km,运输时间多于起止的装卸时间;运距低于 500 km,装卸时间则超过实际运输时间。②美国与日本之间的远洋船运，一个往返需25天，其中运输时间为13天，装卸时间为12天。③据我国对生产物流的统计，机械工厂每生产1 t成品，需进行252 t·次的装卸搬运，其成本为加工成本的15.5%。

装卸所消耗的人力也很多，装卸费用在物流成本中所占的比重也较高。以我国为例，铁路运输始发和到达的装卸费用占运费的20%左右，船运费占40%左右。因此，为了降低物流费用，装卸是一个重要环节。此外，进行装卸时往往需要接触货物，是物流过程中常造成货物破损、散失、损耗、混合等损失的主要环节。例如，袋装水泥纸袋破损和水泥散失主要发生在装卸过程中，玻璃、器皿等产品在装卸时最容易造成损失。根据有关统计资料分析，产品制造费用的20%～50%是用于物料搬运的费用。

（2）作为支持、保障性活动，运输方式决定了配套使用的装卸搬运设备。

（3）装卸搬运是支持不同运输方式的活动。不同运输方式之间互相过渡时，都要以装卸搬运来衔接，如大陆桥运输下海洋运输转为铁路运输，再由铁路运输转为公路运输，一直门到门运输到客户的工厂，都必须依靠装卸搬运变更运输方式。因而，装卸搬运往往成为整个物流过程的"瓶颈"，是物流各功能之间能否形成有机联系和紧密衔接的关键，而这又是一个系统的关键。建立一个有效的物流系统，关键看这一衔接是否有效。

道路运输企业成组运输中采取集装单元设备对物料搬运的意义重大。首先，物料实行单元化后，改变了物料散放状态，提高了搬运活性指数，易于搬运。其次，改变了堆放条件，能更好地利用仓库空间和有效面积。最后，实行标准化作业，合理、充分地利用搬运设备、设施，能够提高生产率和经济效率。因此，现代管理理论都非常注重物料搬运系统的设计开发，物料搬运系统设计就是对物料搬运路线、运量、搬运方法和设备、储存场地等做出合理安排。货运企业可以采用规划评价其自身业务的物料搬运系统。规划评价时，应考虑以下问题：

① 为什么要被运输或储存？（why）

② 是什么货物，有多少运输量？（what kind, how much）

③ 从何处运输来，运到何处去？（from, to）

④ 用什么设备，怎样运输？（with, how）

⑤ 什么时候运输，怎样运输？（when, how）

### 3. 运输与储存的关系

运输与储存被誉为物流的主要功能，分别承担了创造物流"空间效应"和"时间效应"的主要功能。运输是库存控制的一个外部影响要素，有时候库存控制不能达到预期目标并不是控制本身或订货问题，而是运输的提前或延误，提前则增大了库存水平，延误则使库存水平下降甚至会出现失控状态。此外，运输的不稳定和不确定性必然会制约库存控制。

现代企业的库存管理提倡"零库存"管理。采用"零库存"管理的先决条件之一就是快速和可靠的运送。现代企业的库存管理已从静态管理上升到动态管理层次，生产作业对送货时间的准确性更为敏感。本质上，储存功能还起到调节运输的作用，运输工具被用作一种临时的机动储存设施。根据企业的储存计划，如果运输途中的货物，中途改变其运输方式，运输的衔接可以依靠运输途中的储存来进行。这样，运输起到创造"时间效应"的作用。例如，载有上万吨货物的火车停靠到公司的物流中心时，可以直接越库用火车分装运输，解决库存的压力。

运输状况影响库存量的大小。发达的运输系统能够适量、快速和可靠地补充库存,从而降低库存量。在业务上,运输应按照生产的连续性和节奏性计划组织运输任务,尽可能减少运输环节和运输时间,尽可能地直达供货,尽可能地减少物资的集中和分散,这样就会使运输速度加快,从而减少运输成本。相反,如果运输组织不当,就会延长货物在仓库中的储存时间,造成成本的增加。总之,企业必须以客户的指示,及时、经济、安全、方便、准确地组织运输。

### 4. 运输与配送的关系

运输分为干线部分的长距离运输和支线部分的短距离运输。从狭义上讲,配送是相对干线运输而言的概念,是面对客户的支线部分的短距离运输。一般来讲,配送中心的辐射范围为60 km。配送是物流中一种特殊的、综合的物流活动形式,是在传统的送货基础上发展起来的,是商流与物流的紧密结合,包含了商流活动和物流活动。生产厂家到配送中心之间的物品空间移动称"运输",从配送中心到顾客之间的物品空间移动称"配送"(日本《物流手册》1991年版的定义)。运输与配送的区别可以概括为以下几个方面,见表1-5所示。

表1-5 运输与配送的区别

| 内 容 | 运 输 | 配 送 |
| --- | --- | --- |
| 商物分离 | 运输是商物分离的产物 | 配送是商物合一的产物 |
| 管理重点 | 效率、效益优先 | 服务优先 |
| 运输性质 | 干线运输 | 支线运输、末段运输 |
| 货物类型 | 少品种、大批量 | 多品种、小批量 |
| 运输工具 | 大型货车、其他运输工具等 | 小型货车 |
| 附属功能 | 装卸、捆包 | 装卸、保管、包装、分拣、流通加工、订单处理等 |

从商流方面来讲,运输和配送的不同之处在于,运输是商物分离的产物,而配送则是商物合一的产物,配送本身就是一种商业形式。虽然配送在具体实施时也有以商物分离形式实现的,但从配送的发展趋势看,商流与物流越来越紧密地结合是配送成功的重要保障。配送也是最接近客户的末端物流环节。美国兰德公司对 *Fortune* 杂志所列的500家大公司的一项调查表明"经营战略和接近顾客至关重要",从而证明了这种物流活动的重要性。

从物流方面来讲,配送几乎包括了所有的物流功能要素,是物流的一个缩影或在较小范围内物流全部活动的体现。一般的配送集装卸、包装、保管、运输于一身,通过这一系列活动完成将货物送达目的地;特殊的配送则还要以加工活动为支撑,所以包括的方面更广。但是,配送的主体活动与一般物流却有不同,一般物流是运输及保管,而配送则是运输及分拣配货。分拣配货是配送的独特要求,也是配送中有特点的活动,以送货为目的的运输则是最后实现配送的主要手段,从这一主要手段出发,常常将配送简化地看成运输中的一种,即配送运输。

配送对运输的总体要求是:节省运输费用;提高运输服务的效率;消除不合理运输。配送中心运输方案的计划包括：车队构成及组合、数量；配送路线的确定及路线的优化；装车发运的组织。

总之，配送运输应达到"四最"的标准，在准确的时间内及时无误地按客户需求将货物送达指定地。"四最"是指配送路线最短、所用时间最少、作业成本最低、服务水平最高。

### 5. 运输与信息的关系

现代物流运输信息系统是物流系统的一个主要组成部分，其主要业务包括：运输计划、配车与运输路线计划、配送和货物跟踪、车辆运作管理、成本管理与控制及运输信息的查询等。

现代物流运输信息系统必须向客户提供物品处于运输状态的实时信息，包括提供货物的位置与处理状态。这些信息提供给运输服务人员和客户，以供他们随时调整运输的状态。物流系统是一个复杂的系统，要实现物流合理化的目标，现代物流运输企业的发展离不开信息技术和信息系统的支持。要迅速提高国内物流运输企业的物流能力，物流信息系统建设是其发展的"瓶颈"。

现代物流运输信息管理支持系统一般包括条形码系统、全球定位系统、地理信息系统及智能交通系统等。它的投资很大，但对于服务的改进和竞争力的提高效果显著。它可以把握在途物资的情况，把运输车辆变成流动的仓库，以实现最少库存。目前全球物流管理信息正在替代实物资源，成为物流经济活动的重要资源，世界上许多著名生产厂商越来越重视数据处理、信息系统，并积极地在信息系统上进行投资。比如，车辆应用GPS卫星定位系统可确保在途车辆的实时控制和信息的实时反馈，以及在途商品的实时追踪，确保签单在第一时间返回到客户公司。总而言之，企业信息网络技术是构成现代物流体系的重要组成部分，也是提高物流服务效率的重要技术保障。物流企业积极利用信息技术，既可以优化企业内部资源配置，又可以通过网络与用户及相关单位联结，实现资源共享、信息共用，对物流各环节进行实时跟踪、有效控制与全程管理。此外，建立货物跟踪系统，利用物流条码和EDI技术获取有关货物运输状态的信息；智能交通系统将信息技术贯穿交通运输全过程，形成集成的地面运输系统，自动询问和接受各种交通信息，对运送特殊危险品之类的特种运输车辆进行跟踪，对车辆的驾驶员进行全程监视并在事故情况下自动报警。这并非说明只有新的事物、新的技术才能产生效益，一种理念、观念或思路的改变也会给人们带来新意收获。它遵循的基本规律是：理念改变—概念改变—业务改变—效果改变。

针对中国运输企业的特征，信息化建设的目标应该是在基本实现日常核心业务管理信息化的前提下强调：①增强运输企业对社会物流资源的整合能力，以利于运输企业在低成本运营下的快速扩张；②增强市场开发能力，以增加货源和业务强度。由于现在的人工成本相对而言较为低廉，所以在系统设计规划时应该避免机械地追求国外先进的信息系统的高度智能化指标，应采用适当的人机互动式的信息化业务操作管理，这样可以大大降低系统开发过程中的技术难度，并充分利用人的主观能动性灵活地处理在信息化改造过程中可能出现的各种意外情况，避免运输企业在信息化改造过程中出现休克现象。

# 1.4 现代运输要素和运输合理化

## 1.4.1 现代运输要素

现代运输必须具备动力、运输工具、运输通路、通信设备这4种要素。只有这4种要素有机配合,成为一个完整的体系,现代运输才能发挥最大的功能。现代运输较传统运输的运量增大,速度更快,只有4种要素密切配合,相互作用,才能产生最大的经济效益。例如,铁路要行驶大型机车,就必须铺设重型的钢轨,以提高钢轨的负荷量;设计大型船舶,就要考虑江河和港湾的通过能力;发明了飞机,开辟空中运输通道,就需要汽油燃油作为动力来源;无论任何运输车辆,都需要装置电信设备,以利作业的调度和指挥。

**1. 动力**

(1) 自然动力——包括风力、水力、人力和畜力等。

(2) 人工动力——包括蒸汽力、石油燃烧动力、气体燃烧动力、电力和核能等。

**2. 运输工具**

运输工具分为自然运输工具和人工运输工具两类。自然运输工具本身为动力的来源,如马匹驮运货物。人工运输工具包括以下几种形式:

① 公路车辆——包括汽车、摩托车、牛车、马车、自行车等;

② 铁路车辆——包括各种机车、客车、货车、列车等;

③ 船舶——包括商船、驳船、渔船等;

④ 航空器——包括飞机、飞艇、火箭、气球等。

**3. 运输通路**

(1) 陆路运输通路——包括公路、铁路、管道、输送带等。

(2) 水路运输通路——包括内陆水道和海洋航线。

(3) 空路运输通路——包括航空线、空中索道和空中钩运。

**4. 通信设备**

传统的运输方式多利用自然动力,效率低、范围小、危险性低,对通信设备的需求并不迫切。现代运输多采用人工动力,海量运输,效率高、范围广、危险性高,迫切需要通信设备的配合。现代运输与通信设备,如鱼之于水,一刻都不能脱离。航运和空运都使用先进的定位系统,利用无线电使其随时随地可以知道自己所在的位置。例如,空运方面配备:① 超高频率多向导航设备,② 侧距设备,③ 自动导向仪,④ 自动降落设备等装置,这些均为国际公认的必需重要通信设备。

## 1.4.2 运输合理化

**1. 不合理运输**

不合理运输是在现有条件下可以达到的运输水平而未达到,从而造成了运力浪费、运输时间增加、运费超支等问题的运输形式。目前我国存在的主要不合理运输形式有以下几种。

(1) 空驶。空车无货载行驶,即空驶,可以说是不合理运输的最严重形式。在实际运输组织中,有时候必须调运空车,从管理上不能将其看成不合理运输。但是,因调运不当,货源计划不周,不采用运输社会化而形成的空驶,是不合理运输的表现。造成空驶这种不合理运输的主要原因有以下几种。

① 能利用社会化的运输体系而不利用,却依靠自备车送货、提货,这往往出现单程重车、单程空驶的不合理运输。

② 由于工作失误或计划不周,造成货源不实,车辆空去空回,形成双程空驶。

③ 由于车辆过分专用,无法搭运回程货,只能单程实车,单程回空周转。

(2) 对流运输。对流运输也称"相向运输""交错运输",指同一种货物,或者彼此间可以互相代用而又不影响管理、技术及效益的货物,在同一线路上或平行线路上做相对方向的运送,而与对方运程的全部或一部分发生重叠交错的运输称为对流运输。已经制定了合理流向图的产品,一般必须按合理流向的方向运输,如果与合理流向图指定的方向相反,也属对流运输。

(3) 迂回运输。迂回运输,即舍近取远,可以选取短距离进行运输而不选取,却选择路程较长的路线进行运输的一种不合理运输形式。迂回运输具有一定的复杂性,不能简单认定,只有当计划不周、地理不熟、组织不当而发生的迂回运输,才属于不合理运输。如果最短距离有交通阻塞、道路情况不好或有对噪声、排气等特殊限制而不能使用时发生的迂回运输,不能视其为不合理运输。

(4) 重复运输。本来可以直接将货物运到目的地,但是在未达目的地之前,或在目的地之外的其他场所将货物卸下,再重复装运送达目的地,这是重复运输的一种形式。重复运输的另一种形式是,同品种货物在同一地点运进,同时又向外运出。重复运输的最大缺点是增加了非必要的中间环节,从而延缓了流通速度,增加了费用,增大了货损。

(5) 倒流运输。倒流运输是指货物从销地或中转地向产地或起运地回流的一种运输现象。其不合理程度要甚于对流运输,原因在于:往返两程的运输都是不必要的,形成了双程的浪费。倒流运输也可以被看成是隐蔽对流的一种特殊形式。

(6) 过远运输。过远运输是指调运物资舍近求远,近处有资源不调运而从远处调运,这就造成可采取近程运输而未采取,拉长了货物运距的浪费现象。过远运输占用运力时间长、运输工具周转慢、物资占压资金时间长,又易出现货损,故增加了费用支出。

(7) 运力选择不当。未充分利用各种运输工具的优势而不正确地选择运输工具造成的不合理现象,常见的有以下几种形式。

① 弃水走陆。可以同时利用水运及陆运时,不利用成本较低的水运或水陆联运,而选择成本较高的铁路运输或汽车运输,使水运优势不能发挥。

② 火车、大型船舶的过近运输。不是火车、大型船舶的经济运行里程却利用这些运力进行运输的不合理做法。其主要不合理之处在于火车、大型船舶起运及到达目的地的准备、

装卸时间长，且机动灵活性不足，在过近距离中利用，发挥不了其运速快的优势。相反，由于装卸时间长，反而会延长运输时间。另外，和小型运输设备比较，火车、大型船舶装卸难度大，费用也较高。

③ 运输工具承载能力选择不当。不根据承运货物数量及重量进行选择，而盲目决定运输工具，造成过分超载、损坏车辆及货物不满载、浪费运力的现象。尤其是"大马拉小车"现象发生较多，由于装货量小，单位货物运输成本必然增加。

(8) 托运方式选择不当。托运方式选择不当指对于货主而言，在可以选择最好的托运方式时而未选择，造成运力浪费及费用支出加大的一种不合理运输。例如，应选择整车而未选择，反而采取零担托运；应当选择直达运输而选择了中转运输；应当选择中转运输而选择了直达运输等都属于这一类型的不合理运输。

上述的各种不合理运输形式都是在特定条件下表现出来的，在进行判断时必须注意其不合理的前提条件，不能绝对地将其看成不合理运输，因为其中存在市场机制引导的竞争，如果片面强调因为表面的对流而不允许运输，就会起到保护落后、阻碍竞争甚至助长地区封锁的作用。同时，以上对不合理运输的描述，主要就形式本身而言，并且是从微观观察得出的结论。在实践中，必须将其放在物流系统中做综合判断，在不做系统分析和综合判断时，很可能出现"效益背反"现象。单从一种情况来看，避免了不合理，做到了合理，但它的合理却使其他环节出现不合理。只有从系统角度出发，综合进行判断，才能有效避免"效益背反"现象，从而优化物流全系统。

### 2. 运输合理化的概念

运输合理化是指从物流系统的总体目标出发，选择合理的运输方式和运输路线，即运用系统理论和系统工程原理和方法，选择合理的运输路线和运输工具，以最短的路径、最少的环节、最快的速度和最小的劳动消耗，组织好运输活动。由于运输是物流中最重要的功能要素之一，物流合理化在很大程度上取决于运输合理化。运输合理化的影响因素很多，起决定性作用的有 5 方面的因素，称合理运输的 5 要素。

(1) 运输距离。在运输时，运输时间、运输货损、运费、车辆或船舶周转等运输的若干技术经济指标，都与运输距离有一定的比例关系，运输距离长短是运输是否合理的一个最基本因素。缩短运输距离从宏观、微观角度都会带来好处。

(2) 运输环节。每增加一次运输，不但会增加起运的运费和总运费，而且必然增加运输的附属活动，如装卸、包装等，各项技术经济指标也会因此下降。所以，减少运输环节，尤其是同类运输工具的环节，对合理运输有促进作用。

(3) 运输工具。各种运输工具都有其适用的优势领域，对运输工具进行优化选择，按运输工具特点进行装卸运输作业，最大限度地发挥所用运输工具的作用，是运输合理化的重要一环。

(4) 运输时间。运输是物流过程中需要花费较多时间的环节，尤其是远程运输，在全部物流时间中，运输时间占绝大部分，所以运输时间的缩短对整个物流时间的缩短有决定性的作用。此外，运输时间短有利于运输工具的加速周转，充分发挥运力的作用，有利于货主资金的周转，有利于运输线路通过能力的提高，对运输合理化有很大的贡献。

(5) 运输费用。运输费用，简称运费，在全部物流费用中占很大比例，运费高低在很大程度上决定整个物流系统的竞争能力。实际上，运费的降低，无论对货主企业来讲，还是对物流经营企业来讲，都是运输合理化的一个重要目标。对运费的判断也是各种运输合理化措施是否行之有效的最终判断依据之一。

只有从上述 5 方面考虑运输合理化,才能大量节约社会流通费用,实现物流系统的合理化,促进经济循环的顺畅。

**3. 运输合理化的有效措施**

众所周知,一切物质产品的生产和消费都离不开运输。物流系统的合理化在较大程度上取决于运输合理化。因此,在物流过程的各项业务活动中,运输是关键。

(1) 合理配置运输系统网络。运输系统网络是指由若干个收发货节点和它们之间的"连线"所构成的运输网络及与之相伴随的信息流网络的有机整体。为了确保销售和市场占有率,企业设置的收发货节点(是指各层级仓库,如制造厂仓库、中间商仓库、中转点仓库及流通加工配送中心)决定整个物流系统的合理布局和运输合理化问题。运输系统网络研究的中心问题是确定货源基地和消费者的位置、各层级仓库及中间商批发点(零售点)的位置、规模和数量。企业在规划运输系统网络时,要根据经营战略、营销策略等因素决定需要多少个仓库、配送中心,以及这些仓库、配送中心如何布局,密度多大,相距多远,组织形式是外包还是自营等问题。只有整体规划,统一考虑,才可能既满足销售需要,又减少交叉、迂回、空载等不合理运输,完善和优化物流网络,降低运输成本,提高竞争能力。

(2) 选择最佳运输方式。铁路运输、公路运输、水路运输、航空运输、管道运输 5 种运输方式各有特点,其适用的货运对象有所差别。选择运输方式时应考虑的因素包括运输成本、安全性、可靠性等。铁路运输和水路运输运量大、运费低,适于长距离、大批量的干线运输,运输的货物适于"重、厚、长、大",经济运输里程为 200~300 km 及以上。其缺点是灵活性差,两头需要配套衔接装卸设备且装卸搬运次数多。公路运输适合短距离、小批量的货物运输,适宜运输"轻、薄、短、小"的货物。同时,公路运输灵活性高,可开展"门到门"的送货服务;其不足之处在于长途运输和大批量的干线运输缺乏优势,汽车废气不利环保。对于航空运输,速度快是其最大的优势,新鲜果品、高价值商品、紧急救险、救灾物资等适合航空运输方式。其缺点是运费高,运量小。管道运输采用密闭装备,运输途中能避免散失、遗漏,而且运输量大,有连续性,占地小,零包装,但是运输对象限于气体、液体和粉状物。我国"以公代铁"目前在杂货、日用百货运输及煤炭运输中较为普遍,一般在 200 km 以内,有时可达 700~1 000 km。例如,山西煤炭外运经过认真地技术经济论证,用公路代替铁路将煤炭运至河北、天津、北京等地是合理的。

(3) 提高运行效率。采取减少动力投入、增加运输能力的有效措施使运输合理化。这种合理化的要点是,少投入、多产出,走高效益之路。运输的投入主要是能耗和基础设施建设,在基础设施建设已定型和完成的情况下,尽量减少能源投入,是少投入的核心。做到了这一点,就能大大节约运费,降低单位货物的运输成本,达到合理化的目的。国内外在这方面的有效措施有以下几个方面。

① 满载超轴。其中"超轴"的含义是在机车能力允许的情况下,多加挂车皮。我国在客运紧张时,也采取加长列车、多加挂车皮的办法,在不增加机车的情况下增加运输量。

② 水运拖排和拖带法。竹、木等物资的运输,利用竹、木本身浮力,不用运输工具载运,采取拖带法运输,可省去运输工具本身的动力消耗,从而求得合理化;将无动力驳船编成一定队形,一般是"纵列",用拖轮拖带行驶,可以有比船舶载乘运输运量大的优点,以求得合理化。

③ 顶推法。顶推法是我国内河货运采取的一种有效方法，即将内河驳船编成一定队形，由机动船顶推前进的航行方法。其优点是航行阻力小，顶推量大，速度较快，运输成本很低。

④ 汽车挂车。汽车挂车的原理和船舶拖带、火车加挂基本相同，都是在充分利用动力能力的基础上增加运输能力。

（4）发展社会化的运输体系，推进共同运输。运输社会化的含义是发展运输的大生产优势，实际专业分工，打破一家一户自成运输体系的状况。一家一户的运输小生产，车辆自有，自我服务，不能形成规模，且一家一户运量需求有限，难于自我调剂，因而经常容易出现空驶、运力选择不当。因为运输工具有限、选择范围太窄，经常出现不能满载等浪费现象，且配套的接、发货设施、装卸搬运设施也很难有效地运行，所以浪费颇大。实行运输社会化，可以统一安排运输工具，避免对流、倒流、空驶、运力不当等多种不合理形式，不但可以追求组织效益，而且可以追求规模效益，所以发展社会化的运输体系是运输合理化非常重要的措施。当前铁路运输的社会化的运输体系已经较完善，而在公路运输中，小生产生产方式非常普遍，是建立社会化的运输体系的重点。在社会化的运输体系中，各种联运体系是其中水平较高的方式，联运方式充分利用面向社会的各种运输系统，通过协议进行一票到底的门到门运输，有效地打破了一家一户的小生产，受到了欢迎。

（5）尽量发展直达运输。这主要指运输部门尽量减少货物运输的中间环节，把货物由产地直接运送给客户，它是运输部门组织的主要形式。直达运输是追求运输合理化的重要形式，其对合理化的追求要点是可以缩短货物运输时间，通过减少中转换载，从而提高运输速度，省去装卸费用，降低中转货损。直达运输的优势，尤其是在一次运输批量和用户一次需求量达到了一整车时表现得最为突出。此外，在生产资料、生活资料运输中，通过直达运输建立稳定的产销关系和运输系统也有利于提高运输的计划水平，考虑用最有效的技术来实现这种稳定运输，从而大大提高运输效率。如同其他运输合理化措施一样，直达运输的合理性也是在一定条件下才会有所表现的，不能绝对认为直达运输一定优于中转运输。这要根据用户的要求，从物流总体出发做综合判断。如果从用户需要量来看，批量达到一定程度，直达运输是合理的，批量较小时则中转运输是合理的。

"四就"直拨是减少中转运输环节，力求以最少的中转次数完成运输任务的一种形式。一般批量到站或到港的货物，首先要进分配部门或批发部门的仓库，然后再按程序分拨或销售给用户。这样一来，往往出现不合理运输。"四就"直拨，首先是由管理机构预先筹划，然后就厂、就站（码头）、就库、就车（船）将货物分送给用户，而无须再入库。

（6）提高运输工具实载率。运输工具实载率（以下简称实载率）有两个含义：一是单车实际载重与运距乘积和标定载重与行驶里程之乘积的比率，这在安排单车、单船运输时是作为判断装载合理与否的重要指标；二是车船的统计指标，即一定时期内车船实际完成的货物周转量（以 t·km 计）占车船载重吨位与行驶里程乘积的百分比。在计算时，车船行驶里程不但包括载货行驶里程，也包括空驶里程。提高实载率的意义在于：充分利用运输工具的额定能力，减少车船空驶和不满载行驶的时间，减少浪费，从而求得运输的合理化。

根据货物运量的需要和配载合理性，选择合适吨位的车或集装箱，尽量做到满载、不甩货。车型的选择上应根据运输货物性质及条件或客户的特定要求，选择合理的车型：

敞车、封闭车、拖车、保温车、冷藏车。当前，国内外开展的"配送"形式的优势之一就是将多家需要的货和一家需要的多种货实行配装，以达到容积和载重的充分合理运用，比起以往自家提货或一家送货车辆大部分空驶的状况，是运输合理化的一个进展。在铁路运输中，采用整车运输、合装整车、整车分卸及整车零卸等具体措施，都是提高实载率的有效措施。

配载运输是充分利用运输工具载重量和容积，合理安排装载的货物及载运方法，以求得运输合理化的一种运输方式。配载运输也是提高运输工具实载率的一种有效形式。配载运输往往是轻重商品的混合配载，在以重质货物运输为主的情况下，同时搭载一些轻泡货物，如海运矿石、黄沙等重质货物，在舱面捎运木材、毛竹等，铁路运矿石、钢材等重物上面搭运轻泡农、副产品等，在基本不增加运力投入、不减少重质货物运输情况下，解决了轻泡货物的搭运，因而效果显著。

（7）发展特殊运输技术和运输工具。依靠科技进步是运输合理化的重要途径。例如，专用散装及罐车解决了粉状、液状物运输损耗大、安全性差等问题；袋鼠式车皮、大型半挂车解决了大型设备整体运输问题；"滚装船"解决了车载货的运输问题；集装箱船比一般船能容纳更多的箱体，集装箱高速直达车船加快了运输速度等。

（8）通过流通加工，使运输合理化。有不少产品，由于产品本身形态及特性问题，很难实现运输合理化。如果进行适当加工，就能够有效解决合理运输问题。例如，将造纸材料在产地预先加工成干纸浆，然后压缩体积运输，就能解决造纸材料运输不满载的问题；轻泡产品预先捆紧包装成规定尺寸，装车就容易提高装载量；水产品及肉类预先冷冻，就可提高车辆装载率并降低运输损耗。

运输合理化要考虑运输系统的基本特性。对于地区之间的长距离运输（干线运输），由于货物的批量大且对时间要求不是很苛刻，此时运输合理化的重点是要考虑降低运输成本。地区或城市间的短距离运输（末端输送）以向顾客配送为主要内容，货物批量小，应及时、准确地将货物运达，这种情况下的运输合理化应以提高物流服务质量为主。

不同客户的需求侧重点不同，因此应为客户"量身定做"物流运作方案，细化客户差异性需求，确定每一个客户的需求模型，据此相应地设计物流运作方案。

#### 4. 评价物流运输体系的要素

现代物流应解释为经营者用系统优化的思想对运输对象从起点至终点完整地设计、组织、实施运输及合理地完成这一过程中的相关作业，其中含有经营者主动为客户组织门到门运输的全方位服务的意思，包括线路选择、运输工具选择、仓储、包装等，对货物运输流通过程负全责。

评价物流体系的5个主要要素包括：品质、数量、时间、地点和价格。品质是指物流过程中，物料的品质保持不变；数量是指符合经济性的数量要求和运输活动中往返运输载尽可能满载等；时间是指以合理费用、及时送达为原则做到的快速；地点是指选择合理的集运地及仓库，避免两次无效运输及多次转运；价格是指在保证质量及满足时间要求的前提下尽可能降低物流费用。运输体系（运输合理化）则主要通过经济效益、生产力、服务质量和反应时间这4个指标进行衡量评价。

# 思考与练习

1. **基本概念**

    运输市场　　　　物流需求　　　　空间结构分析　　　　时间序列分析
    
    差别营销策略　　集中营销策略　　现代运输　　　　　　运输合理化

2. **简答题**

    (1) 试述运输市场的构成。
    
    (2) 试述运输市场研究的程序和方法。
    
    (3) 试述运输市场的分类。
    
    (4) 试分析运输合理化的措施。
    
    (5) 试分析评价物流运输体系的要素。
    
    (6) 讨论运输与其他物流工作环节的关系。

3. **案例阅读与分析**

    ## "快"和"准"在细分市场中谋位

    面对中国迅速增长的快递市场，争夺、分享这块大蛋糕的力量主要来自四个方面：一是国有性质的快递企业，EMS（邮政快递）为其典型代表；二是国际快递巨头，如联邦快递（FedEx）、UPS、DHL、TNT等；三是民营快递企业；四是数量极多且现状相对比较混乱的小型快递企业。

    "宅急送"于1994年在北京开办，目前在中国提供送货到家的国内速递业中位居老大地位，并已进入了快速发展时期。"宅急送"的战略定位是快速物流服务，即门到门快递服务，该战略定位是在"宅急送"成立之时确立的，当时中国的国内快递行业还是空白，而中国邮政EMS业务只限于信函。选择这一战略定位是受日本"宅急便"成功模式的启发。实践证明，"宅急送"的战略定位体现了市场差异化的战略，这种战略定位为客户提供了与众不同的物流服务，同时由于竞争者少，成熟度低，使得"宅急送"以较低的成本进入这一领域，并有可能成为行业规则的制定者。在发展过程中，"宅急送"对物流服务市场进行了更为精确的定位：一是将客户群由零散客户向大客户转变，这是为了适应中国市场环境和政策、法规的转变；二是放弃国际快递高利润的诱惑，专攻国内快递。

    如果说"宅急送"的战略定位是"快"，那么"宝供"的战略定位则是"准"。"宝供"的准时物流服务定位的选择是在"宝供"向现代物流企业转型中逐步确定的。由于"宝供"提供的服务大多集中在企业的生产、流通环节，其定位于企业供应链物流服务也是顺理成章的事。"宝供"从给宝洁当学生，到建立信息系统，再到建立物流基地，逐步体会到更准确、更敏捷、更及时、更高效的准时物流服务的精髓。"宝供"战略定位的变化自始至终都围绕着一个"准"字，从储运到物流再到供应链，从货运代理到物流资源整合，无不体现"准"

的原则。

通过"宅急送"和"宝供"的案例可以看出，它们快速发展的时期正是我国"物流热"兴起的几年，这两个企业不但分到了现代物流的蛋糕，并且各自开辟了广阔的市场空间，这充分证明了现代物流业并不是空中楼阁，而是具有巨大市场空间的潜在市场，需要企业去发现、去挖掘。

在如何发展现代物流企业方面，"宅急送"和"宝供"从不同的角度给我们以深刻的启示，从企业发展模式来看，"宅急送"的战略远见和"宝供"的战略灵活性各具优势。在制订发展战略时，作为企业的决策者要有远见卓识，应制订一个中长期的物流发展战略，体现企业在未来现代物流市场竞争中的地位，实际上也体现了决策者的战略意图与决心。当然，如果在有了"宅急送"式战略远见的前提下，发展中再运用"宝供"式的战略灵活性，那将是完美的发展战略模式。

## 评 析 题

（1）了解"宅急送"和"宝供"的基本情况，分析"宅急送"和"宝供"的战略定位特点。

（2）针对"宅急送"和"宝供"的战略定位，讨论战略定位的重要性及其成功的启示。

# 第2章

# 物流运输方式

**学习目标**
- 了解当前最主要的五种运输方式。
- 掌握这五种运输方式各自的特点及不同的适用范围。
- 熟悉各种运输方式的主要业务。

## 2.1 公路运输

### 2.1.1 概述

公路运输属于两种基本的陆上运输方式之一，是指使用汽车或其他运输工具（如拖拉机、人力车等）在公路上载运货物的一种运输方式。它主要承担铁路运输、水路运输优势难以发挥时的近距离、小批量的短途货运，以及铁路运输、水路运输难以到达地区的长途、大批量货运。公路运输不仅可以直接运进或运出货物，而且也是车站、港口和机场集散货物的重要手段。由于公路运输有很强的灵活性，近年来，在一些传统的铁路运输、水路运输地区，公路运输也开始在较长途的大批量运输中发挥积极的作用。

公路运输得以迅速发展，主要是由于：① 汽车普及，高速公路开通，车辆可以直接实现门到门的服务，送货到家非常方便；② 具有价格竞争优势；③ 汽车性能提高；④ 大型货车增多。公路运输虽然发展较快，但却受劳力不足、劳动时间缩短、公路交通效率下降、环境污染、紧急救灾运输等因素的制约。为发展汽车货运，企业应提高运输效率，加强复合一贯运输（公路、铁路集装箱联运），提高协同配送、计划配送等配送效率，采用托盘一贯化等单元货载系统。同时，还应注意提高社会效益，采用低公害车，保护环境；防止超载，保障安全；采取措施缩短劳动时间等。

## 2.1.2 公路运输的优缺点

**1. 公路运输的优点**

（1）机动灵活。

① 运输工具机动灵活。现代公路运输的主要运载工具是汽车，因此公路运输也可统称汽车运输。汽车对于到达地点的设施要求不高，能深入工厂、矿山、车站、码头、农村、山区、城镇街道及居民区等地点，将货物从发货者门口直接运送到收货者门口，不需要转运或反复装卸搬运，在直达性上有明显的优势。所以，对于线路复杂的中短途运输来说，汽车运输货物损耗少，运送速度快（据国外有关调查资料显示，在中短途运输中，汽车运输的平均速度是铁路运输的4～6倍，是水路运输的10倍左右），且最易实现"门到门"的运输。

② 运载量机动灵活。汽车的运载量可大可小，小的单车运输可载重0.25 t的货物，大的拖挂运输可载重几十吨、几百吨，甚至上千吨的货物。

③ 运输组织方式机动灵活。汽车运输既可自成体系组织运输，又可连接其他运输方式，可与铁路、水路联运，为铁路、港口集散货物。

④ 运营时间机动灵活。汽车运输能根据需要灵活制定运营时间表，运输中的伸缩性极大。

（2）项目投资小，经济效益高。修建公路的材料和技术较容易解决，容易在全社会广泛发展，且建设周期短，经济效益高。据国外有关资料介绍，一般汽车运输的投资每年可以周转1～2次，而铁路运输3～4年才周转1次。

（3）操作人员容易培训。相对其他运输工具来说，汽车驾驶技术容易掌握。培训汽车驾驶员一般只需要几个月的时间，而培训火车、轮船及飞机驾驶员则需要好几年的时间。

（4）包装简单，货损少。因为汽车运输途中货物撞击少，加之没有中转装卸作业，所以包装可以简单，损失也少。

（5）运费比较便宜。在近距离的中、小批量的货物运输中，汽车运输的运费比较便宜。

**2. 公路运输的缺点**

（1）运输能力小。普通载货汽车每辆每次只能运送5 t货物，不适合大批量货物运输。而且由于汽车体积小，无法运送大件货物，因此不适合大件货物及长距离的货物运输。

（2）运输能耗高。汽车运输能耗分别是铁路运输能耗的10.6～15.1倍，沿海运输能耗的11.2～15.9倍，内河运输能耗的13.5～19.1倍，管道运输能耗的4.8～6.9倍，但比航空运输能耗低，只有航空运输能耗的6%～8.7%。

（3）运输成本高。汽车运输成本分别是铁路运输成本的11.1～17.5倍，沿海运输成本的27.7～43.6倍，管道运输成本的13.7～21.5倍，但比航空运输成本低，只有航空运输成本的6.1%～9.6%。

（4）劳动生产率低。汽车运输的劳动生产率只有铁路运输的10.6%，沿海运输的15%，内河运输的7.5%，但比航空运输的劳动生产率高，是航空运输的3倍。

（5）占地多。修建公路不像修建机场、码头，它需要占用大量的陆地面积。随着人口的增长，汽车运输占地多的矛盾将会日益突出。另外，汽车运输对于环境的污染也比其他运输方式严重得多，而且还容易发生事故。

## 2.1.3 公路运输的适用范围

**1. 内陆地区近距离的独立运输**

汽车运输主要适宜于50～200 km以内的中短途运输。不过，由于高速公路的广泛修建，汽车运输将会逐渐形成从短途运输到短、中、长途运输并举的格局，这将是汽车运输发展的一个不可逆转的趋势。

**2. 补充和衔接其他运输方式**

这里指当铁路、水路、航空运输方式担负主要运输时，由汽车担负起点和终点的短途集散运输，完成这些运输方式到达不了的地区的运输任务。

## 2.1.4 公路运输的种类

**1. 按发运货物的重量和服务方式划分**

（1）整车运输：是指从接货承运到送达收货人整个运送过程中，货物不需要经过分拣拼装的运输组织形式，货物由发货人起运可以直接被快运到收货人手中，简化了分拣装卸作业过程。整车运输通常一次托运货物计费重量达到3 t以上，发运地点多在发货单位仓库或发货人指定地点。

（2）零担运输：是指从接货承运到送达收货人整个过程中，货物需要经过分拣拼装才能完成的运输组织形式。通常发运地点在承运部门所在的货运站，随货同行的单证交承运部门随车带交。零担运输产生于两种情况：一是被运货物批量太小，一般托运货物不足3 t，直达运输不是十分经济；二是受交通条件的限制，为了快捷经济地运送，因而选用零担运输。随着高速公路的兴起，以高速公路为依托的零担运输已经建立了发达的网络，其运输的经济运距及运送能力也有了很大提高，特别是货运交易市场的发展使许多零担货物可以由社会车辆通过回程配载的形式承运至各地，既经济又及时，这为零担运输吸引了大量货源。

**2. 按发运货物的运输里程划分**

（1）长途发运：是指托运货物的运输里程达到25 km以上的发运形式，执行基本运价。

（2）短途发运：是指托运货物的运输里程不足25 km的发运形式，采用里程分段或基本运价加次费计算。

# 2.2 铁路运输

## 2.2.1 概述

铁路运输是指在铁路上以车辆编组成列车载运货物的一种陆上运输方式。它主要承担长距离、大批量的长途货运。在没有水路运输条件的地区，几乎所有大批量的货物都是依靠铁路进行运输的。在我国，每年有50%左右的货物运输是由铁路运输完成的，它是干线运输中起主力作用的重要运输方式。

## 2.2.2 铁路运输的优缺点

铁路运输是现代最重要的货物运输方式之一，在现代物流中起着重要的作用，在技术性能、经济指标上有许多其他运输方式所不具备的优势。

### 1. 铁路运输的优点

（1）运输能力强。铁路运输能承运远远超过水路运输、公路运输的大批量货物，一般每列货车可装载2 000~3 500 t的货物，重载列车可装载约20 000 t的货物。运行组织较好的国家，单线单向每年最大货物运输能力达4 000万t，复线单向每年最大货物运输能力超过1亿t，所以铁路运输适合大批量低值货物及长距离的运输。

（2）运输速度快。铁路运输时速一般在80~120 km，高速铁路运行时速可达210~260 km。

（3）运输成本低。一般来说，铁路运输的单位成本比公路运输、航空运输要低得多，如果考虑装卸费用，有时甚至低于内河运输。

（4）运送时间准。铁路运输可以按计划运行，不易受大雨、大雪等自然环境的影响，能保证客货的运送时间，且到发时间准确性较高，连续性较强，能保证全年运输。

（5）运输能耗低。每km消耗标准燃料量是公路运输的1/15~1/11，航空运输的1/174，但是高于沿海和内河运输。

（6）通用性能好。铁路运输能运输各类不同的货物，可方便实现驮背运输、集装箱运输及多式联运。另外，由于铁路运输是轨道运输，所以安全系数大。

（7）网络遍布全国，可以运往各地。目前国内建成的铁路运输线路四通八达，基本可以满足国内物流运输主要干线的需要。

（8）环境污染程度小。铁路运输对空气和地面的污染低于公路运输及航空运输。

### 2. 铁路运输的缺点

（1）灵活性差。铁路运输只能在固定的线路上实现运输，且车站固定，不能随处停车，难以实现"门到门"的运输；又由于其经济里程一般在200 km以上，运费没有伸缩性，短距离货运，运费昂贵，所以需要其他运输手段的配合和衔接，才能实现"门到门"的运输。

（2）投资较大。

（3）建设周期长，占地多。一条铁路干线的建设起码需要3~5年时间；新建1 km铁路需占地30~40亩（1亩≈666.7 m$^2$），随着人口的增长，这将给社会增加了更多的负担。

（4）运输时间长。在运输过程中需要有列车的编组、解体和转轨等作业环节，占用时间较长，因而增加了货物的运输时间，使得货物滞留时间长，不适宜紧急运输。

（5）货损率较高。由于铁路运输装卸次数较多，货物毁损或灭失事故通常比其他运输方式多。

### 2.2.3 铁路运输的适用范围

铁路运输适合于内陆地区大宗、低值货物的中、长距离运输，适合于大批量、时间性强、可靠性要求高的一般货物和特种货物的运输，适合于大批量货物一次高效率运输，也较适合于散装货物（如煤炭、金属、矿石、谷物等）、罐装货物（如化工产品、石油产品等）的运输。

### 2.2.4 铁路运输的种类

按发运货物的数量、体积、性质、状态和流向等条件分为整车运输和零担运输。如果一批货物的重量、体积或形状需要一辆 30 t 以上货车运输的，应按整车运输；不够整车运输的，则按零担运输。

#### 1. 整车运输

整车运输包括单一整车运输、合装整车运输、合装整车中转分运和整车分卸等多种形式。

（1）单一整车运输：是指同一发站，同一发货单位或发货人，将一批货物运达一个到站，由一个收货单位或收货人收货，其重量、体积、性质、状态需要一辆及以上铁路货车装运的运输组织形式。

（2）合装整车运输：是指同一发站，由一个统一发货人将几个发货单位或发货人的不同品类的货物，经过合理组配，组装在一辆及以上铁路货车内，按其中最高整车运价计费，运达一个到站，由一个统一收货人收货的运输组织形式。

（3）合装整车中转分运：是指一个到站的货物不能装满一辆铁路货车，而将其前方不同到站的货物，组装在一辆铁路货车内，由到站的物流中转单位统一收货后，分别进行中转分运的运输组织形式。但零担转运的运输里程不得超过整车里程的 1/3。

（4）整车分卸：是指同一发货单位或发货人将 2~3 个同一路径的、在同一个铁路运输区段内不同到站的货物装在一辆铁路货车内，按最远里程计费的运输组织形式。

#### 2. 零担运输

零担运输包括零担和整车零担两种运输形式。

（1）零担：是指一批重量或体积不足一个 30 t 铁路货车装运的货物，交由铁路车站发运的运输组织形式。规定：零担每件货物体积最小不得小于 0.02 m³（一件重量在 10 kg 以上的除外），每批货物不得超过 300 件。

（2）整车零担：是指在一个发运车站由同一发货单位或发货人将一个到站几个收货单位或收货人的零担货物拼装成整车，按零担货物运输的形式，分别交给收货单位或收货人，其运费是按零担运价减收 10%的运费。

有一些货物不能按零担运输必须要用整车运输，比如需要冷藏、保温或加温运输的货物；根据规定应按整车办理的危险货物；易于污染其他货物的污秽品（如未经消毒处理或未使用密封不漏包装的牲骨、湿毛皮、粪便、炭黑等）；蜜蜂；不易计算件数的货物；未装容器的活动物（铁路局有按零担运输的办法者除外）；一件货物重量超过 2 t，体积超过 3 m³，或长度超过 9 m 的货物（经发站确认不致影响中转站或到站装卸车作业的除外）。

# 2.3 水路运输

## 2.3.1 概述

水路运输是指使用船舶及其他航运工具在江河、湖泊、海洋上运载货物的一种运输方式。水路运输主要承担长距离、大批量的长途运输；在内河及沿海，水路运输也常担任补充及衔接大批量干线运输的任务。水路运输也是干线运输中起主力作用的运输方式之一，它主要有以下几种形式。

（1）沿海运输，指使用船舶通过大陆附近沿海航道运送客货的一种方式，一般使用中小型船舶组织运输。

（2）近海运输，指使用船舶通过大陆邻近国家海上航道运送客货的一种方式，可根据航程的长短选择中型或小型船舶组织运输。

（3）远洋运输，指使用船舶跨大洋的长途运输方式，主要依靠运量大的大型船舶组织运输。

（4）内河运输，指使用船舶在内陆的江、河、湖泊等水道进行运输的一种方式，主要使用中小型船舶组织运输。

## 2.3.2 水路运输的优缺点

在现代运输方式中，水路运输是一种最古老、最经济的运输方式。水路运输的重要特点是利用天然水道进行大吨位、长距离的运输。

**1. 水路运输的优点**

（1）运输能力强。在五种运输方式中，水路运输能力最强。在长江干线，一支拖驳或顶推驳船队的载运能力已超过万吨，国外最大的顶推驳船队的载运能力已达 3 万～4 万 t，世界上最大的油船已超过 50 万 t。

（2）运输成本低。我国沿海运输成本只有铁路运输的 40%，美国沿海运输成本只有铁路运输的 12.5%。长江干线的运输成本只有铁路运输的 84%，而美国密西西比河干线的运输成本只有铁路运输的 25%～33.3%。

（3）建设投资省。水路运输线路不需投资建设，只需利用江、河、湖、海等自然水利资源即可；又因对货物的载运和装卸要求不高，占地较少；除必须投资购买或建造船舶、建设港口外，沿海航道几乎不需投资，整治航道也仅仅只有铁路建设费用的 1/5～1/3。

（4）劳动生产率高。沿海运输劳动生产率是铁路运输的 6.4 倍，长江干线运输劳动生产率是铁路运输的 1.26 倍。

（5）平均运距长。水路运输平均运距分别是铁路运输的 2.3 倍，公路运输的 59 倍，管道运输的 2.7 倍，但只有航空运输的 68%。

（6）通用性能好。水路运输适合各类不同的货物运输，特别是大件货物的运输，还能方便地实现集装箱运输和多式联运。而且，对于海上运输来说，通航能力几乎不受限制。

（7）运输地位独特。远洋运输在我国对外经济贸易方面占有独特的重要地位，我国有超过90%的外贸货物采用远洋运输，所以远洋运输是我国发展国际贸易的强大支柱；而且，远洋运输在战争时还可以增强国防能力，这是其他任何运输方式所无法代替的。

**2. 水路运输的缺点**

（1）运输速度慢。船舶运输平均航速较慢，在途中的时间长，不能快速将货物运达目的地，会增加货主流动资金的占有量。

（2）受自然条件的影响大。一是水路运输易受台风或海洋风暴的影响，延误运期；二是内河航道和某些港口受季节因素影响大，冬季结冰，枯水期水位变低，难以保证全年通航，实现均衡生产。

（3）可达性差。水路运输只能在固定的水路航线上进行运输，不能实现"门到门"的运输；又因平均运距长，所以需要其他运输手段的配合和衔接才能实现"门到门"的运输。

### 2.3.3 水路运输的适用范围

水路运输适宜运距长、运量大、时间性不太强的各种大宗货物的运输，特别适合使用集装箱进行运输，以及国际贸易远洋大批量物资的运输。

### 2.3.4 水路运输的种类

水路运输是江、河、海、湖发运货物的总称：按计费吨分为整批货物发运（是指每一种运单发运的货物达到30计费吨的发运形式）和零星货物发运（是指每一种运单的货物不足30计费吨的发运形式）；按发运地点分为泊位发运（在港口码头或趸船上发运）和锚地发运（在锚泊的江心或河心上发运）。

## 2.4 航空运输

### 2.4.1 概述

航空运输是指使用飞机或其他航空器进行货物运输的一种运输形式。航空运输不仅提供专门用于货物运输的飞机、定期和不定期的航空货运航班，而且还利用定期和不定期客运航班进行货物运输。

航空运输的单位成本很高，所以主要用于以下两类货物的运输：一类是价值高、运费承担能力很强的货物，如贵重设备的零部件、高档产品等；另一类是紧急需要的物资，如抢险救灾物资等。

## 2.4.2 航空运输的优缺点

由于其突出的高速直达性,航空运输在运输系统中具有特殊的地位及很好的发展潜力。

**1. 航空运输的优点**

(1) 高速直达性。这是航空运输最突出的优点。由于飞机在空中较少受自然地理条件的影响和限制,故航空线路一般取两点间最短距离,而且因运行速度一般在 800~900 km/h,所以能实现两点间的高速、直达运输,尤其在远程直达上更体现其优势。另外,在火车、汽车、船舶无法运输的偏远地区,只有依靠航空运输才能实现货运目的。

(2) 安全性高。按单位货运周转量或单位飞行时间损失率统计,航空运输的安全性比其他任何运输方式都高。

(3) 经济价值独特。尽管从运输成本来说,航空运输比其他任何一种运输方式的运输成本都高,但是如果考虑时间价值,利用飞机运输鲜活产品、时令性产品和邮件却有其他运输方式所不具备的独特经济价值。

(4) 包装要求低。因为飞机航行的平稳性,以及自动着陆系统的使用可大大降低货损的比率,所以航空运输货物的包装要求通常比其他运输方式要低。有时,一张塑料薄膜裹住托盘就可以保证货物不会破损。

**2. 航空运输的缺点**

(1) 载运量小。航空运输不能承运大型、大批量的货物,只能承运体积小、小批量的货物。

(2) 投资大,成本高。飞机或航空器造价高,购置、维修费用高,能耗大,实现运输的成本比其他运输方式要高得多。

(3) 易受气候条件限制。因飞行条件要求高,航空运输在一定程度上受气候条件的限制,如受大雨、大雾、台风等天气的影响,不能保证货物运送的准点性和正常性。

(4) 可达性差。通常情况下,航空运输难以实现"门到门"的运输,必须借助其他运输工具(主要为汽车)转运才能实现"门到门"的运输。

## 2.4.3 航空运输的适用范围

(1) 国际运输。除远洋运输外,目前国际货运物流基本上依靠航空运输。航空运输对于对外开放,促进国际科学技术、经济合作与文化交流具有重要的作用。

(2) 特殊货物的运输。一是适合于高附加值、低质量、小体积物品的运输,如高级电子工业产品、精密机械工业产品、高级化学工业产品等的运输;二是鲜活易腐货物、时令性产品、邮件等时间限制较强的特殊货物的运输。

## 2.4.4 航空运输的种类

**1. 班机运输**

班机运输是指利用在固定航线上定期航行的航班进行货物运输的航空运输形式。班机运输一般有固定的始发站、到达站和经停站。按照业务的对象不同,班机运输可分为客运航班和货运航班。顾名思义，后者只承揽货物运输，大多使用全货机。但由于到目前为止国际贸易中经由航空运输所承运的货量有限，所以货运航班只是由某些规模较大的专门的航空货运公司或一些业务范围较广的综合性航空公司在货运量较为集中的航线开辟。对于前者，一般航空公司通常采用客货混合型飞机，即在搭乘旅客的同时也承揽小批量货物的运输。

### 2. 包机运输

由于班机运输形式下货物舱位常常有限，因此当货物批量较大时，包机运输就成为重要的方式。分段包机运输通常可分为整机包机和部分包机。整机包机是指航空公司或包机代理公司按照合同中双方事先约定的条件和运价将整架飞机租给租机人，从一个或几个航空港装运货物至指定目的地的运输方式。部分包机则是指由几家航空货运代理公司或发货人联合包租一架飞机，或者由包机公司把一架飞机的舱位分别卖给几家航空货运代理公司的货物运输形式。相对而言，部分包机适合运送 1 t 以上但货量不足整机的货物，在这种形式下货物运费较班机运输低，但由于需要等待其他货主备妥货物，因此运送时间要长。包机运输满足了大批量货物进出口运输的需要，同时包机运输的运费比班机运输形式下低，且随着国际市场供需情况的变化而变化，这给包机人带来了潜在的利益。但包机运输按往返路程计收费用，存在回程空放的风险。

### 3. 集中托运

集中托运是指航空货运代理公司把若干批单独发运的货物组成一整批，向航空公司办理托运，采用一份总运单集中发运到同一到站，或者运到某一预定的到站，由航空货运代理公司在目的地指定的代理收货，然后再报关并分拨给各实际收货人的运输方式。这种集中托运业务在国际航空运输业中开展比较普遍，也是航空货运代理公司的主要业务之一。

# 2.5 管道运输

## 2.5.1 概述

管道运输是指利用管道输送气体、液体和粉状固体的一种特殊的运输方式，主要靠物体在管道内顺着压力方向顺序移动实现运送目的。管道运输是随着石油和天然气产量的增长而发展起来的，目前已成为陆上油、气运输的主要方式。它和其他运输方式的重要区别在于，管道设备是静止不动的。

我国是世界上最早使用管道运输流体的国家，早在公元前 200 多年，人们已建造了用打通的竹管连接起来的管道，用于运送卤水，这可以说是现代管道运输的雏形。1865 年 10 月，美国人锡克尔用熟铁管修建了世界上第一条 9 000 m 长的管道，用于输送石油，他在沿线设了三台泵，每小时输油 13 $m^3$。随着科学技术的发展，各国越来越重视管道运输的研究和应用。20 世纪 50 年代石油开发迅速发展，各产油国耗费巨资修建了石油管道、天然气管道。20 世纪 70 年代，管道运输技术又有较大提高，管道不仅能运输石油、天然气这些流体，还能够通过特殊的方法运输煤、精矿等粉状固体。

管道运输由于具有运量大、运输成本低、易于管理等特点而备受青睐，呈现快速发展的趋势。近年来，管道运输被应用于散状物料、成件货物、集装物料的运输，以及进一步发展容器式管道运输系统。随着运行管理的自动化，管道运输将会发挥越来越大的作用。

## 2.5.2　管道运输的优缺点

#### 1. 管道运输的优点

（1）运输量大。一条油管线可以源源不断地运送油料，根据其管径的大小不同，每年的运输量可达数百万吨到几千万吨，甚至超过亿吨。例如，国外一条直径 0.72 m 的输煤管道，一年可输送煤炭 2 000 万 t，几乎相当于一条单线铁路的单方向的输送能力。

（2）管道建设周期短、费用低。管道建设只需要铺设管线、修建泵站，土石方工程量比修建铁路小得多。其建设周期与相同运量的铁路建设周期相比，一般来说要短 1/3 以上。而且，据有关资料统计，管道建设费用比铁路低 60% 左右。

（3）占地少。据管道建设实践证明，管道埋藏于地下的部分占管道总长度的 95% 以上，因而占用的土地很少，分别仅为公路的 3%，铁路的 10% 左右。

（4）运输安全可靠，连续性强。由于石油、天然气易燃、易爆、易挥发、易泄漏，故采用管道运输，不仅安全可靠，减少损耗，又可避免对空气、水源、土壤的污染，能较好地满足运输对绿色环保的要求。

（5）能耗小，成本低，效益好。由于管道运输采用密封设备，在运输过程中可避免散失、丢失等损失，也不存在其他运输设备在运输过程中消耗动力所形成的无效运输问题。所以，在各种运输方式中，管道运输能耗最小，每 km 的能耗不足铁路运输的 1/7，在大批量运输时与水路运输接近。又由于管道运输属于一种连续不断的作业，几乎不存在空载，因而运输成本低。以石油运输为例，管道运输、水路运输、铁路运输的运输成本之比为 1∶1∶1.7。

（6）不受气候影响。由于管道密封且多埋藏于地下，所以不受气候的影响，这样可以确保运输系统长期稳定地运行，使送达货物的可靠性大大提高。

#### 2. 管道运输的缺点

管道运输功能单一，对运输货物有特定的要求和限制，只能运输石油、天然气及固体料浆（如煤炭等），且只能在固定的管道中实现运输，所以灵活性差，不能实现"门到门"的运输。另外，建设投资大，如果管道运输量明显不足时，运输成本会显著增加。

## 2.5.3　管道运输的适用范围

管道运输适合于单向、定点、量大的流体且连续不断的货物（如石油、天然气、煤浆、某些化学制品原料）的运输；另外，在管道中利用容器包装运送固态货物（如粮食、砂石、邮件等）也具有良好的发展前景。管道在今天不仅能在地面上修建，而且可以铺设于河底、海底，或者遇水架桥，其不受地形地貌限制的优点越来越受到各国的高度重视。

## 2.5.4 管道运输管理业务

**1. 管道运输生产管理**

管道运行过程中利用技术手段对管道运输实行统一指挥和调度，以保证管道在最优化状态下长期安全而平稳地运行，从而获得最佳的经济效益。

1) 管道运输生产管理的主要内容

管道运输生产管理包括管道输送计划管理、管道输送技术管理、管道输送设备管理和管道线路管理。其中，管道输送计划管理和管道输送技术管理合称管道运行管理，它是管道运输生产管理的核心。

（1）管道输送计划管理。根据管道所承担的运输任务和管道设备状况编制合理的运行计划，以便有计划地进行生产。管道输送计划管理首先是编制管道输送的年度计划，根据管道输送的年度计划安排管道输送的月计划、批次计划、周期计划等。然后根据这些计划安排管道全线的运行计划，编制管道站、库的输入和输出计划，以及分输和配气计划。另外，根据输送任务和管道设备状况编制设备维护检修计划和辅助系统作业计划。

（2）管道输送技术管理。根据管道输送的货物特性，确定输送方式、工艺流程和管道运行的基本参数等，以实现管道生产最优化。管道输送技术管理的内容主要包括随时检测管道运行状况参数，分析输送条件的变化，采取各种适当的控制和调节措施调整管道运行状况参数，以充分发挥输送设备的效能，尽可能地减少能耗。对输送过程中出现的技术问题，要随时予以解决或提出来研究。管道输送技术管理和管道输送计划管理都是通过管道的日常调度工作来实现的。

（3）管道输送设备管理。对管道站、库的设备进行维护和修理，以保证管道的正常运行。管道输送设备管理的内容主要包括：对设备状况进行分级，并进行登记；记录各种设备的运行状况；制订设备日常维修和大修计划；改造和更新陈旧、低效能的设备；保养在线设备。

（4）管道线路管理。对管道线路进行管理，以防止管道线路受到自然灾害或其他因素的破坏。管道线路管理的内容主要包括：日常的巡线检查；线路构筑物和穿越、跨越工程设施的维修；管道防腐层的检漏和维修；管道的渗漏检查和维修；清管作业和管道沿线的放气、排液作业；管道线路设备的改造和更换；管道线路的抗震管理；管道紧急抢修工程的组织等。

2) 管道运输生产管理的检测与监控技术

管道运输线路长，站、库多，输送的货物易燃、易爆、易凝或易沉淀，且在较高的输送压力下连续运行，这就要求管道运输生产管理具有各种可行的监控技术设备，主要包括管道监控、管道流体计量、管道通信。管道监控是利用仪表和信息传输技术测试全线各站、库和线路上各测点的运行工况参数，作为就地控制的依据，或传输给控制室作为对全线运行工况进行监视和管理的依据。管道流体计量是为管道运输生产管理提供输量和油、气质量的基本参数，是履行油品交接、转运和气体调配所必需的。管道通信是管道全系统利用通信系统交流情况，传递各种参数信息，下达调度指令，实现监控。通信系统对管道运输生产管理水平的提高起着重要的保证作用。通信线路有明线载波、微波、甚高频和特高频等，作为电话、电传打字及监控信号等的常用信道。为确保通信的可靠性，常用一种以上的信道，有的管道用微波或同轴电缆作主要通信手段，而以甚高频、特高频作辅助通信手段，有的管道还将通信卫星作为备用手段。海洋管道多用电离层散射等进行站间或管道全系统通信。

**2. 管道运输安全管理**

安全生产管理是企业管理的重要组成部分，是保证生产正常进行，防止发生伤亡事故，确保安全生产而采取的各种对策、方针和行动的总称。它不仅要管人、管物，还要管理环境。安全生产管理同样存在计划、实施、检查、处理循环。管道运输安全管理作为管道运输管理的重要组成部分，其主要内容包括以下几方面。

1) 输油管道事故

长输管道一般由输油站等（包括加热站），泵站和管道组成，其安全特点不同。输油站内有机泵、阀门、管汇、加热炉、油罐、通信及电力系统等。管道线路则有埋设在地下、隐蔽、单一和野外性等特点。对于长输管道的易发事故，根据其不同的特点，可分成以下6类。

(1) 管道强度不足造成的破坏。这类事故多数是因焊缝或管道母材中的缺陷引起的管道破裂。另外，管道的施工温度与输油温度之间存在一定的温差，造成管道沿其轴向产生热应力，这一热应力因弯头处约束力较小，从而产生了热变形，弯头内弧向里凹，形成褶皱，外弧曲率变大，管壁因拉伸变薄，也会形成破裂。

(2) 管道腐蚀穿孔。一般管道都有防腐绝缘层，使管材得到保护，不会受到腐蚀破坏。但是，土壤中的水、盐、碱及地下杂散电流等会造成管道腐蚀，严重的会造成管道穿孔。

(3) 凝管事故。长输热油管道发生凝管事故，对输油企业而言，是恶性重大事故，它不仅造成管线停输，影响油田、炼厂、装油码头的正常生产，而且还要消耗大量的人力、物力解堵，其经济损失是相当可观的。

(4) 设备事故。输油站内一般有机泵、阀门、加热炉、油罐、锅炉等设备，这些设备都存在发生事故的可能性。

(5) 自然灾害。地震、洪水、地层滑坡、泥石流、雷击等自然灾害都可能破坏管道而造成泄漏污染事故，也可能击毁油罐或其他设备，造成意外损失。

(6) 违规事故。因违反操作规程造成跑油、憋压、冒罐等事故。

2) 长输管道事故

当输油管道发生穿孔、破裂、蜡堵、凝管或其他设备事故时，都可能伴随出现漏油或发生火灾事故，其后果是很惨重的。所以，一旦发生事故，必须组织力量进行抢修，而日常的维护保养更是不可缺少的。如果是管道穿孔、破裂漏油，应选择适当的位置开挖储油池，防止原油泄漏污染农田、河流、湖泊等。对于长输管道事故，应根据具体情况采取不同的措施和方法进行处理。

3) 站库安全技术

长输管道中的输油站，特别是首末站储存大量易于燃烧、爆炸或带有毒性的油品，工作中的粗心大意或违反操作规程，极易引发火灾、爆炸或中毒事故。因此，在油品的收、发、储、运过程中必须加强安全工作，严格遵守操作规程和有关规章制度，最大限度地消除能够引发火灾、爆炸和中毒事故的一切因素，保证平稳安全地输油。

(1) 防火防爆。失火、爆炸是对站库安全最严重的威胁。一旦发生失火、爆炸，就会造成生命财产的巨大损失，因此必须高度重视和切实做好站库的防火防爆工作。失火、爆炸的客观原因有：由于电气设备短路、触头分离、泵壳接地等原因引起弧光或火花，金属撞击引起火花，雷电或静电，可燃物自燃，站库周围的意外明火等。

（2）防雷。雷电的危害可分为直接雷电危害和间接雷电危害两大类。避雷针是一种最常见的防雷电保护装置，由受雷器、引下线和接地装置三部分组成。

（3）防静电。在长输管道中静电的主要危害是静电放电会引起火灾和爆炸。防静电的安全措施以消除静电引起火灾和爆炸的条件为目标，主要为防止静电产生及积聚的措施，旨在消除火花放电，防止存在爆炸性气体。

（4）防毒。油品及其蒸汽具有毒性，特别是含硫油品及加铅汽油毒性更大。为保证站库工作人员的身体健康，必须严格控制工作场地空气中有毒气体的含量，使其不超过最大允许浓度；保证设备的严密性，加强通风，尽量减少工作场地中油蒸汽的浓度。

# 思考与练习

1. **基本概念**

   铁路运输　　公路运输　　水路运输　　沿海运输　　远洋运输
   航空运输　　管道运输　　整车运输　　零担运输　　配积载

2. **简答题**

   （1）公路运输、铁路运输、水路运输、航空运输和管道运输各有哪些特点？
   （2）简述公路运输发展迅速的原因。
   （3）国内铁路运输中哪些货物只能整车运输而不能零担运输？
   （4）简述管道运输生产管理的主要内容。

3. **案例阅读与分析**

   ### 德国货运中心运作管理

   德国大力倡导、扶持发展的集约化运输组织形式是货运中心。货运中心的特点是依托一定的经济区域，以可供选择的多种运输方式、快捷的运输网络、周到的运输服务，把传统分散经营的众多运输企业及运输服务企业吸引到一起，把生产、运输与消费市场紧密衔接，使一个区域向不同方向流动的货物和其他不同方向流动到本区域的货物，经过货运中心进行分拨、配载，选择适宜的运输工具迅速地输送到目的地。

   **1. 货运中心的选点**

   货运中心的选点建设一般考虑三个方面因素：一是至少有两种以上运输方式连接，特别是公路和铁路；二是选择交通枢纽中心地带，使货运中心网络与运输枢纽网络相适应；三是经济合理性，包括运输方式的选择与利用、环境保护与生态平衡，以及在货运中心经营的成员利益的实现等。

### 2. 货运中心的运作

货运中心的运作模式：政府在规划建设货运中心的基础上，将货运中心的场地向运输企业或与运输有关的企业出租，承租企业则依据自身的经营需要建设相应的库房、堆场、车间，配备相关的机械设备和辅助设施，以货运中心为基地，把服务触角伸向广阔的市场。在货运中心，有运输、装卸、仓储、包装等众多的成员，成员各有其联系的客户和货源渠道，彼此间的联系是自愿而松散的，各自独立经营。

### 3. 货运中心的经营管理方式

在经营管理方式上，货运中心由政府兴办但却实行民间经营管理方式。不来梅市货运中心自身的经营管理机构采取股份制形式，市政府出资25%，货运中心50家经营企业出资75%，由政府的企业选举产生咨询管理委员会，推举经理负责货运中心的管理活动，这实际上采取了一种由企业"自治"的方式。货运中心的职能主要是为成员企业提供信息、咨询、维修等服务，代表50家企业与政府打交道，与其他货运中心加紧联系，但不具有行政职能。

提供良好的公共设施和优良的服务是货运中心全部活动的宗旨。因此，货运中心一般都兴建有综合服务中心、维修保养站、加油站、清洗站、餐厅等，有的还开办驾驶员培训中心等实体，提供尽可能全面的服务。这些实体都作为独立的企业实行经营服务。

（1）结合德国货运中心的发展情况，你如何看待现代物流的发展趋势？
（2）德国货运中心有什么特点？
（3）德国货运中心的成功对我国物流运输企业有哪些启示？

# 第3章 运输业务流程与运作

**学习目标**
- 熟悉运输业务流程及运输规划的基本程序。
- 掌握运输规划岗位的组织结构及关键职能岗位的操作流程。
- 掌握铁路运输、公路运输、海运、空运业务运作的基本程序。

## 3.1 运输业务流程实务

### 3.1.1 运输业务流程概述

运输业务非常复杂，涉及各种业务操作，每一部分的流程都不大相同。但对于一个物流公司的运输业务而言，通常情况下采用如图3-1所示的流程。

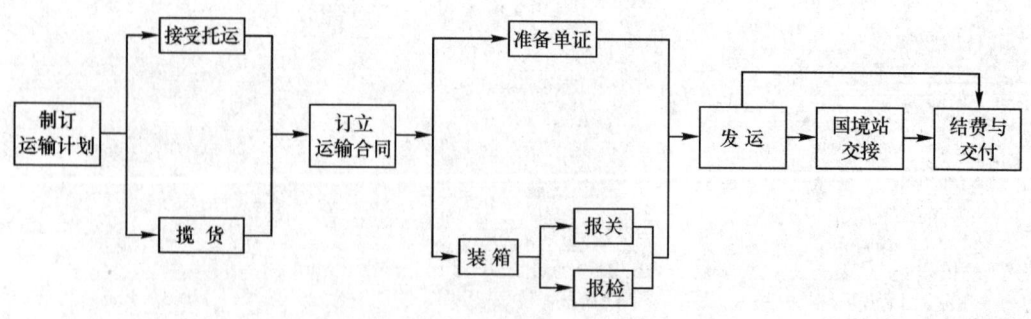

图3-1 运输业务流程图

运输业务的组织结构如图3-2所示。

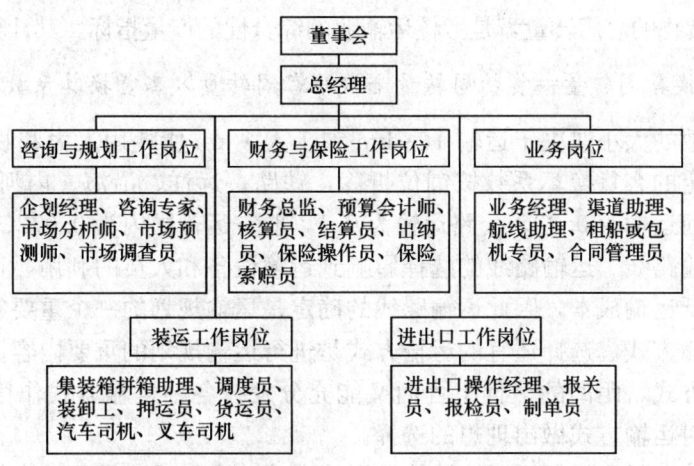

图 3-2 运输业务的组织结构

## 3.1.2 运输规划的基本程序

运输规划主要包括确定货运计划指标，在各种运输方式之间调整和平衡运输任务，进行运力与运量的平衡，以及采取措施保证计划的完成等，其基本程序如图 3-3 所示。

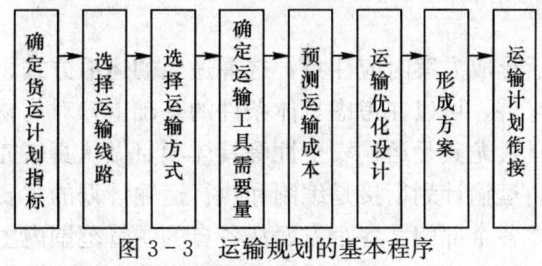

图 3-3 运输规划的基本程序

(1) 确定货运计划指标。货运计划指标主要有两个：货运量和货物周转量。

确定货运量的方法有：系数法、平衡法和比重法。

① 系数法。系数法是在分析计划期影响系数的各种因素作用效果的基础上估计运输系数，据此测算计划期货运量的方法。其计算公式为：

$$计划期货运量 = 计划期生产量 \times 运输系数$$

② 平衡法。平衡法是通过编制主要货物的运输平衡表来确定货运量的方法。

③ 比重法。比重法是根据某类货物在货运量中所占比重及其变化趋势来估算计划期货运量的方法。

货物周转量是指各种运输工具在报告期内实际运送货物吨数与货物平均运距的乘积。其计算单位为 t·km（海运为 t·n mile，1n mile=1.852 km），其计算公式为：

$$货物周转量 = 实际运送货物吨数 \times 货物平均运距$$

货物周转量指标不仅包括了运输对象的数量，还包括了运输距离的因素，因而能够全面地反映运输生产成果。换算周转量是指将旅客周转量按一定比例换算为货物周转量，然后与货物周转量相加成为一个包括客货运的换算周转量指标。它综合反映了各种运输工具在报告期实

际完成的旅客和货物的总周转量,是考核运输业的综合性的产量指标。其计算公式为:

$$换算周转量＝货物周转量＋（旅客周转量×客货换算系数）$$

客货换算系数的大小取决于运输 1t·km 和 1 人·km 所耗用人力和物力的多少。目前我国统计制度规定的客货换算系数按铺位折算,铁路、远洋、沿海、内河运输的系数为 1;按座位折算,内河运输为 0.33,公路运输为 0.1,航空运输国内为 0.072、国际为 0.075。

(2) 选择运输路线。运输路线的选择影响到运输设备和人员的利用,正确地确定合理的运输路线可以降低运输成本,因此运输路线的确定是运输规划的一个重要领域。

(3) 选择运输方式。选择适宜的运输方式是进行运输规划的重要内容。运输方式的选择就是按照成本、方式、距离的最佳组合而又能充分发挥各种运输方式作用的原则,统筹兼顾,权衡利弊,对运输方式做出理想的选择。

(4) 确定运输工具需要量。运输路线及运输方式确定以后,就要确定物流运输对各种运输工具的需要量,如确定铁路运输车辆、汽车运输车辆、船舶的需要量。

(5) 预测运输成本。运输成本是物流成本的主要组成部分,因此控制运输成本越来越成为降低物流成本、获得更多利润的重要途径。

(6) 运输优化设计。在实际工作中,为了综合利用各种运输方式,合理负担运输任务,需要根据运输技术、运力、运量等因素,在各种运输方式之间进行调整平衡,以达到运输方线路的优化、合理。

(7) 形成方案。最后形成方案时应注意,选择适当的运输方式、运输策略是物流运输合理化的重要问题。一般来讲,可以在考虑具体条件的基础上,对货物品种、运输期限、运输成本、运输距离、运输批量尤其是运输安全性等具体项目做认真研究和考虑。

(8) 运输计划衔接。运输计划衔接是编制和执行运输计划的主要方面。这项工作同样具有牵涉面广的特点,需要各个部门、各个方面从各自的主管范围内主动衔接,共同办理。物流企业应详细调查了解有关承接业务的具体情况,有重点、有步骤地安排运输工作,为计划运输和各种运输工具的衔接创造有利条件。

## 3.1.3 运输规划岗位的组织结构及关键职能岗位的操作流程

**1. 运输规划岗位的组织结构**

运输规划岗位的组织结构如图 3-4 所示。

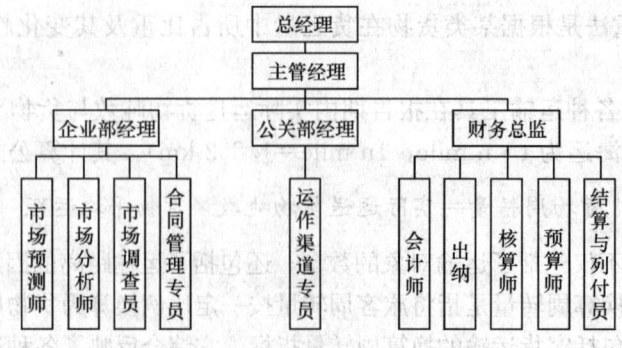

图 3-4 运输规划岗位的组织结构

在图 3-4 所示的岗位中，高层领导主要以其概念技能、经营管理、组织协调等能力，从规划部门提供的运输方案中确定一个最佳方案。主管经理一般应由具备丰富经验的人员担任，其一方面作为高层领导的助手，提出自己的规划方案，另一方面应监督、领导下级工作人员努力完成运输规划工作。一般而言，运输规划方案是各个部门互相配合取得的成果，需要各个部门共同协调努力完成。

2. 关键职能岗位的操作流程

1) 运输市场预测师操作流程

运输市场预测师操作流程如图 3-5 所示。

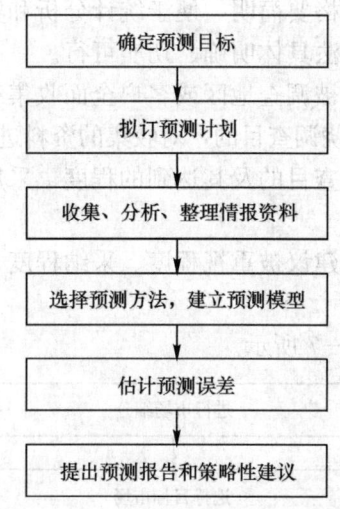

图 3-5　运输市场预测师操作流程

（1）确定预测目标。这是预测最先解决的问题，包括预测的目的、原则、对象、期限、范围等。

（2）拟订预测计划。预测计划包括货源预测、运输工具预测、编制行业长远规划而组织的预测及参加预测的人员与分工等。

（3）收集、分析、整理情报资料。通过对资料的整理、分析，剔除由于偶然因素造成的不正常情况，保证资料的真实性、可靠性。

（4）选择预测方法，建立预测模型。预测方法的选择要服从预测的目的。根据占有资料的数量和可靠程度，一般同时采用两种以上的方法来比较、鉴别预测的可信度。

（5）估计预测误差。为了避免预测误差过大，要对预测值的可信度进行估计，即分析各种因素的变化对预测可能发生的影响，并对预测值做必要的修正。

（6）提出预测报告和策略性建议。将预测结果与实际情况进行比较，找出差距，并分析产生的原因，以便修正预测模型，提高以后的预测精确度。

2) 运输市场调查员操作流程

运输市场调查员操作流程如图 3-6 所示。

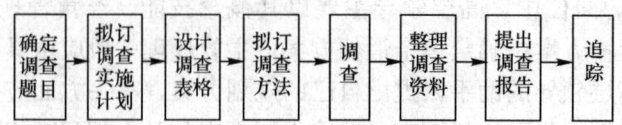

图 3-6　运输市场调查员操作流程

（1）确定调查题目。明确调查目的和调查项目。

（2）拟订调查实施计划。组建调查组织，提出调查内容、项目、时间、方式、步骤安排、资料来源、范围、完成期限、日程安排、经费等。

（3）设计调查表格。调查表格要简明，便于统计分析和实现调查目的。

（4）拟订调查方法。调查方法具体明确、切实可行。

（5）调查。运用最佳方式向被调查地区或客户全面收集有关资料。

（6）整理调查资料。紧紧围绕调查目的，对收集的资料进行统计分析，整理成专题意见。

（7）提出调查报告。说明调查目的及其达到的程度、采用的方法、调查结果的分析、发现的问题，提出结论性建议。

（8）追踪。追踪调查报告、建议被重视程度、采纳程度、实际效果，调整调查方法等。

3）市场分析师操作流程

市场分析师操作流程如图 3-7 所示。

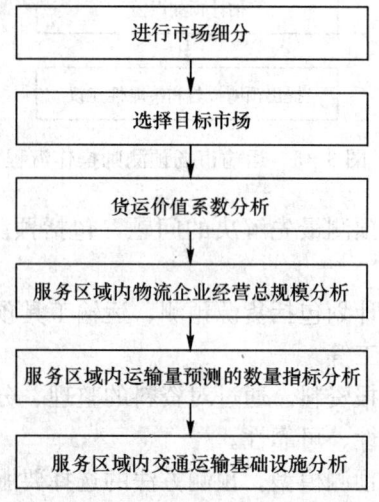

图 3-7　市场分析师操作流程

（1）进行市场细分。市场细分就是企业根据用户的需求状况、经济状况、地理位置和购买行为等的差别，把整个市场划分为不同类别的小市场，从而确定企业目标市场的活动过程。对市场进行细分，必须有一定的标准，在确定细分标准时必须注意：用来细分市场的标准必须是可以衡量的；细分后的市场是本企业能够占领的；细分后的市场规模必须能够适应本企业扩大发展的要求。

（2）选择目标市场。目标市场是一个企业为现有的和潜在的消费者需求而开拓的特定市场。它是在市场细分的基础上，根据各方面因素的综合分析，在众多的细分市场上，选择出的特定的市场。目标市场的选择与确定是企业将自身的能力、条件与服务对象结合的过程，也是企业选择好市场机会的重要内容,只有企业目标市场选择恰当、准确,才能有目的地开展工作。

(3) 货运价值系数分析。货运价值系数即单位货运量或货物周转量所对应的货物价值。其计算公式为:

$$F=H/B$$

式中:$F$——货运价值系数(元/t);
$H$——运输货物总价值(元);
$B$——货物总量(t)。

货运价值系数是一项很重要的描述市场结构的指标。企业应了解市场结构,分析运输市场现状,关注高价值、高科技和深加工产品等货运价值系数较高且货运强度相对较低的运输。此外,在运输工具选择、资金投入和企业规划时,企业也要考虑货运价值系数的重要作用。

(4) 服务区域内物流企业经营总规模分析。这类情况包括服务区域内物流企业数量、分布、经营特点、企业现状及各运输行业运力总规模等情况。然后对比本企业实际情况,可以得出企业所处的地位,即所谓的企业定位,以此对本企业服务区域内的市场竞争有一个总体上的了解。

(5) 服务区域内运输量预测的数量指标分析。运输量预测的数量指标是指可以由本企业承担的客货运输量。这类数量指标通常采用各种相关的系数,即所谓商品运输系数来分析。商品运输系数是指商品产量与运量之间的关系,可以用商品产量或产值相对应的货物周转量来表示,一般以 t·km 为单位,并采用 80/20 法则分析。

(6) 服务区域内交通运输基础设施分析。了解交通运输基础设施网络现状和近期建设、发展状况和发展规划,以及其他运输方式的相关信息,有助于了解运输市场竞争的环境和条件及制定相应的竞争方针与措施。

4) 运输渠道专员操作流程

运输渠道专员操作流程如图 3-8 所示。

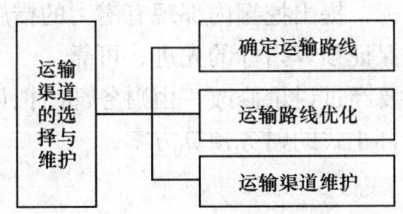

图 3-8 运输渠道专员操作流程

(1) 确定运输路线。对分离的、单个始发点和终点的网络运输路线选择问题,最简单和直观的方法是最短路线法。通过分析计算运输里程,选择最佳的运输路线,使商品经过的总里程最小。

(2) 运输路线优化。在实际工作中,为了综合利用各种运输方式,合理负担运输任务,需要根据技术、经济、运力、运量等因素对各种运输方式进行调整平衡,以达到运输方式、线路的优化、合理。

(3) 运输渠道维护。一个企业无论是从事自营运输，还是代理运输，除公路运输外，都会碰到一个如何正确处理铁路、航空、轮船公司之间关系的问题。尤其是从事国际运输的企业，能否处理好这个问题，牵涉到它能否打开国际市场和在国际市场上发展、壮大。

5）成本预算师操作流程

成本预算师操作流程如图3-9所示。

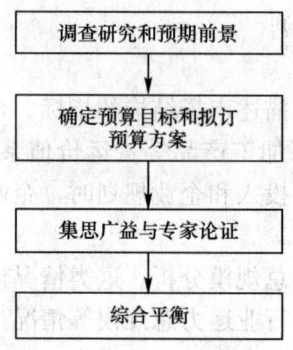

图3-9 成本预算师操作流程

(1) 调查研究和预期前景。调查研究为制订财务预算计划提供依据。调查研究的内容包括相关国家有关方针、政策和计划生产任务，国内外的市场需求，同行业有关财务指标水平，上期预算完成情况等。根据调查研究的资料，按照企业财务的目标，预测在预算期有关指标可能达到的水平，作为确定财务预算计划的依据。

(2) 确定预算目标和拟订预算方案。根据预测目标，经过深入分析、反复论证，确定为决策目标，再根据财务决策的总目标，确定预算目标。根据预算目标，按预算期影响财务指标的因素变化，拟订各种预算方案，从中选出最优预算方案，并制订相应的措施计划。

(3) 集思广益与专家论证。预算方案要层层落实到有关责任单位，同时发动员工讨论预算方案和本岗位有关的预算指标，提出挖掘内部现有潜力的措施和合理化建议；请财务专家进行论证，提出修改意见，以保证预算指标的先进、可靠。

(4) 综合平衡。预算方案要经过讨论修改，由财务部门拟订平衡方案，经过平衡后的方案报企业领导审批后，即可制订正式的财务预算方案。

## 3.2 陆运业务管理实务

### 3.2.1 陆运业务运作的基本程序

陆路运输简称陆运，是指使用车辆等通过铁路、公路运送货物的一种运输方式。

## 1. 公路运输业务运作的基本程序

公路运输业务运作的基本程序如图 3-10 所示。

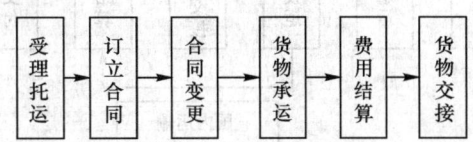

图 3-10　公路运输业务运作的基本程序

（1）受理托运。受理托运包括受理装车和编制单据等项工作。发货人在托运货物时，应按承运人的要求填写货物托运单，以此作为货物托运的书面申请。货物托运单是发货人托运货物的原始依据，也是承运人承运货物的原始凭证。承运人接到货物托运单后，应进行认真审核，检查各项内容是否正确，如确认无误，则签章表示接受托运。

（2）订立合同。在公路运输业务中，运单即运输合同（以下简称合同），运单的签发则是运输合同成立的体现。合同可以采用书面形式、口头形式或其他形式，由承运人和托运人本着平等、自愿、公平、诚实和信用的原则签订。

（3）合同变更。在承运人未将货物交付收货人之前，托运人可以要求承运人中止运输、返还货物、变更到达地或者将货物交付给其他收货人，但应当赔偿承运人因此受到的损失。当发生不可抗力、当事人无法履约、违约、双方协约或其他满足《中华人民共和国合同法》（以下简称《合同法》）相关规定的情况时，允许变更或解除合同。

（4）货物承运。即按照协约承运货物。

（5）费用结算。即按照协约的计费办法、收费办法进行费用结算。

（6）货物交接。货物交接是合同的履行过程，在此过程中，运输部门应遵守运输规章制度要求，确保货物的及时、安全运输。

汽车货运组织结构如图 3-11 所示。

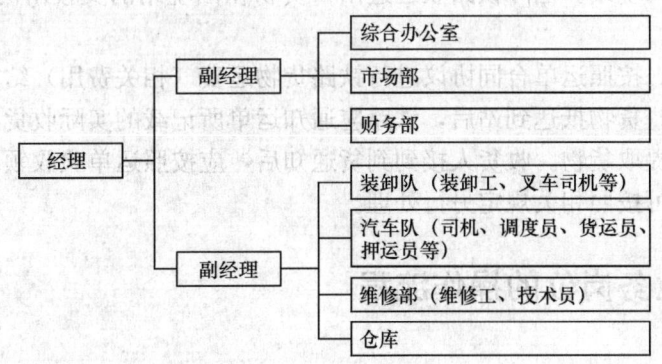

图 3-11　汽车货运组织结构

## 2. 铁路运输业务运作的基本程序

铁路运输业务运作的基本程序如图 3-12 所示。

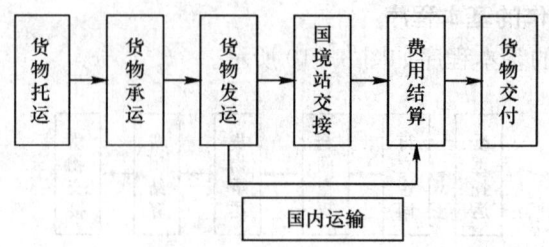

图 3-12 铁路运输业务运作的基本程序

(1) 货物托运与货物承运。货物托运是发货人组织货物运输的一个重要环节。发货人在托运货物时，应向车站提出货物托运单，以此作为货物托运的书面申请。车站接到货物托运单后，应针对具体情况（整车货物或零担货物）进行认真审核办理托运。整车货物一般在装车完毕，发站在货物托运单上加盖承运日期戳时，即为承运；零担货物是车站受理后，将发货人托运的货物连同货物托运单一同接受完毕，在货物托运单上加盖承运日期戳时，即表示承运。货物托运与货物承运完毕，铁路运单作为合同即开始生效。

(2) 货物发运。办理完货物托运和货物承运手续后，接下来是装车发运。货物装车应在保证货物安全的前提下，做到快速作业，以缩短装车作业时间，加速车辆周转和货物运送。

货物发运的主要步骤如图 3-13 所示。

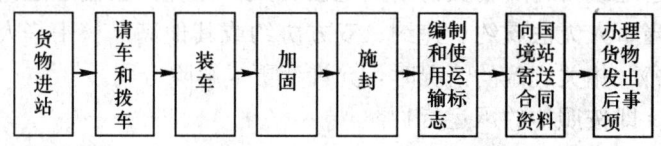

图 3-13 货物发运的主要步骤

(3) 国境站交接。在相邻国家铁路的终点，从一国铁路向另一国铁路办理移交或接受货物和车辆的车站称国境站。国际铁路联运进出口货物在国境站的交接由两国铁路负责进行，并负有连带责任。

(4) 费用结算。按照运单合同协议进行铁路货物运费（相关费用）结算。

(5) 货物交付。货物抵达到站后，铁路应通知运单所记载的实际收货人，发出货物到达通知，通知收货人提取货物。收货人接到到货通知后，应按照运单验收领取货物并办理相关手续。如有异议，可按照相关规定另行处理。

## 3.2.2 陆运业务岗位的操作流程

**1. 汽车计划与调度员操作流程**

汽车计划与调度员操作流程如图 3-14 所示。

图 3-14　汽车计划与调度员操作流程

（1）发布调度命令。调度命令的发布应按有关规定办理。指挥汽车运行的命令和口头指示只能由调度员发布；调度命令发布前，应详尽了解现场情况，书写命令内容、受令单位必须正确、完整、清晰；调度员发布调度命令时要一事一令，如涉及其他单位和人员时，应同时发给。

（2）登记调度命令。调度员发布调度命令时，应先将调度命令登记在登记簿内，然后发布。

（3）交付调度命令。调度员向司机、运转车长发布调度命令时，假如司机不在，应发给有关乘务室负责转达。在条件具备的情况下，可利用现代通信工具直接向司机发布口头指示。

**2. 汽车押运员操作流程**

汽车押运员操作流程如图 3-15 所示。

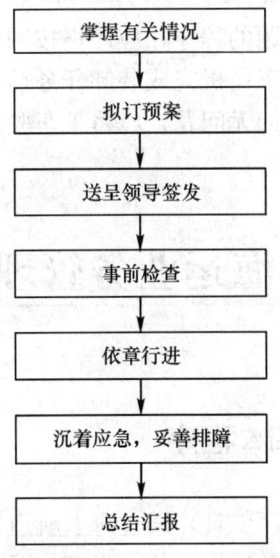

图 3-15　汽车押运员操作流程

（1）掌握有关情况。掌握押运途中的路况和社会治安保卫力量情况。

（2）拟订预案。预案内容包括运送时间、地点、路线、执行押运任务的负责人和遇异常情况所应采取的措施等。

（3）送呈领导签发。填写押运登记表送呈领导审核、签发。

（4）事前检查。详细检查车辆、警卫设备、通信器材等是否完好，手续是否齐全。

（5）依章行进。严格执行押运守则和押运途中的规章制度，如保密制度、安全制度、押运注意事项、服从命令、听从指挥、高度警惕等。

（6）沉着应急，妥善排障。押运途中遇到各种情况要冷静，如发生故障应尽快组织抢修，排除故障；发生车祸要注意保护现场，及时报案并立即向单位汇报；运到灾害时要迅速组织人员抓紧抢救等。

（7）总结汇报。押运任务完成后，要认真总结，吸取经验和教训，并将有关情况向领导汇报。

### 3. 叉车司机操作流程

叉车司机操作流程如图3-16所示。

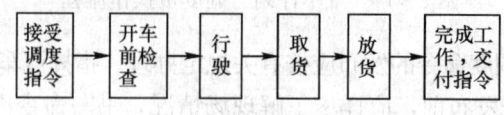

图3-16 叉车司机操作流程

（1）接受调度指令。叉车司机应以接受调度指令作为取货工作的开始，严格按照要求完成装卸工作。

（2）开车前检查。开车前，叉车司机应按照有关规定对叉车进行检查。

（3）行驶。叉车司机在行驶过程中，应严格按照行驶规章制度执行。

（4）取货。取货是叉车进行装卸、搬运、堆码作业时最基本的操作，为保证安全和提高效率，应严格按照取货步骤进行作业。

（5）放货。放货是容易出现问题的程序，应严格按照要求和操作步骤进行放货。

（6）完成工作，交付指令。叉车司机完成装卸任务后，应及时向调度员交付指令，并检查叉车状况，发现问题及时报告，如无问题，应将叉车驶入车库，关闭电源。

# 3.3 海运业务管理实务

## 3.3.1 海运业务运作的基本程序

海运是指使用船舶（或其他水运工具）通过海上航道运送货物的一种运输方式。海运是物流运输的重要组成部分。海运业务运作的基本程序如图3-17所示。

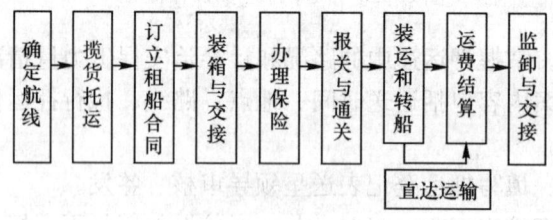

图3-17 海运业务运作的基本程序

（1）确定航线。船舶在两个或两个以上港口之间从事货物或旅客运输的具体线路称航线。定港、定船、定期、定运价的航线称班轮航线。由于航运市场变幻莫测，竞争激烈，为保证航线开辟后有良好的经济效益，降低投资风险，必须在设置航线时进行优化，优化航线的步骤如图3-18所示。

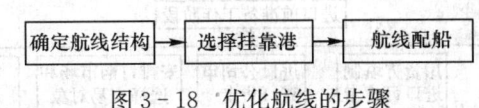

图 3-18 优化航线的步骤

(2) 揽货托运。揽货托运作为海运业务的第二个环节,是最关键的环节。揽货是指船舶公司从货主方面争取货源的业务行为,其目的是使自己所经营的货船能达到满载或接近满载,以取得最大的收入。托运是指发货人委托货运代理或自己向承运人或其代理承办海上货物运输的业务。

(3) 订立租船合同。租船合同是指船东与租船人根据自愿原则达成的协议。订立租船合同的同时应考虑与进出口合同的衔接问题,以便装运任务的顺利完成。

(4) 装箱与交接。目前,在海运中已普遍使用集装箱进行货物运输,集装箱货物装箱方式一般有两种:整箱和拼箱。整箱是指货方自行将货物装满整箱以后,以箱为单位托运的集装箱;拼箱是指承运人(或代理人)在接受货主托运数量不足满箱的货物情况下,根据货类性质和目的地进行分类整理,把同一目的地的货物集中到一定数量拼装入箱。在货物交接中,往往以提单上最后一件货物由承运人接受待运的日期作为单证上货物接受的日期。

(5) 办理保险。货主订妥舱位后,在货物集港之前,即应向保险公司办理货物海洋运输保险事宜。

(6) 报关与通关。对于海洋运输而言,其绝大部分涉及进出口贸易,因此海关申请工作是必不可少的。在集装箱海运中,承运进出口集装箱货物的运输工具负责人或代理人应按规定向海关申报,并在交验的进出口载货清单(舱单)或者装载清单、交接单、运单上列明所载集装箱件数、箱号、尺码、货物的品名、数量(重量)、收发货人、提单或装货单号等有关内容,并同时附交每一个集装箱的装货清单。通关作业包括物流监控、报关单电子数据申报、集中审单、接单审核/征收税费、查验、放行等各项作业环节。

(7) 装运和转船。出口单位或货代应在轮船公司通知的时间内将出口货物发送到港区内的指定仓库或货场。在远洋货运中,由于目的港无直达船或无合适的船,目的港不在装载货物的班轮航线上,货物零星分散,班轮不愿停泊目的港,以及属于联运货物等原因,货物装运后允许在中途港换装其他船舶转至目的港,这被称为转船。如为直达运输,则无转船操作。

(8) 运费结算。按照运输协议要求结算运费。一般集装箱除了缴纳基本运费外,还有集装箱服务和管理等费用,如拆箱和装箱费、滞期费、堆存费、交接费等。

(9) 监卸与交接。船舶到港卸货前,一般由船方申请理货公司理货,理货公司代表船方将进口货物按提单、标记、唛头点清件数、验看包装后,拨交给收货人。

1) 海运进口操作流程

海运进口操作流程如图 3-19 所示。以下将海运进口简称为进口。

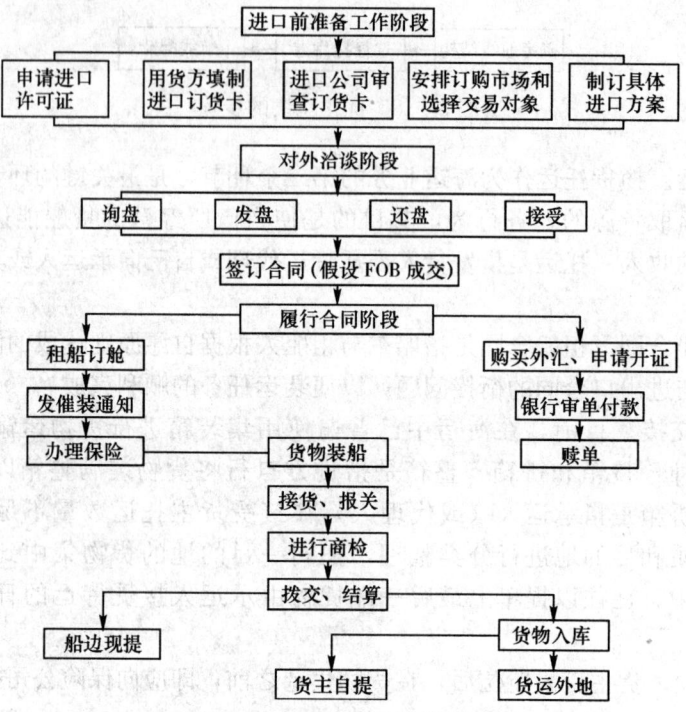

图 3-19 海运进口操作流程

2) 海运出口操作流程

海运出口操作流程如图 3-20 所示。以下将海运出口简称为出口。

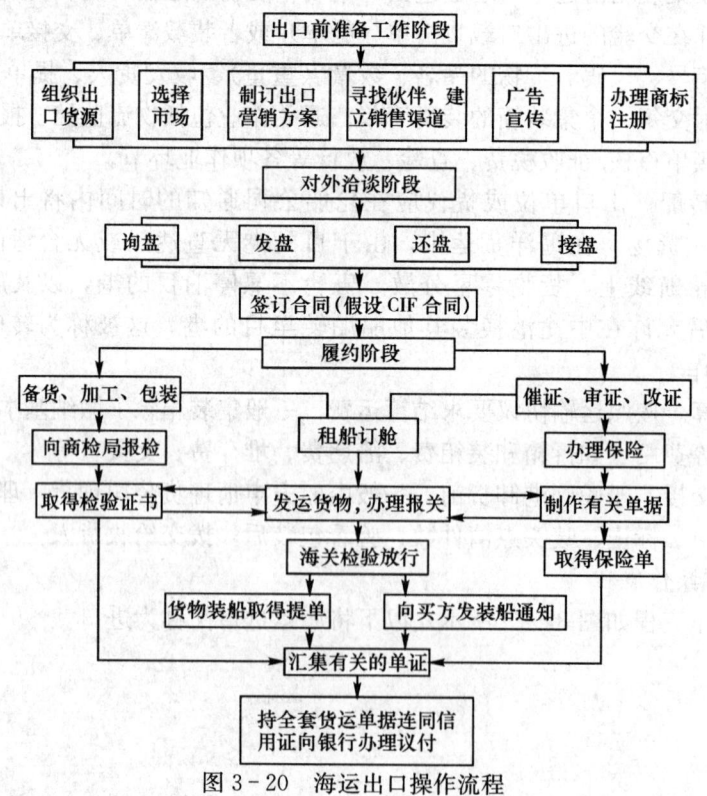

图 3-20 海运出口操作流程

## 3.3.2 海运业务岗位的操作流程

**1. 海运业务的组织结构**

海运业务的组织结构如图 3-21 所示。

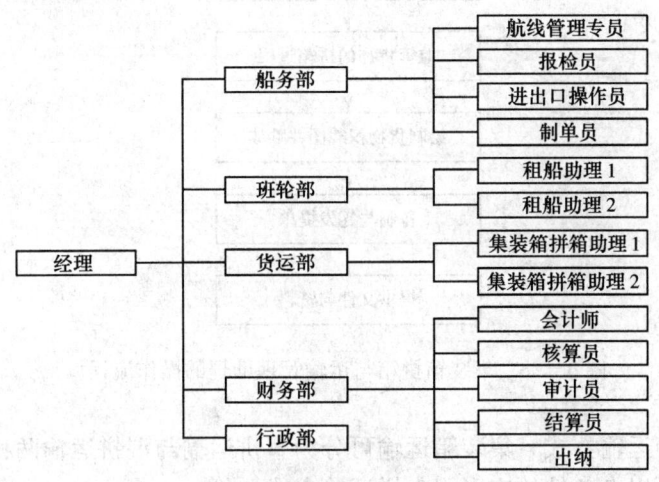

图 3-21 海运业务的组织结构

**2. 主要岗位操作流程**

1）海运租船助理的操作流程

海运租船助理的操作流程如图 3-22 所示。

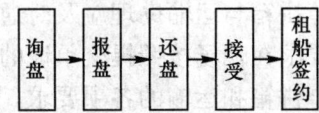

图 3-22 海运租船助理的操作流程

（1）询盘。询盘是在报价之前的双方互通的联系活动，也可以说是报价的前奏。询盘的目的是为货物运输寻找合适的船舶。

（2）报盘。在租船过程中，一般由船东首先报盘，报盘的内容只包括主要的可变项目。

（3）还盘。海运租船助理在代表租船方接受对方报盘中部分条件的同时，可以提出自己不同意的条件，即还盘。

（4）接受。海运租船代理租船人接到船东所报实盘后，经过双方多次在还盘中讨价还价，直到最后一次还实盘的全部内容被双方接受，就算成交。

（5）租船签约。正式的租约实际是在合同条款被双方接受后开始拟定的。在此之前，双方共同承诺的实盘中的条款已作为合同产生约束双方的效力。

2）集装箱拼箱与运输管理助理的操作流程

集装箱拼箱与运输管理助理的操作流程如图 3-23 所示。

图 3-23 集装箱拼箱与运输管理助理的操作流程

(1) 确定集装箱运输方式。集装箱运输可分为直拼运输与混拼运输两种方式。因直拼运输有明显的优点,所以有条件的应采用直拼运输方式。

(2) 办理货物进站单证。货物进站单证由一套多联组成,每一联都有其相应的作用与功能。经当事人签署的货物进站单证是货物交接和责任划分的重要凭据。因此,操作人员须正确缮制和填写货物进站单证,以已审核清楚、正确的托运单内容为依据,使货物实体与货物进站单证相符合。

(3) 货物进站或入库。集装箱拼箱与运输助理应及时通知货运站或仓库经管部门有关货物进站或入库的时间和情况,并要求在现场按照提交单证的内容对进站的货物进行查验、点数,包括货物实体与包装是否符合拼箱和运输的各项要求,货运文件是否齐备,货物是否办理检验、报关等出口手续。

(4) 监管货物的拼箱过程。根据拼装货物的性质与要求,在现场对整个货物的拼箱过程进行监察和协作工作,指导箱内货物放置,核实货物拼装的箱子及实际承运人、入箱货物的数量等。

(5) 绘制货物积载图并贴放。货物拼箱完毕,根据海关要求应及时绘制箱内货物积载图并按规定进行贴放。

(6) 备制与签发提单。掌握货物在码头及装船的情况,做好拼箱货的提单备制工作,同时按规定签发各票拼箱货货运提单给各相关托运人。

(7) 提供文件与资料。通知转运港或目的港代理人有关拼箱货运的情况及要求,及时提供有关文件与货运资料,以便货物在转运港或目的港的各项进出口通关、转运或提货、拆箱、分拨和交付事项得到及时安排和处理。

## 3.4 空运业务管理实务

### 3.4.1 空运业务运作的基本程序

空运业务运作的基本程序如图3-24所示。

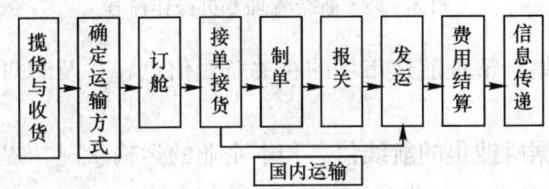

图3-24 空运业务运作的基本程序

(1) 揽货与收货。揽货是指物流公司为争取更多的业务活动而到有进出口业务或需要物流外包承运的企业进行推销的活动。收货是指按照有关规定和收货条件进行收货。

(2) 确定运输方式。空运经营方式通常有以下几种：班机运输、包机运输、集中托运及航空速递。

(3) 订舱。订舱就是向航空公司申请运输并预订舱位的行为。货物订舱需根据发货人的要求和货物本身的特点而定，需按照一定的具体做法和基本步骤进行。航空货运代理公司订舱时，可依照发货人的要求选择最佳航线和最理想的承运人，同时为其争取最低、最合理的运价。订妥舱位后，航空货运代理公司应及时通知发货人备单、备货。

(4) 接单接货。接单就是航空货运代理公司在订妥舱位后，从发货人手中接过货物出口所需的一切单证，其中主要是报关单证。接货是指航空货运代理公司把即将发运的货物从发货人手中接过来并运送到机场。货物接到机场后，或先入周转仓库，或直接装板或装箱。

(5) 制单。制单就是缮制航空货运单，包括总运单和分运单。缮制航空货运单是空运出口业务中最重要的环节，航空货运单填写的正确与否直接关系到货物能否及时、准确地运达目的地，因此必须详细、准确地填写各项内容。

(6) 报关。进出口报关是指发货人或其代理人在发运货物之前，向进出境地海关提出办理出口手续的过程。

(7) 发运。发运就是向航空公司交单交货，由航空公司安排航空运输。交单就是将随机单据和应由承运人留存的单据交给航空公司。交货就是把与单据相符的货物交给航空公司，航空公司接货后，将货物存入出口仓库，单据交航空公司吨控部门，以备配舱。

(8) 费用结算。计算航空货物的运输费用时，要考虑货物的计费重量、有关的运价和费用及货物的声明价值。

(9) 信息传递。航空货运代理公司在发运货物后，应及时将发运信息传递给发货人，同时将由发货人留存的单据寄送发货人。

## 3.4.2 空运业务岗位的操作流程

**1. 航线管理专员操作流程**

航线管理专员操作流程如图 3-25 所示。

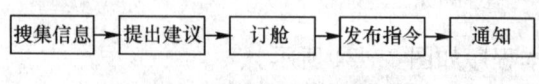

图 3-25　航线管理专员操作流程

(1) 搜集信息。搜集、整理航运市场的有关航线信息,并及时对航线、运价的变更向上级提出报告。

(2) 提出建议。根据所搜集的航线信息和本企业的运输状况,提出合理、经济的空运航线方案。

(3) 订舱。根据公司实际情况,合理安排本公司的空运业务,统一安排订舱、舱运等有关事宜,进行运输合同的磋商与谈判。

(4) 发布指令。通过公司业务程序直接或通过上级向业务部门发出装运指令。

(5) 通知。对已发运或即将发运的货物,应提前通知接货人做好接货准备。

**2. 报检员操作流程**

报检员操作流程如图 3-26 所示。

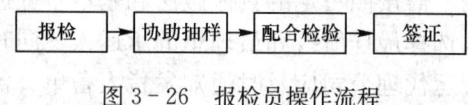

图 3-26　报检员操作流程

(1) 报检。报检是指出口商品的生产经营部门、货运代理或进口商品的收货、用货部门或货运代理向商检机构申请检验。

(2) 协助抽样。抽样是检验的基础,应由抽样员根据有关标准和操作规程规定的方法从整批商品中随机抽取一部分商品作为样品,报检员应在现场协助抽样员进行抽样工作。

(3) 配合检验。检验时,必须做到准确、迅速、证货相符;报检员必须陪同检验机构进行检验,配合好检验人员的检验工作。

(4) 签证。检验合格后,报检员可获得商检机构签发的商检证书,办理商品进出口。

**3. 合同管理专员操作流程**

合同管理专员操作流程如图 3-27 所示。

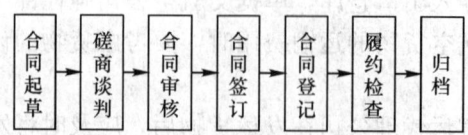

图 3-27　合同管理专员操作流程

(1) 合同起草。必须首先明确合同的内容及签订合同应当注意的事项。合同一般由合同背景、主体、结尾三部分组成。

(2) 磋商谈判。一般而言，合同磋商的程序包括询盘、发盘、还盘和接受四个环节。

(3) 合同审核。审核合同条款。

(4) 合同签订。签订合同。

(5) 合同登记。登记合同以备检查。

(6) 履约检查。对合同的执行进行检查、督促和控制。

(7) 归档。合同保管，以备查询。

**4. 结算与到付员操作流程**

结算与到付员操作流程如图3-28所示。

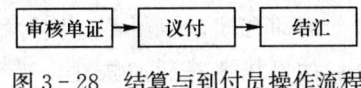

图3-28 结算与到付员操作流程

(1) 审核单证。财务人员应按国家财务制度和其他规则，在付款前进行票证单据的核查，以确保其准确无误。

(2) 议付。严格按照信用证或合同的要求审核有关单据，于货物起运后办理议付。

(3) 结汇。结汇是指出口单位将出口货物销售获得的外汇兑换成本币。

# 思考与练习

1. **基本概念**

   货物周转量　　货运价值系数　　揽货　　报关
   询盘　　　　　报盘　　　　　　还盘　　报检

2. **简答题**

   (1) 简述运输业务的组织结构。

   (2) 简述陆运、海运、空运业务运作的基本程序。

   (3) 简述陆运、空运业务岗位的操作流程。

3. **案例阅读与分析**

   1993年，顺丰诞生于广东顺德。自成立以来，顺丰始终专注于服务质量的提升，持续加强基础建设，积极研发和引进具有高科技含量的信息技术与设备以提升作业自动化水平，在国内外建立了庞大的信息采集、市场开发、物流配送、快件收派等速运业务机构及服务网络。

   在持续强化速运业务的基础上，顺丰坚持以客户需求为核心，积极拓展多元化业务，针对电商、食品、医药、汽配、电子等不同类型客户开发出一站式供应链解决方案，并提供支付、融资、理财、保价等综合性的金融服务。与此同时，依托强大的物流优势，成立了顺丰优选，为客户提供品质生活服务，打造顺丰优质生活体验。

2016年11月1日，顺丰携手赣南脐橙在江西赣州举行橘橙寄递行业解决方案发布会，再次掀起了水果寄递行业的讨论热潮。顺丰针对橘橙寄递的特点，相较于以往的水果寄递方案做出了极大创新和改良。除了提供多元化产品（服务）、扩大物流运输网络、提升运输时效外，还特别针对北方寒冷地区，为防止温差导致橘橙冻伤冻坏，研发了专门专属的包装方案。为助力全国橘橙产业发展，实现互利共赢，顺丰实现了从枝头到餐桌的速运服务，并在桔橙寄递市场形成一套"顺丰标准"。顺丰始终秉承高品质物流服务，为橘橙经销商、果农提供专业的橘橙综合物流服务；同时，顺丰利用自有的渠道资源，帮助果农推广宣传本土橘橙品牌，创造更大的经济价值和品牌价值。

每年的手机新品首发都是粉丝们的狂欢，但新品首发对物流配送要求非常严格，顺丰作为某国际领先手机品牌的承运商，如何快速将新品快速、准确、安全地寄递到消费者手中，考验着顺丰的服务能力。2016年某国际领先手机品牌新品订单分别从北京、上海始发，要求顺丰必须在指定日期完成所有新品派送，当日准时派送达成率99.80%，派送首日28个城市，次日161个城市；在消费者收到新品前，顺丰必须对照片和实物保密，保证新品安全、零丢失、零损坏。对此，顺丰制订新品首发方案，在执行操作、风险管控、人力资源等方面做足了准备。

此外，为保证新品派送时效，顺丰对首日派送城市明细及件量进行预测，运输环节对每个流向的车辆做了单独运输规划及执行监控安排，中转场提前安排好交接区、装卸区、滞留区、异常处理区域，新品到达分点部后，优先出仓，全员派送，派送前需100%电联客户，当日完成3次尝试派送；为保证新品安全，运输车辆装备GPS系统，并在车厢内安装CCTV，优先选择无犯罪记录、交通事故最少、驾车经验丰富的司机。装卸车货物交接必须在顺丰CCTV下完成，每个流向运输路线准备至少3条，在发车前30分钟确定最终行驶路线；为保证新品信息保密，对临时场地进行安保改造，保证无死角监控，对人员资质进行审查，高规格安检，手机进入仓库必须提前报备，出仓后专人专车押运。顺丰新品首发方案为国内3C行业新品首发寄递市场树立起"顺丰标杆"，为客户创造实现更大的经济价值，为消费者提供更好的物流服务体验，实现互利共赢！未来顺丰希望携手3C客户在供应链领域获得深度合作，包含物流配送、重货、仓储（含微仓）、金融、顺维修、国际货运等模块，为更多的合作伙伴创造价值、打造一流服务能力，与客户共同成长！

# 评析题

(1) 顺丰采取哪些策略满足客户日益精细化的需求？
(2) 讨论顺丰在运输管理领域的创新点。

# 第4章

# 多式联运

**学习目标**
- 了解集装箱的概念、种类、标记。
- 掌握集装箱运输的运费计算方法和集装箱交接方式。
- 了解国际多式联运的含义与特征、国际多式联运的形式及办理国际多式联运业务的条件。
- 熟悉国际多式联运的主要业务程序。
- 掌握国际多式联运的货源组织、配积载及多式联运经营人的责任。

## 4.1 集 装 箱

### 4.1.1 集装箱的概念

集装箱（container）是进行散、杂货及特殊单元组合的大型容器性工具。集装箱又被称为"货箱""货柜"。国际标准化组织（ISO）根据集装箱在堆放、装卸和运输过程中的安全需要，在集装箱的定义中，提出了作为一种运输工具的集装箱的基本条件，共包含以下几点。

① 具有足够的强度，可以长期反复使用；
② 途中转运不需移动箱内货物，可以从一种运输工具直接方便地转换到另一种运输工具；
③ 有适当装置，可进行快速装卸；
④ 便于货物装满或卸空；
⑤ 具有 $1 \text{ m}^3$（$35.32 \text{ ft}^3$）以上的容积。

"集装箱"一词不包括车辆和一般包装。简单地说，集装箱是具有一定的刚度、强度和规格，专供周转使用的大型装货容器。使用集装箱转运货物，可以直接从发货人的仓库装货，到收货人的仓库卸货，中途更换运输工具时无须换装。

## 4.1.2 集装箱的种类

随着集装箱运输的发展，为适合装载不同种类货物的需要，出现了不同种类的集装箱，这些集装箱不仅外观不同，而且尺寸、结构、强度等也不相同。集装箱可以按制造材料、结构、用途等进行分类。

**1. 按集装箱的制造材料分类**

集装箱在运输途中，经常受到各种外力的作用和环境的影响，并且考虑到装卸机械的能力和最大限度地利用集装箱的装货能力，因而要求集装箱的制造材料有足够的强度和刚度，尽量采用质量轻、强度高、耐用且维修保养费用低的材料。从目前采用的集装箱制造材料看，一个集装箱通常不是由单一材料做成的，而是以某种材料为主，在箱子的不同结构处使用不同的材料。因此，按集装箱的制造材料分类是指按其主体材料来划分，可分为以下几种。

（1）钢制集装箱。钢制集装箱的外板及结构部件均采用钢材。钢制集装箱的优点是强度大，结构牢固，水密性好，价格低廉；其主要缺点是箱体笨重，防腐能力差，相对降低了其装货能力，而且每年一般需要进行两次除锈涂漆。钢制集装箱使用期限较短，一般为11~12年。

（2）铝合金集装箱。铝合金制集装箱有两种：一种为钢架铝板；另一种仅框架两端用钢材，其余部分用铝材。其优点是自重轻，相对提高了其装载能力，具有较强的防腐能力，弹性较好；其主要缺点是焊接性不如钢制集装箱，造价也较高，受碰撞时易损坏。铝合金集装箱使用年限长，一般为15~16年。

（3）不锈钢集装箱。一般多用不锈钢制作罐式集装箱。不锈钢集装箱的主要优点是耐腐蚀性好，不生锈，强度高；其缺点是：造价高，初始投资大，加工材料少，大量制造有困难。

（4）玻璃钢集装箱。用玻璃钢做成的集装箱的主要优点是刚性好，强度大，具有较高的隔热、防腐和耐化学侵蚀能力；易于清洗，修理简便且维修费用较低；其主要缺点是自重大，造价高。

**2. 按集装箱的结构分类**

（1）内柱式集装箱和外柱式集装箱。这里的"柱"指的是集装箱的侧柱和端柱。一般玻璃钢集装箱和钢制集装箱均没有侧柱和端柱，内柱式集装箱和外柱式集装箱均就铝合金集装箱而言。内柱式集装是指侧柱和端柱位于侧壁和端壁内；反之，外柱式集装箱的端柱和侧柱则位于侧壁和端壁外。内柱式集装箱的优点是外表平滑、美观，印刷标记时比较方便；外板和内衬板之间隔有一定空隙，防热效果较好，能减少货物的湿损。外柱式集装箱的优点是受外力作用时，外力由侧柱或端柱承受，起到了保护外板的作用，使外板不易损坏；由于集装箱内壁面平整，一般不需要内衬板。

（2）折叠式集装箱和固定式集装箱。折叠式集装箱是侧壁、端壁和箱门等主要部件能方便地叠起来，反复使用时可再次撑开的集装箱。反之，各部件永久固定地组合在一起的集装箱称固定式集装箱。折叠式集装箱主要用在货源不平衡的航线上，为了减少装货量少时的舱容损失而设计的。

（3）预制骨架式集装箱和薄壳式集装箱。预制骨架式集装箱是指集装箱的骨架由许多预制件组合起来，并由它承受主要载荷，外板和骨架用铆接或焊接的方式连为一体的集装箱。铝质和钢质的预制骨架式集装箱，外板通常采用铆接或焊接的方式与骨架连接在一起，而玻璃钢的预制骨架式集装箱，其外板则用螺栓与骨架连接。薄壳式集装箱是指把集装箱所有的构件结合成一个刚体。其优点是自重轻，受扭力作用时不会引起永久变形，所以薄壳理论被广泛应用于集装箱的结构设计中。

（4）罐体式集装箱。这种集装箱外部为刚性框架，以便堆放，内有罐体，适用于装运液体、气体及部分颗粒体货物。

**3. 按集装箱的用途分类**

集装箱按箱内所装货物通常分为以下几种（即按集装箱的用途分类）。

（1）通用干货集装箱。这种集装箱也被称为杂货集装箱，是适合各种不需要调节温度的货物使用的集装箱，其使用范围极广。通用干货集装箱一般为封闭式，在一端或侧面设有箱门，通常用来装运化工用品、文化用品、电子机械、工艺品、医药、日用品、纺织品、仪器和零件等，是最常用的集装箱。不受温度变化影响的各类固体散货、颗粒或粉末状的货物也可以由这种集装箱装运。

（2）保温集装箱。保温集装箱是为了运输需要保温或冷藏的货物，所有箱壁都采用导热率低的材料隔热而制成的集装箱，可分为以下3种。

① 冷藏集装箱。它是以运输冷冻食品为主，能保持一定温度的保温集装箱。它是专为运输新鲜水果、蔬菜、鱼、肉等食品而特殊设计的。目前国际上采用的冷藏集装箱基本上分两种：一种是箱内带有冷冻机的机械式冷藏集装箱；另一种是离合式冷藏集装箱（又称外置式或夹箍式冷藏集装箱），这种箱内只有隔热结构而没有冷冻机，即在集装箱端壁上设有进气孔和出气孔，箱子装在舱中，由船舶的冷冻装置供应冷气。

② 隔热集装箱。它是为载运蔬菜、水果等货物，防止温度上升幅度过大，保持货物鲜度而具有充分隔热结构的集装箱。多用干冰作制冷剂，保温时间为72小时左右。

③ 通风集装箱。它是为装运蔬菜、水果、粮食等不需要冷冻而具有呼吸作用的货物，在端壁和侧壁上设有通风孔的集装箱。如将通风孔关闭，还可以作为杂货集装箱使用。

（3）罐式集装箱。它是专用以装运油类（如动植物油）、酒类、液体食品及化学品等液体货物的集装箱。这种集装箱有单罐和多罐两种，罐体四角由支柱、撑杆构成整体框架。

（4）散货集装箱。它是一种密闭式集装箱，有玻璃钢制和钢制两种。玻璃钢制集装箱由于侧壁强度较大，故一般装载相对密度较大的散货；钢制集装箱则用于装载相对密度较小的谷物等。散货集装箱顶部的装货口应设水密性良好的盖，以防雨水浸入箱内。

（5）台架式集装箱。它是没有箱顶和侧壁，甚至没有端壁而只有底板和4个角柱的集装箱。这种集装箱可以从前、后、左、右及上方进行装卸作业，适合装载较长、较大货件和超重货件及轻泡货物，如重型机械、木材、钢材、钢管、钢锭等。台架式集装箱没有水密性，不能装运怕水湿的货物，可用帆布遮盖装运。

（6）平台集装箱。这种集装箱是在台架式集装箱上再加以简化而只保留底板的一种特殊结构集装箱。平台的长度与宽度与国际标准集装箱的箱底尺寸相同，可使用与其他集装箱相同的紧固件与起吊装置。这一集装箱的采用打破了集装箱必须具有一定容积的传统概念，是专供装运超限货物的集装箱。

（7）敞顶集装箱。这是一种没有刚性箱顶的集装箱，但有由可折叠式或可折式顶梁支撑的塑料布、帆布或涂塑布制成的顶篷，其他构件与通用集装箱类似。这种集装箱适于装载大型货物和重货，如木材、钢铁，特别是像玻璃板等易碎的重货，利用吊车从顶部吊入箱内不易受损，且便于在箱内固定。

（8）汽车集装箱。这是一种运输小型轿车用的专用集装箱，其特点是在简易箱底上装一个钢制框架，通常没有箱壁（包括端壁和侧壁）。一般可分为单层和双层两种。因为小轿车的高度为 1.35～1.45 m，如装在 2.438 m 的标准集装箱内，其容积要浪费 2/5 以上，因而出现了双层集装箱。这种双层集装箱的高度又有两种，一种高为 3.2 m，一种高为 5.181 6 m，因此汽车集装箱一般不是国际标准集装箱。

（9）动物集装箱。这是一种专门设计用来装运鸡、鸭、鹅等活家禽和猪、马、牛、羊等活家畜用的集装箱。为了遮蔽太阳，箱顶采用胶合板覆盖，侧面和端面都有用铝丝网制成的窗，有良好的通风效果。侧壁下方设有清扫口和排水口，并配有上下移动的拉门，可把垃圾清扫出去。动物集装箱在船上一般应装在甲板上，便于空气流通与清扫、照顾。

（10）服装集装箱。这种集装箱在箱内侧梁上装有许多根横杆，每根横杆上垂下若干条皮带扣、尼龙带扣或绳索，利用衣架上的钩，直接把成衣挂在带扣或绳索上。这种服装装载法属于无包装运输，一方面节约了包装材料和包装费用，另一方面减少了人工劳动，提高了服装的运输质量。

### 4.1.3 集装箱的标记

为了在运输过程中便于识别和管理集装箱，编制集装箱运输文件，方便信息的传输和处理，在集装箱的箱体上要标打清晰、易辨且耐久的标记。国内使用的集装箱依照国家标准标打；国际使用的集装箱按国际标准 ISO 6346：1995 标打。主要标记有以下几种。

（1）箱主代号。箱主代号是表示集装箱所有人的代号，用 4 个大写拉丁字母表示（国内使用的集装箱用汉语拼音表示），前 3 位由箱主自己规定，第 4 个字母规定为"U"（U 为国际标准中海运集装箱的代号）。为了避免箱主代号重号，箱主在使用集装箱前应先向本国主管部门登记注册。国际使用的集装箱，由箱主向国际集装箱局（BIC）登记注册，登记时不得与登记在先的箱主代号重复。

（2）顺序号。顺序号即集装箱的箱号，按 GB 1836：1997 的规定，由 6 位阿拉伯数字组成，如有效数字不足 6 位时，则在数字前用"0"补足 6 位，如"002323"即是一种顺序号。各公司可以根据自己的需要，以类型、尺寸、制造批号或其他参数进行编号，以便于识别。

（3）校对数。校对数是箱主代号和顺序号在传输或记录时验证其准确性的手段。位于集装箱箱号以后，用 1 位阿拉伯数字加一方框表示，如"COSU002323 2"的校对数是 2。

（4）国家或地区代号。在 ISO 6346：1995 标准中，国家和地区代号用两个字母表示，用以说明集装箱的登记国，如"CN"即表示登记国为中华人民共和国。国家代号可查表得到。

（5）自重和总重。自重是指空箱时的重量，用"TARE：××××千克或磅"表示；总重是集装箱的自重与最大净货载之和，用"MAX GROSS：××××千克或磅"表示，它是一个常数，集装箱装载货物时不能超过这一重量。

（6）尺寸代号。用两位阿拉伯数字表示，用以说明集装箱的尺寸情况，如"20"即为 20 ft 长、8 ft 高的集装箱。尺寸代号可查表得到。

（7）类型代号。用两位阿拉伯数字表示，用以说明集装箱的类型，如"30"即为冷冻集装箱。类型代号可查表得到。

以上是集装箱基本的标志，要求将上述内容列在易于展示的位置上，且要达到在集装箱离地面 1.2 m，观看者距集装箱端面或侧面中部 3 m 的地方，能清楚地看到端面或侧面的标志。

## 4.2 集装箱运输

### 4.2.1 集装箱运输的经济效果

（1）提高了装卸与运输效率。集装箱运输将单件货物集合成组装入箱内，增大了运输单位，便于机械操作，从而大大提高了装卸效率。例如，一个 20 ft 型的国际标准集装箱，每一循环的装卸时间仅需 3 分钟，每小时装货或卸货可达 400 t，而传统货船每小时仅能装卸 35 t，提高装卸效率可达 11 倍。机械化和自动化作业方式的采用使工人只需从事一些辅助性的体力劳动工作，工人的体力劳动强度大幅度降低。在提高装卸效率的同时也提高了对作业人员知识和技能的要求。同时，机械化和自动化大大缩短了车船在港站的停留时间，加快了货物的送达速度。由于集装箱运输方式减少了运输中转环节，货物的交接手续简便，因而提高了运输服务质量。根据航运部门统计，一般普通货船在港停留时间约占整个营运时间的 56%，而集装箱船舶在港装卸停泊时间仅占整个营运时间的 22%。

（2）提高了运输质量。采用件杂货运输方式时，由于在运输和保管过程中货物不易保护，货损货差情况严重，尤其是在品种复杂、运输环节多的情况下，货物的中途转运倒载使货物混票及被盗事故屡屡发生。采用集装箱运输方式后，由于采用强度较高、密封性较好的箱体对货物进行保护，因此货物在装卸、搬运和保管过程中不易损坏，不怕受潮，货物途中丢失的可能性大大降低，货损率大大降低。

（3）推动了包装合理化与标准化。集装箱箱体作为一种能反复使用的运输设备，还能起到保护货物的作用，货物运输时的包装费用得以降低。例如，采用集装箱运输电视机可比原先件杂货运输方式节省包装费用约 50%；又如，中国广东省出口大理石，原先使用木箱包装，改用集装箱后，每吨货物包装费降低 2/3。在运输场站，由于集装箱对环境要求较低，节省了场站在仓库方面的投资。此外，件杂货包装单元较小，形状各异，理货核对比较困难；而采用标准集装箱，理货时按整箱清点，大大节省了理货时间与理货费用。集装箱作为一种大型标准化运输设备的使用促进了商品包装的进一步标准化。目前，中国的包装国家标准已有 400 多个，这些标准大多采用或参照国际标准，并且许多标准与集装箱的标准相适应。

（4）有利于组织多式联运。随着集装箱作为一种标准运输单元的出现，各种运输工具的运载尺寸向统一的满足集装箱运输需要的方向发展。因此，根据标准化的集装箱设计的各种运输工具将使运输工具之间的换装衔接变得更加便利。所以，集装箱运输有利于组织多式联运，促进了运输合理化的发展。

## 4.2.2　集装箱运输业务

集装箱运输是一种新的现代化运输方式，它与传统的货物运输有很多不同，做法也不一样。目前国际上对集装箱运输尚没有一个被普遍接受的统一做法，但在处理具体集装箱运输业务中，各国做法大体上相似。现根据当前国际上对集装箱运输业务的通常做法，简介如下。

**1. 集装箱货物装箱方式**

根据集装箱货物装箱数量可分为整箱和拼箱两种。

（1）整箱（FCL），是指货主自行将货物装满整箱以后，以箱为单位托运的集装箱货物装箱方式。这种情况通常在货主有足够货源装载一个或数个整箱时采用，除有些大的货主自己置备有集装箱外，一般都是向承运人或集装箱租赁公司租用一定的集装箱。空箱运到工厂或仓库后，在海关人员的监管下，货主把货物装入箱内，加锁、铅封后交承运人并取得站场收据，最后凭收据换取提单或运单。

（2）拼箱（LCL），是指承运人（或代理人）接受货主托运的数量不足整箱的小票货运后，根据货物性质和目的地进行分类整理，把去同一目的地的货物集中到一定数量拼装入箱。由于一个箱内有不同货主的货物拼装在一起，所以称拼箱。这种情况在货主托运货物的数量不能装满整箱时采用。拼箱货的分类、整理、集中、装箱（拆箱）、交货等工作均在承运人码头集装箱货运站或内陆集装箱转运站进行。

**2. 集装箱货物交接方式**

如上所述，由于集装箱货物装箱方式分为整箱和拼箱两种，因此在其交接方式上也有所不同，综观当前国际上的做法，大致有以下 4 类。

（1）整箱交、整箱接（FCL/FCL）。货主在工厂或仓库把装满货后的整箱交给承运人，收货人在目的地同样以整箱接货，换言之，承运人以整箱为单位负责交接。货物的装箱和拆箱均由货方负责。

（2）拼箱交、拆箱接（LCL/LCL）。货主将不足整箱的小票托运货物在集装箱货运站或内陆转运站交给承运人，由承运人负责拼箱和装箱，运到目的地货站或内陆转运站，由承运人负责拆箱，拆箱后，收货人凭单接货。货物的装箱和拆箱均由承运人负责。

（3）整箱交、拆箱接（FCL/LCL）。货主在工厂或仓库把装满货后的整箱交给承运人，在目的地的集装箱货运站或内陆转运站由承运人负责拆箱后，各收货人凭单接货。

（4）拼箱交、整箱接（LCL/FCL）。货主将不足整箱的小票托运货物在集装箱货运站或内陆转运站交给承运人，由承运人分类调整，把同一收货人的货集中拼装成箱，运到目的地后，承运人以整箱交，收货人以整箱接。

上述各种集装箱货物交接方式中，以整箱交、整箱接效果最好，也最能发挥集装箱的优越性。

**3. 集装箱货物交接地点**

在集装箱运输中，根据整箱货、拼箱货的不同，其交接地点可以是装运地发货人的工厂或仓库和交货地收货人的工厂或仓库（door）、装运地和交货地的集装箱堆场（CY）、装运地和卸货地的集装箱货运站（CFS），因此集装箱货物的交接方式就可能有以下9种。

（1）门到门交接（door/door）。这种交接方式是承运人在发货人的工厂、仓库接受所托运的货物，负责全程运输，直到收货人的工厂或仓库交货为止。这是一种整箱货运方式，因此货物的装、拆箱作业由货主自理，即发货人负责装箱，收货人负责拆箱，承运人与货主所进行的交接都是以整箱为单位进行的。承运人的责任是保证集装箱数量的正确和外表状况的良好，而对箱内货物是不负责交接的。

（2）门到场交接（door/CY）。这种交接方式指承运人在发货人工厂或仓库接收货箱后，由承运人负责将货箱运至卸货港集装箱码头堆场交货。这也是一种整箱货运方式，货物的装、拆箱作业由货主自理，承运人与货主所进行的交接都是以整箱为单位进行的。与门到门交接方式所不同的是承运人负责的范围变小了，不再负责从目的港码头堆场到收货人所在地的内陆运输，此段运输转由收货人自己负责。承运人的责任同样是保证集装箱数量的正确和外表状况的良好，而对箱内货物是不负责交接的。

（3）门到站交接（door/CFS）。这种交接方式指在发货人工厂或仓库接收货箱后，由承运人负责将货箱运至目的地集装箱货运站交货。这是一种整箱-拼箱货运方式，货物的装卸作业由发货人负责，而拆箱作业则由承运人负责，即在目的港集装箱货运站拆箱并交付给收货人，承运人不再负责从货运站到收货人所在地的内陆运输，此段运输由收货人自己负责。由于交给收货人时，是进行实际货物的交接，而不是以"整箱"为单位进行的，所以承运人的责任是保证货物数量的正确和外表状况的良好，其货运站可以是集装箱码头货运站，也可以是内陆货运站。

（4）场到门交接（CY/door）。这种交接方式指在装货港集装箱码头堆场接收货箱，承运人负责将货箱运至收货人的工厂或仓库的交接方式。这是一种整箱货运方式，由收、发货人分别负责货物的装、拆箱作业，承运人与货主以"整箱"为单位进行交接。与门到门交接方式所不同的是从发货人所在地到装运港集装箱码头的内陆运输由发货人自己负责，承运人只需保证集装箱数量的正确和外表状况的良好。

（5）场到场交接（CY/CY）。这种交接方式指由承运人在装运港的集装箱码头堆场接收货箱，负责全程运输，直到目的港集装箱码头堆场交付货物为止。这也是一种整箱货运方式，由收、发货人分别负责货物的装、拆箱作业，承运人与货主所进行的交接是以"整箱"为单位进行的，同时保证集装箱数量的正确和外表状况的良好。与门到门交接方式所不同的是，其收货前和交货后的内陆运输分别由发货人和收货人负责。

（6）场到站交接（CY/CFS）。这种交接方式指承运人在装运港的集装箱码头堆场接收托运的货物，然后负责全程运输，直到目的港的集装箱货运站交付货物为止。这是一种整箱-拼箱货运方式，发货人负责装箱，承运人负责拆箱，即在目的港的集装箱货运站拆箱，并将货物交给收货人，因为是进行实际货物的交接，所以承运人应保证货物数量的正确和外表状况的良好。收货前交货后的内陆运输承运人不负责,而分别由发货人、收货人承担。

(7) 站到门交接(CFS/door)。这种交接方式指承运人在装运港的集装箱码头货运站或收货地内陆货运站接收所托运的货物,然后负责全程运输,直到在收货人的工厂、仓库交付货物为止。这是一种拼箱-整箱货运方式,承运人接收的是散件货物,而向收货人交付货物则是以"整箱"为单位的集装箱,所以装箱作业由承运人负责,而拆箱作业由收货人负责,承运人要保证货物的数量正确和外表良好。

(8) 站到场交接(CFS/CY)。这种交接方式指承运人在装运港的集装箱码头货运站或收货地内陆货运站接收所托运的货物,负责全程运输,直到在目的港的集装箱码头交付货物为止。与站到门交接方式相比,不同之处在于从码头堆场到收货人工厂、仓库所在地的内陆运输由收货人负责。

(9) 站到站交接(CFS/CFS)。这种交接方式指承运人在装运港的集装箱码头货运站或收货地内陆货运站接收所托运的货物,然后负责全程运输,直到目的港的集装箱码头货运站或交货地内陆货运站交付货物为止。这是一种拼箱货运方式,货物的装、拆箱作业由承运人负责,交接时以货物为单位,而不是"整箱"交接。因此,承运人必须对货物的数量和外表状况负责,收货前和交货后的内陆运输则分别由发货人和收货人负责。

### 4.2.3 集装箱运输的运费计算

集装箱运输在国际多式联运下,由于承运人对货物的责任和风险有所扩大,因此集装箱运输的运费(以下简称运费)一般包括从装船港承运人码头堆场或货运站至卸船港承运人码头堆场或货运站的全过程费用。若由承运人负责安排全程运输,所收取的运费中还应包括内陆运输的费用。总的来说,运费指海运运费与各种与集装箱运输有关的费用总和。

**1. 运费的基本结构**

1) 海运运费

由于海上集装箱运输大都是采用班轮营运组织方式经营的,因此海运运费实质上也属班轮运费的范畴。海运运费的计算方法与普通的班轮运输的运费计算方法是一样的,也是根据费率本规定的费率和计费办法计算运费的,并有基本运费和附加运费之分。从集装箱船舶运输公司的优势看,由于集装箱船运输可以提供高于普通船运输的服务水平,因而应收取高于普通船运输的运费。但在实际操作中,除有特殊规定外,基本上仍是按所运货物的运费吨所规定的费率计收,这与普通船运输的运费计收方法基本相同。目前,运费所依据的运价主要有两种:一是班轮公会运价本,二是船公司运价本。国际集装箱海运运价(以下简称运价)的确定原则如下所述。

(1) "运输服务成本"原则。"运输服务成本"原则是指班轮经营人为保证班轮运输服务连续、有规则地进行,以运输服务所消耗的所有费用及一定的合理利润为基准确定班轮运价。根据这一原则确定的班轮运价可以确保班轮运费收入不至低于实际的运输服务成本。该原则被广泛应用于国际航运运价的制定。

(2) "运输服务价值"原则。"运输服务价值"原则是从需求者的角度出发,依据运输服务所创造的价值的多少进行定价。它是指货主根据运输服务能为其创造的价值水平而愿意支付的价格。运输服务价值水平反映了货主对运价的承受能力。如果运费超过了其服务价值,货主就不会将货物交付托运，因为较高的运费将使其商品在市场上失去竞争力。因此，如果说按照"运输服务成本"原则制定的运价是班轮运价的下限的话，那么按照"运输服务价值"原则制定的运价则是其上限，因为基于运输服务价值水平的班轮运价可以确保货主在出售其商品后能获得一定的合理收益。

（3）"运输承受能力"原则。这是一个在过去采用较为普遍的运价确定原则。考虑到航运市场供求对班轮运输的巨大影响，"运输承受能力"原则采用的定价方法是以高价商品的高费率补偿低价商品的低费率，从而达到稳定货源的目的。按照这一定价原则，承运人运输低价货物可能会亏本，但是这种损失可以通过对高价货物收取高费率所获得的盈利加以补偿。虽然价值较高货物的运价可能会高于价值较低货物的运价很多倍，但从运价占商品价格的比重来看，高价货物比低价货物要低得多。根据联合国贸易和发展会议的资料统计，低价货物的运价占该种货物 FOB 价格的 30%～50%，而高价货物运价仅占该类货物 FOB 价格的 1%～28%。因此，尽管从某种意义上说，"运输承受能力"原则对高价商品是不太公平的，但是这种定价方法消除或减少了不同价值商品在商品价格与运价之间的较大差异，从而使得低价商品不致因运价过高失去竞争力而放弃运输，实现了稳定货源的目的，因而对于班轮公司来说，这一定价原则具有十分重要的意义。

2）堆场服务费

堆场服务费又称码头服务费，包括在装船港堆场接收出口的整箱货，以及堆存和搬运至装卸桥下的费用。同样，在卸船港包括从装卸桥下接收进口箱，以及将箱子搬运至堆场和堆存的费用。堆场服务费一般分别向发货人、收货人收取。

3）拼箱服务费

拼箱服务费包括为完成下列服务项目而收取的费用：

（1）将空箱从堆场运至货运站；

（2）将装好货的实箱从货运站运至装货港；

（3）将实箱从堆场运至卸货港；

（4）理货；

（5）签发场站收据、装箱单；

（6）在货运站货物的正常搬运；

（7）装箱、拆箱、封箱、做标记；

（8）一定期限内的堆存；

（9）必要的分票与积载；

（10）提供箱子内部货物的积载图。

4）内陆运输费

内陆运输有两种情况：一种由货主自己负责内陆运输；另一种由承运人负责内陆运输。若由承运人负责内陆运输，其费用则根据承运人的运价本和有关提单条款的规定来确定，这主要包括无效拖运费、区域运费、装箱时间延迟费、变更装箱地费用、清扫费等。

5）集散运输费

集散运输又称支线运输，是由内河、沿海的集散港至集装箱出口港之间的集装箱运输。通常情况下，集装箱在集散港装船后，即可签发集装箱联运提单，承运人为这一集散而收取的运费即集散运输费。

## 2. 运费计算的基本方法

1) 拼箱货运费

各船公司对集装箱运输下的拼箱货运费计算方法基本上依据件杂货运费计算标准，基本要点如下所述。

(1) 拼箱货运费的计算依据承运人所承担的责任和费用。通常情况下，承运人的责任是从出口国货运站至进口国货运站（通常这一货运站应为承运人所拥有或管辖）负责装箱、拆箱，对于交货前和交货后所发生的责任、费用，均由货主负责。

(2) 拼箱货海运运费的计收方法类似于班轮运输下的件杂货运费计算方法，加收集装箱有关费用，但不再收取件杂货下码头的收货费用。这些费用和有关费用的计算依据是船公司制定的运价本所规定的每一件货物的重量或尺码。计价货物的拼箱服务费则根据货物重量或尺码中较高者收取。

(3) 拼箱费的起码运费按每提单计收。

(4) 由于拼箱货涉及不同的收货人，因而拼箱货不能接受货主提出的有关选港或变更目的港的要求，所以不涉及拼箱货的选港附加费和变更目的港附加费。

2) 整箱货运费

(1) 整箱货运输下，承运人接受货箱和交付货箱的责任期限习惯上从码头堆场至码头堆场，因此承运人收取的运费和有关费用也仅包括堆场至堆场范围内的费用，对于两端码头堆场外的费用则由货主负责。

(2) 整箱货运费计算如使用的箱子为船公司所有，则规定有最高运费和最低运费计收办法，如该箱子为货主所有，则另有规定。

3) 附加费

与普通班轮一样，集装箱海运运费除计收基本运费外，也要加收各种附加费。附加费的标准与项目根据航线和货种的不同而有不同的规定。集装箱海运附加费通常包括以下几种形式。

(1) 超长、超重及超大件货物附加费。整箱货不加收超长、超重、超大件货物附加费；拼箱货按运价本的规定，对超长、超重、超大件货物加收附加费；如系整箱货接收，拼箱货交付，或拼箱货接收，整箱货交付，则按运价本的规定，对超长、超重、超大件货物加收50%的附加费。

(2) 变更目的港附加费。变更目的港仅适用于整箱货，并按箱计收变更目的港附加费。提出变更目的港的全套正本提单持有人必须在船舶抵达提单上所指定的卸货港48小时前以书面形式提出申请，经船方同意可变更。如变更目的港的运费超出原目的港的运费时，申请人应补交运费差额，反之承运人不予退还。由于变更目的港所引起的翻舱及其他费用也应由申请人负担。

(3) 选卸港附加费。选择卸货港或交货地点仅适用于整箱托运、整箱交付的货物，而且一张提单的货物只能选定在一个交货地点交货，并按箱收取选卸港附加费。选港货应在订舱时提出，经承运人同意后，托运人可在承运人经营范围内直航的或经转运的三个交货地点内选择指定卸货港，其选卸范围必须按照船舶挂靠顺序排列。此外，提单持有人还必须在船舶抵达选卸范围内第一个卸货港96小时前向船舶代理人宣布交货地点，否则船长有权在第一个或任何一个选卸港将选港货卸下，即应认为承运人已终止其责任。

除上述各项附加费外,其他有关的附加费计收规定与普通班轮运输的附加费计收规定相同。这些附加费包括:因港口情况复杂或出现特殊情况所产生的港口附加费;因国际市场上燃油价格上涨而增收燃油附加费;为防止货币贬值造成运费收入上的损失而收取货币贬值附加费;因战争、运河关闭等原因迫使船舶绕道航行而增收绕航附加费;因港口拥挤致使船舶抵港后不能很快靠卸而需长时间待泊所增收的港口拥挤附加费等。此外,对于贵重货物,如果托运人要求船方承担超过提单上规定的责任限额时,船方要增收超额责任附加费。

需要指出的是,随着世界集装箱船队运力供给大于运量需求的矛盾越来越突出,集装箱航运市场上削价竞争的趋势日益蔓延,因此目前各船公司大多减少了附加费的增收种类,将许多附加费并入运价当中,给货主提供一个较低的包干运价。这一做法起到了吸引货源的效果,同时也简化了运费结算手续。

4) 集装箱内的成组货物运费

(1) 对符合运价本有关成组货物的规定和要求,并按拼箱货托运的成组货物,可以与件杂货同样处理,给予运费优惠,但按整箱货托运的成组货物,则不能享受优惠运价。

(2) 不论是拼箱,还是整箱托运的货物,在计算运费时均应扣除托盘本身的重量或尺码,但这种扣除不得超过成组货物(货物加托盘)重量或尺码的10%,超过部分仍按托盘上货物所规定的费率计收运费。但部分航线在计算运费时不扣除整箱货的托盘重量或尺码。

5) 集装箱内的家具和行李运费

集装箱内装载的是家具和行李,除组合成箱子再装入集装箱者外,均按箱内容积的100%计收费用和其他与集装箱有关的费用,该办法一般适用于搬家的物件。

6) 回运货物运费

回运货物是指在卸货港或交货地卸货后的一定时间以后由原承运人运回原装货港或发货地的货物。对于这种回运货物,承运人一般给予一定的运费优惠。比如,当货物在卸货港或交货地卸货后6个月由原承运人运回原装货港或发货地,对整箱货(原箱)的回程运费按原运费的85%计收,拼箱货则按原运费的90%计收回程运费。但货物在卸货港或交货地滞留期间发生的一切费用均由申请方负担。

7) 滞期费

集装箱运输下,如货主未在规定的免费期内前往承运人的堆场或者货运站提取货物,承运人可对超出的时间向货主收取滞期费。一般来说,整箱货的免费堆存期是从卸下船时起算,其中不包括星期天、节假日,这一免费堆存期因不同港口的规定而不同,习惯有2、3、5、7天不等。滞期费按天计算,一旦进入滞期时便连续计算。

不同货箱的免费堆存期也有所不同,冷藏箱、散装液体箱的免费堆存期比干货箱要短,卸船后要求收货人尽快提取。例如,有的规定为24小时,也有的规定为48小时,超出规定时间,则计收滞期费。对于拼箱货,若在货运站规定的免费堆存期内收货人仍未前来提取货物,承运人对超出免费堆存期的时间按运费吨向收货方收取滞期费。

8) 延期费

如货主所使用的箱子和有关设备为承运人所有,而货主又未能在免费使用的时间内将箱子或有关设备归还给承运人,或送交承运人指定的地点,承运人按规定对超出时间向货主收取延期费。

9) 服装运费

对于挂载集装箱内运输的货物,计收运费应注意以下几点。

(1) 承运人仅接受整箱货堆场至堆场运输,但特殊情况例外。

(2) 运费按箱内容积的85%计算,衣架及其他必要的装箱物料由货主提供。

(3) 货主可在同一箱内挂载服装和其他货物,运费按箱内容积的85%加上装载同一箱内所装的其他货物的实际尺码计收,但总的运费尺码不得超过箱子内容积的100%。在这种情况下,货主要提供经承运人同意的公证单位出具的货物衡量证书。

**3. 最低与最高运费的计收**

集装箱海运运费的计算与班轮运输中的运费计算基本一致,但有最低与最高运费的规定。

1) 最低运费

(1) 拼箱货的最低运费。在拼箱货情况下,最低运费的规定与班轮运输中的规定相同,即在费率表中都订有所谓最低运费或起码运费。任何一批货运,其运费金额低于规定的最低运费额时,均按最低运费金额计收。

(2) 整箱货的最低运费。在整箱货情况下,货物由货主自己装箱,如果箱内所装货物没有达到规定的最低计费标准时,亏箱损失应由货主负担。因此,各航运公司都分别按重量吨和尺码吨给不同类型和用途的集装箱规定最低的装箱吨数,并以两者较高的作为装箱货物的最低运费吨。如果实际运费低于最低运费,则运费按最低运费标准计收。有些船公司规定最低运费吨按百分比计算,如装重货按集装箱载货净重量的95%计算、装尺码货按箱内载容积的85%计算。

2) 最高运费

最高运费是专用于海上集装箱运输计算运费的一种方法。为了鼓励货物用集装箱运输,并且最大限度地利用集装箱的内容积,船公司一般为各种类型和规格的集装箱规定一个最高以容积折算的运费吨,如一般规定20 ft集装箱的最高运费吨为31 $m^3$,40 ft集装箱为61 $m^3$。若整箱货实际装箱货物的尺码超过规定的最高运费吨时,仍按最高运费吨计算,超过部分不计运费。因此,提高集装箱货载技术,充分利用其容积,对节省运费大有好处。

在集装箱运输中,有时箱内部分货载没有正确的衡量单,而货物有可能分属于不同运费等级,其运费则需按不同情况分别计算:如货主没提供资料,则按最高运费吨和箱内运费等级量最高的费率计算运费;在整箱货运情况下,如货主仅提供部分货物的计算运费资料,则这部分货物的运费按规定的等级和费率计算,其余未提供资料的货物的运费则按最高计费吨减去已提供资料货物的运费吨计算。如果这部分货物的计费等级或费率又有差异时,则按其中最高运费计算。一般情况下只为尺码货物规定最高运费吨,而不为重量货物规定最高运费吨,因为每一种类型的集装箱都规定有最大载重量的限制,为了安全是不允许超重的。

## 4.2.4 集装箱的发放和交接

**1. 集装箱的发放和交接依据**

集装箱的发放和交接应依据"进口提货单""出口订舱单""场站收据"及这些文件内列

明的集装箱交付条款，实行"集装箱设备交接单"制度。从事集装箱业务的单位必须凭集装箱代理人签发的"集装箱设备交接单"办理集装箱的提箱（发箱）、交箱（还箱）、进场（港）、出场（港）等手续。

2. 交接责任的划分

（1）船方与港方交接以船边为界。

（2）港方与货方（或其代理人）、内陆（公路）承运人交接以港方检查桥为界。

（3）堆场、中转站与货方（或其代理人）、内陆（公路）承运人交接以堆场、中转站道口为界。

（4）港方、堆场中转站与内陆（铁路、水路）承运人交接以车皮、船边为界。

3. 进口重箱提箱出场的交接

进口重箱提离港区、堆场、中转站时，货方（或其代理人）、内陆（水路、公路、铁路）承运人应持海关放行的"进口提货单"到集装箱代理人指定的现场办理处办理集装箱发放手续，集装箱代理人依据"进口提货单"、集装箱交付条款和集装箱运输经营人有关集装箱及其设备使用和租用的规定，向货方（或其代理人）、内陆承运人签发"出场集装箱设备交接单"和"进场集装箱设备交接单"。货方、内陆承运人凭"出场集装箱设备交接单"到指定地点提取重箱，并办理出场集装箱设备交接；凭"进场集装箱设备交接单"将拆空后的集装箱及时交到集装箱代理人指定的地点，并办理进场集装箱设备交接。

4. 出口重箱交箱（收箱）进场的交接

出口重箱进入港区，货方、内陆承运人凭"集装箱出口装箱单"或"场站收据""进场集装箱设备交接单"到指定的港区交付重箱，并办理进场集装箱设备交接。指定的港区依据"出口集装箱预配清单""进场集装箱设备交接单""场站收据"收取重箱，并办理进场集装箱设备交接。

5. 空箱的发放和交接

空箱提离港区、堆场、中转站时，提箱人（货方或其代理人、内陆承运人）应向集装箱代理人提出书面申请。集装箱代理人依据"出口订舱单""场站收据"或"出口集装箱预配清单"向提箱人签发"出场集装箱设备交接单"或"进场集装箱设备交接单"。提箱人凭"出场集装箱交接单"到指定地点提取空箱，办理出场集装箱设备交接；凭"进场集装箱设备交接单"到指定地点交付集装箱，并办理进场集装箱设备交接。

6. 收、发箱地点应履行的手续

指定的收、发箱地点凭集装箱代理人签发的"集装箱设备交接单"受理集装箱的收、发手续；凭"出场集装箱设备交接单"发放集装箱，并办理出场集装箱设备交接手续；凭"进场集装箱设备交接单"收取集装箱，并办理设备交接。

集装箱交接地点应认真详细地进行检查和记录，并将进出场集装箱的情况及时反馈给集装箱代理人，积极配合集装箱代理人的工作，使集装箱代理人能够及时、准确地掌握集装箱的利用情况，及时安排集装箱的调运、修理，追缴集装箱延期使用费，追缴集装箱的损坏、灭失费用等工作。

## 4.2.5 集装箱运输的发展趋势概况

研究集装箱运输的发展趋势应从集装箱、集装箱船和集装箱港口等几个方面考察。

**1. 集装箱的发展趋势**

(1) 集装箱标准的发展。集装箱的规格尺寸标准正处于一个活跃时期,新的集装箱规格尺寸标准正在研究中,非标准箱有明显增长的趋势。例如,在 ISO/TC 104 已多次提出一种新的第二系列规格尺寸方案,即箱长超过 14 m,箱宽为 2.6 m,箱高为 2.9 m,总重为 30 t 的集装箱标准,该系列的提出虽未能通过,但是确实反映出集装箱规格尺寸标准在不断发展变化的趋势。

(2) 集装箱箱体大型化的趋势。1990—1994 年,40 ft 集装箱增长率是 20 ft 集装箱的 2 倍,所占比重由 49.7% 上升到 54.6%,其中超高箱占了 30%。目前在中美航线上大量使用着 45 ft 集装箱,体现了集装箱箱体大型化发展的趋势,表明集装箱运输和装卸的进一步高效化。

(3) 集装箱保有量的快速增长。随着集装箱运输的发展及运输周转的加快,现有的集装箱保有量已表现出明显不足,集装箱保有量有长足的增长势头。在过去的 25 年里,世界经济保持着平均 3% 的年增长率,而同期集装箱贸易增长率接近 9%。

(4) 特种箱箱型比例有明显增加。

**2. 集装箱运输的发展趋势**

(1) 集装箱运输量继续增长。集装箱运输与其他运输方式相比是一种较新的模式,这种运输方式本身还在不断地发展和创新,它将在整个运输业中占有越来越多的份额。

(2) 集装箱船舶的大型化趋势。为了参与国际范围内的竞争,减少运输成本,达到规模经济优势,各大跨国航运公司纷纷投资,大力发展大型化集装箱船舶,使世界集装箱船舶的平均载箱量逐年上升。进入 20 世纪 90 年代以来,载箱量为 3 000～4 000 TEU 的第四代集装箱船已成为主流船型,并开始形成向第五代集装箱船发展的趋势。

(3) 集装箱码头的深水化、大型化和高效化趋势。新船越造越大,世界港口正面临一个严峻问题,那就是作业能力压力不断增大,需要更大、更高效的港口和码头。船舶的大型化要求有自然条件良好的处于航运干线附近的深水港与之配套。集装箱码头规模的扩大,码头深水化、高效化已成为枢纽港的必要条件。

(4) 船舶挂靠港口减少、运输网络趋于完善。

(5) 集装箱运输的组织方式发生变化。

(6) 集装箱运输与信息化的结合。集装箱运输的优点正是表现在它的快捷,而这种快速送达又必须以先进的信息技术作为支撑。当今社会已经进入了信息时代,运输信息的及时传递可以实现运输过程组织的并行处理,从而加快运输节奏。

(7) 适应多式联运的内陆集装箱化运输系统进一步完善。内陆集装箱运输主要是公路运输、铁路运输及内河运输。目前各国的公路集装箱运输发展较快,高速公路网的发展为公路集装箱运输提供了良好的硬件条件。铁路集装箱运输在国外发展较快,而我国铁路集装箱则起步较晚,但其正在向使用国际标准箱的方向发展,在车辆、箱型及管理上逐步与国际模式接轨。

# 4.3　国际多式联运概述

## 4.3.1　国际多式联运的含义与特征

多式联运是随着集装箱运输的发展而产生并发展起来的新型运输方式,它一般以集装箱为媒介,把公路运输、铁路运输、海上运输、航空运输、内河运输等传统的单一方式的运输有机地结合起来,整合为一体加以有效地综合利用,构成一种连贯的过程来完成货物运输。国际货物的多式联运,简称国际多式联运,产生于20世纪初,由于这种不同运输方式的综合组织和多式联运企业提供全程所有的运输服务,因此受到货主的欢迎。但由于运输全程包括多个运输区段,需要使用两种以上的运输方式,货物运输途中通常要经过多次换装作业,若包括起运和到达,则全程中货物要经过多次(有时高达十余次)装卸作业,这样很容易造成货物的灭失、损害和到达延误,从而限制着企业经营多式联运业务的积极性。随着集装箱运输的产生及在各种运输方式中的普遍使用,国际多式联运得以迅速发展。目前国际多式联运基本上是集装箱货物国际多式联运。

对国际多式联运的含义,众说纷纭,1980年5月通过的《联合国国际货物多式联运公约》对国际多式联运的定义为:国际多式联运是指按照多式联运合同,以至少两种不同的运输方式,由多式联运经营人将货物从一国境内接管货物的地点运到另一国境内指定交付货物的地点。联合国贸易和发展会议指出:多式联运经营人和发货人之间的合同关系性质,构成多式联运的特征;多式联运经营人以独立的法律实体,向发货人提供用一种以上的运输方式运输货物的单一合同。综合以上的解释及国际上的实际做法,可以得出国际多式联运的基本特征如下。

(1) 与传统的分段运输比较,国际多式联运是一种更复杂、更高级的运输组织形式,是运输组织工作现代化的具体表现。

(2) 必须是至少两种或两种以上不同运输方式的连贯运输。如海陆、海空、陆空或铁公等,尽管是简单的组合形态,却都符合多式联运的要求。为了履行单一方式运输合同而进行的该运输合同所规定的货物接送业务,则不应视为国际多式联运,如航空运输长期以来施行汽车接送货物的运输业务。

(3) 国际多式联运的货物一般是集装箱或其他成组化货物,由货主提供的集装箱或其他装运工具和包装属于货物的一部分。除这些外,有时还包括工程货物。

(4) 目前所有的国际多式联运的全程运输组织机制均为衔接式联运机制(承包发运制),即必须有一个多式联运经营人承担全程运输责任,由多式联运经营人与实际发货人订立多式联运合同;根据多式联运合同,多式联运经营人要完成或组织全程运输、对货物运输的全程负责;各区段的运输由经营人与各实际承运人订立分运合同,由各实际承运人完成,他们对自己承担的区段的货物运输负责;各区段之间,衔接工作由经营人或其委托的代理人完成。在实际业务中通常把多式联运经营人称为总承运人,把承担分段运输的承运人称为分承运人,他一般只对多式联运经营人负责,并不与原货主发生直接关系。

(5) 多式联运经营人可以在世界范围的综合运输网中选择最佳运输路线，通过各种运输方式的最佳组合，最终实现合理运输；同时，也可以通过经营国际多式联运扩大自己运输业务覆盖的地域范围。

(6) 必须是全程单一运费费率。多式联运经营人在对货主负全程运输责任的基础上制定一个货物发运地至目的地全程单一费率并以包干形式一次向货主收取。这种全程单一费率一般包括运费成本（全程各段运费的总和）、经营管理费用（通信、制单及劳务等费用）和合理利润。

## 4.3.2 国际多式联运的优势

国际多式联运的产生和发展是国际货物运输组织的革命性变化。随着集装箱运输的发展，以多式联运形式运输的货物越来越多。到目前为止，发达国家大部分国际贸易的货物运输已采用多式联运形式，各发展中国家采用多式联运形式运输货物的比例也以较高的速度增长。可以说集装箱货物多式联运已成为国际货物运输的主要方向。国际多式联运之所以能如此迅速发展，是由于它与传统运输相比较具有许多优点，这些优点主要体现在以下几个方面。

(1) 统一化，简单化。不论运输路线多远，由几种方式共同完成货物运输，也不论全程分为几个运输区段，经过多少次倒换，货主只需办理一次委托，支付一笔运输费用，取得一张联运提单即可把货物从起点运到终点。一旦在运输过程中发生货物的灭失和损害时，由多式联运经营人解决即可，从而大大简化了运输结算手续。

(2) 提早结汇。货物在起运地装上第一程运输工具后，就可取得多式联运提单进行结汇。例如，江苏、浙江等地的一些出口商品，由于采用多式联运方式，货物在起运装车后，即由多式联运经营人签发联运提单，比过去可提前7～10天结汇。

(3) 减少中间环节，提高运输质量。国际多式联运以集装箱为运输单元，可以实现"门到门"的运输，使货物的运达速度大大加快，有效地提高了运输质量，保证了货物安全、迅速、准确、及时地运抵目的地。

(4) 降低运输成本，节约运杂费用。国际多式联运使用集装箱运输，集装箱犹如外包装，因此货物只需简易包装，可省节包装费用。此外，由于货物简化了包装，缩小了货物的重量与体积，可减少费用支出。

(5) 加快运送。由于货物从起运地至终点的各段运输都由多式联运经营人同各段分承运人事先做好联系安排，使各段分承运人都以最快速度处理，以降低成本，增加利润，所以货物可以迅速地从一个运输环节转到另一个运输环节。

(6) 其他作用。从政府的角度来看，发展国际多式联运具有以下重要意义：

① 有利于加强政府部门对整个货物运输链的监督与管理，保证本国在整个货物运输过程中获得较大的运输收入分配比例；

② 有助于引进新的先进运输技术；

③ 减少外汇支出；

④ 改善本国基础设施的利用状况；

⑤ 通过国家的宏观调控与指导职能保证使用对环境破坏最小的运输方式，达到保护本

国生态环境的目的。

国际多式联运的上述优越性能很好地适应在当前国际贸易竞争激烈的情况下，运输商品要求速度快、破损少、费用低的要求，因此在国际上越来越广泛地被采用。

## 4.3.3 办理国际多式联运业务的条件

国际多式联运是一种先进的运输方式，但在实际工作中要想充分地发挥其优越性，必须具备现代化的生产手段与科学的管理技术。结合国际多式联运的基本要求及目前情况，我们需从以下几个方面来加强经营管理和建设。

（1）建立集装箱货运站。集装箱货运站是接受货物装箱、拼箱或拆箱分拨的地方，具有货物交接、存储、中转的职能，在国际多式联运业务中有着重要的作用。国际多式联运的特点之一就是改变传统运输的交接概念，货物的交接地点已经延伸到港口或车站以外的地点，货主不需要到港口或车站去交货或提货。因此，多式联运经营人必须建立与维护集装箱货运站，以便办理货物的交接和保管工作；同时要加强集装箱货运站的组织管理，以降低费用，提高运输效率，保证货物的迅速流转。

集装箱货运站应当建在靠近公路线、铁路线或工业中心的地区，还应尽量和海关、保险、商品检验等机构联结在一起，以便办理货物的报关查验、装箱、拆箱及分拨交接工作。集装箱货运站还应根据业务开展情况配备必要的机械设备，包括搬运和装卸集装箱的吊机车辆及办理装箱、拆箱的各种机具，以适应工作需要。

（2）建立国内外联运网点。国际多式联运是跨国运输，需要国内外有关单位的共同合作才能进行有效地联合运输。因此，经营国际多式联运必须根据业务需要，建立一定的国内外业务合作网。建立国内外业务合作网主要有以下3种方式。

① 订立协议，建立业务代理关系。选择资信可靠、有业务经营能力的货运公司作为代理，订好代理协议，明确双方的责任和权利，并根据委托编制和寄送有关运输单证，签发或回收联运提单，提供货运信息及代办货物交接等工作。

② 在国外货运公司内入股，或者同国外货运公司搞联营或合营，入股一方参与了对方的经营，参与的程度则根据入股多少来决定。遇到业务时，双方仍可采取委托与被委托形式承担业务工作。

③ 在国外设立自己的分支机构或子公司，独立承办自己的运输业务。由于国际多式联运线长面广，在建立国外网点的同时，国内各省市间的运输网点也需要建立，以开通运输渠道，否则运输渠道不畅易造成国际多式联运的"卡壳"。国内合作方式可根据情况因地制宜，采取联营式委托等方式。通过双方签订协议，明确双方职责，以便加强协作配合，更进一步加强口岸与内地外运系统的合作，形成强有力的运输网，增强竞争能力。

（3）制定国际多式联运单证。单证是合同的证明，制单也是多式联运的一个最重要的环节。目前国际多式联运使用的单证是多式联运提单，这是多式联运经营人与货主之间的运输合同。作为一个多式联运经营人，必须具有自己的多式联运提单，并且应载明自己的习惯做法和一般契约条件。多式联运提单具有有价证券的性质，可以进行转让和向银行结汇。在货物装上第一程运输工具且取得第一程分承运人签发的运输单证后，多式联运经营人或其他代理人即可签发多式联运单据交委托人或货主。货物到达目的地后，由目的地代理人通知收货人提货并收回多式联运单据。

（4）制定国际多式联运单一运费费率。这是国际多式联运业务的基本要求与特征，此项工作也必须提前进行。国际多式联运将不同的运输方式组成综合性和一体化运输，通过一次托运、一张单证、一次计费，由各运输区段的承运人共同完成货物的全程运输，因而决定了这一联运方式应采用单一运费率制。经营国际多式联运要制定一个单一的联运包干费率。由于国际多式联运环节多，费率又是揽取业务的关键，所以制定费率是一个较为复杂的问题，需要考虑各种因素，以便使制定的费率具有竞争力，以利于开展业务。

（5）备有必需设备。多式联运经营人一般都配备有一定数量的海、陆集装箱运力及码头、车站起重装卸机械，以及信息处理设备，如电话、电传和计算机装置等。

（6）建立国际多式联运路线。建立一条国际多式联运路线，除了要考虑该线路能否吸引充足、稳定的货源外，还应当考虑该路线的交通运输能力。

（7）要有科学的组织管理制度。快速、安全运输货物是国际多式联运的基本要求，因此必须要有科学的组织管理制度，使各部门、各环节紧密衔接，从组织上保证货物迅速安全运输。首先，要解决好科室与现场工作的衔接不紧密、效率低下的问题，以实现从科室到现场职责明确、环环扣紧。例如，在国外有的货运公司采用"作业安排书"作为衔接科室与现场工作的纽带。其次，建立及时掌握货运信息的工作制度，以便随时掌握货物在中转地的到达、装卸、发运、交接动态，一旦出现问题，可以迅速采取措施，保证运输顺利进行。最后，建立统一的协调管理机构，对外负责受理业务，对内统筹安排全盘运输工作，以便提高运输效率和服务质量，使国际多式联运得以良好发展。

（8）加强宣传，开拓业务，提高服务质量。多式联运经营人在激烈的市场竞争面前要重视宣传揽货活动，应注意搜集贸易动态，主动登门揽货。同时，要努力适应客户要求，提供优质服务，正确履行委托事项，及时交货，随时了解货运动态，对发生的事故迅速处理。

## 4.3.4 国际多式联运的形式

国际多式联运是采用两种或两种以上不同运输方式进行联运的运输组织形式，包括海陆、陆桥、海空等。这与一般的海海、陆陆、空空等形式的联运有着本质的区别。后者虽也是联运，但仍是同一种运输工具之间的运输方式。由于国际多式联运严格规定必须采用两种或两种以上不同的运输方式进行联运，因此这种运输组织形式可以综合利用各种运输方式的优点，充分体现社会化大生产和大交通的特点。

由于国际多式联运具有其他运输组织形式无可比拟的优越性，因而这种国际运输新技术已在世界一些国家和地区得到广泛的推广应用。目前，有代表性的国际多式联运主要有远东和欧洲、远东和北美等海陆空联合运输。

**1. 海陆联运**

海陆联运是国际多式联运的主要组织形式，也是远东和欧洲多式联运的主要组织形式之一。这种组织形式以航运公司为主体，签发联运提单，与航线两端的内陆运输部门开展联运业务，与大陆桥运输展开竞争。

#### 2. 陆桥运输

在国际多式联运中，陆桥运输起着非常重要的作用。它是远东和欧洲多式联运的主要组织形式之一。所谓陆桥运输，是指采用集装箱专用列车或卡车把横贯大陆的铁路或公路作为中间"桥梁"，使大陆两端的集装箱海运航线与专用列车或卡车连接起来的一种连贯运输方式。严格地讲，陆桥运输也是一种海陆联运形式，只是因为其在国际多式联运中的独特地位，故在此将其单独作为一种运输组织形式。

#### 3. 海空联运

海空联运又被称为空桥运输。在运输组织方式上，空桥运输与陆桥运输有所不同。路桥运输在整个货运过程中使用的是同一个集装箱，不用换装，而空桥运输的货物通常要在航空港换入航空集装箱。不过，两者的目标是一致的，即以低费率提供快捷、可靠的运输服务。

海空联运方式始于20世纪60年代，但到了20世纪80年代才得以迅速发展。它充分利用了海运的经济性与空运的快捷性，正成为一种具有广泛发展潜力的新的国际多式联运的形式。目前，国际海空联运线主要有以下几条。

(1) 远东—欧洲：目前，远东与欧洲间的航线有以温哥华、西雅图、洛杉矶为中转地的，也有以中国香港、曼谷、符拉迪沃斯托克为中转地的，此外还有以圣弗朗西斯科、新加坡为中转地的。

(2) 远东—中南美：近年来，远东至中南美的海空联运发展较快，因为此处港口和内陆运输不稳定，所以对海空运输的需求很大，该联运航线以迈阿密、洛杉矶、温哥华为中转地。

(3) 远东—中近东、非洲、澳洲：这是以中国香港、曼谷为中转地至中近东、非洲的运输服务。

在特殊情况下，还有经马赛至非洲、经曼谷至印度、经中国香港至澳大利亚等联运航线，但这些线路货运量较小。总的来讲，运输距离越远，采用海空联运的优越性就越大，因为同完全采用海运相比，其运输时间更短，同直接采用空运相比，其费率更低。因此，若从远东出发，则将欧洲、中南美及非洲作为海空联运的主要市场是合适的。

## 4.4 国际多式联运业务及其运营

### 4.4.1 国际多式联运的主要业务及程序

多式联运经营人是全程运输的组织者，在国际多式联运中，其主要业务及程序有以下几个环节。

(1) 接受托运申请，订立多式联运合同。多式联运合同是由发货人及多式联运经营人协商订立，以书面形式明确双方的权利、义务的证明。多式联运单据是由多式联运经营人在接管货物时签发给发货人，它是证明多式联运合同及证明多式联运经营人接管货物并负责按照多式联运合同条款交付货物的单据。多式联运经营人根据货主提出的托运申请和自己的运输路线等情况，判断是否接受该托运申请。如果能够接受，则双方议定有关事项后，在交给发货人或其代理人的场站收据（空白）副本上签章（必须是海关能接受的），证明接受托运申请,多式联运合同就已经订立并开始执行。发货人或其代理人根据双方就货物交接方式、时间、地点、付费方式等达成的协议,填写场站收据(货物情况可暂空),并把其送至多式联运经营人处编号,多式联运经营人编号后留下货物托运联,将其他联交还给发货人或其代理人。

(2) 集装箱的发放、提取及运送。国际多式联运中使用的集装箱一般应由多式联运经营人提供。这些集装箱来源可能有三种:一是多式联运经营人自己购置使用的集装箱;二是由公司租用的集装箱,这类集装箱一般在货物的起运地附近提箱而在交付货物地点附近还箱;三是由全程运输中的某一分运人提供,这类集装箱一般需要在多式联运经营人为完成运输任务与该分运人(一般是海上区段承运人)订立分运合同后获得使用权。如果双方协议由发货人自行装箱,则多式联运经营人应签发提箱单或者把租箱公司或分运人签发的提箱单交给发货人或其代理人,由他们在规定日期到指定的堆场提箱并自行将空箱拖运到货物装箱地点,准备装货。如发货人委托亦可由多式联运经营人办理从堆场装箱地点的空箱拖运(这种情况需加收空箱拖运费);如果是拼箱货(或是整箱货但发货人无装箱条件不能自装)时,则由多式联运经营人将所用空箱调运至接受货物集装箱货运站,做好装箱准备。

(3) 出口报关。若国际多式联运从港口开始,则在港口报关;若从内陆地区开始,应在附近的内陆地海关办理报关。出口报关事宜一般由发货人或其代理人办理,也可委托多式联运经营人代为办理(这种情况需加收报关手续费,并由发货人负责海关派员所产生的全部费用)。报关时应提供场站收据、装箱单、出口许可证等有关单据和文件。

(4) 货物装箱及接收货物。若是发货人自行装箱,即发货人或其代理人提取空箱后在自己的工厂和仓库组织装箱,装箱工作一般要在报关后进行,并请海关派人员到装箱地点监装和办理加封事宜。对于由货主自装箱的整箱货物,发货人应负责将货物运至双方协议规定的地点,多式联运经营人或其代理人(包括委托的堆场业务员)在指定地点接收货物。如是拼箱货,多式联运经营人在指定的货运站接收、验收货物后,代表多式联运经营人接收货物的人应在场、站收据正本上签章,并将其交给发货人或其代理人。

(5) 订舱及安排货物运送。多式联运经营人在多式联运合同订立之后,即应制订多式联运合同涉及的集装箱货物的运输计划,该计划包括货物的运输路线、区段的划分、各区段实际承运人的选择确定及各区段衔接地点的到达、起运时间等内容。这里所说的订舱泛指多式联运经营人要按照运输计划安排洽定各区段的运输工具,与选定的各实际承运人订立各区段的分运合同。这些合同的订立由多式联运经营人本人(派出机构或代表)或委托的代理人(在各转接地)办理,也可请前一区段的实际承运人作为代表向后一区段的实际承运人订舱。

(6) 办理保险。在发货人方面,应投保货物运输保险。该保险由发货人自行办理,或由发货人承担费用由多式联运经营人代为办理。货物运输保险可以是全程的,也可分段投保。在多式联运经营人方面,应投保货物责任险和集装箱保险,由经营人或其代理人向保险公司办理,或以其他形式办理。

(7) 签发多式联运提单,组织完成货物的全程运输。多式联运经营人的代表收取货物后,多式联运经营人应向发货人签发多式联运提单。多式联运经营人有完成和组织完成全程运输的责任和义务。在接收货物后,要组织各区段实际承运人、各派出机构及代表共同协调工作,完成全程中各区段的运输及各区段之间的衔接工作,还要负责运输过程中所涉及的各种服务性工作和运输单据、文件及有关信息等的组织和协调工作。

(8) 运输过程中的海关业务。通常，国际多式联运的全程运输（包括进口国内陆段运输）应均被视为国际货物运输。因此，该环节工作主要包括货物及集装箱进口国的通关手续、进口国内陆段保税（海关监管）运输手续及结关等内容。如果陆上运输要通过其他国家海关和内陆运输线路时，还应包括这些海关的通关及保税运输手续。这些涉及海关的手续一般由多式联运经营人的派出机构或代理人办理，也可由各区段国际承运人作为多式联运经营人的代表办理，由此产生的全部费用应由发货人或收货人负担。

(9) 货物交付。当货物运至目的地后，由目的地代理人通知收货人提货。收货人需凭多式联运提单提货，多式联运经营人或其代理人需按多式联运合同规定，收取收货人应付的全部费用。多式联运经营人或其代理人收回多式联运提单后签发提货单（交货记录），提货人凭提货单到指定堆场（整箱货）和集装箱货运站（拼箱货）提取货物。如果整箱提货，则收货人要负责至掏箱地点的运输，并在货物掏出后将集装箱运回指定的堆场，多式联运合同终止。

(10) 货运事故处理。多式联运经营人是国际多式联运的组织者和主要承担者，对整个国际多式联运过程负责。在多式联运经营人接管货物后，如果全程运输中发生了货物灭失、损害和运输延误，无论是否能确定发生的区段，发（收）货人均可向多式联运经营人提出索赔。多式联运经营人根据多式联运提单条款及双方协议确定责任并做出赔偿，不能借口已把全程的某一个运输阶段委托给其他运输分包人而不负责任。如能确知事故发生的区段和实际责任者时，可向实际责任者进一步进行索赔。如不能确定事故发生的区段时，一般按在海运段发生处理。如果已对货物及责任投保，则存在要求保险公司赔偿和向保险公司进一步追索问题。如果受损人和责任人之间不能取得一致意见，则需通过在诉讼时效内提起诉讼和仲裁来解决。

## 4.4.2 国际多式联运的货源组织和配积载

**1. 货源组织**

国际多式联运企业应研究和掌握服务地域内联运需求的变化规律，加强市场调查和预测，以便组织货源和做好运输计划。

1) 货源组织的任务

(1) 组织货物按期发运。联合运输的计划性很强，须在一定时期内根据货源的流量和流向配置相应的工具，组织换装和接力运输，要求工具和换装相协调。货源组织工作必须做到组织的货物能按期发运。

(2) 组织货物均衡发运。均衡发运总是相对的，而不均衡是绝对的：旺季多，淡季少；去得多，来得少；进得多，出得少。组织联合运输就是力求做到均衡发运，消除或减少相对不平衡因素。货源组织工作要掌握大量的第一手信息，及时地根据市场需求编制和调整货物的联合运输方案。

(3) 组织货物合理运输。

2) 货源组织的方法

常见的货源组织的方法有以下几种。

(1) 进行市场调查，搜集和掌握货源信息，即全面了解主要物资单位的供、产、销规律及其原料和产品的进出数字；要时时关心市场经济动态，搜集有关经济情报，并将资料分门别类归档，以备查用。

(2) 积极营销，妥善选择商机，运用市场宣传树立企业形象并以此招揽货主，推销国际多式联运业务，组织货源；与货主签订常年联合运输、季节性运输或一次性联合运输协议，有条件的可签订运输承包合同。

(3) 检查分析联合运输货物的兑现率，发现货源变化；积极采取措施，应对市场变化；发生流量或流向变化应适时调整联合运输方案；及时解决货物联合运输中的问题，不断提出巩固和扩大货源的措施，维持市场稳定。

(4) 建立定期联系机制，定期拜访客户，与货主研究共同合作方案；通过经常性的调查，做到对货主的联系人、联系方式、货物流向、流量、营业额、货主要求的运输方式、运费的结算方式等了如指掌。

2. 配积载

配积载指根据货物种类、数量、流向、性质等多种货物的既定运输任务，通过合理配装来充分利用运输工具的载重能力与容积。它是国际多式联运的重要工作环节。配积载是一项技术性较强的工作，工作人员应对货物调运方法、运输程序、车船性能、容积或载重量、货物拼装条件等情况清楚明了。

1) 配积载的要求

(1) 掌握发运顺序，做到先重点后一般，先急后缓，先计划内后计划外，先远后近，先进先出，后进后出。

(2) 掌握各种货物的拼配范围，确保货物安全。

(3) 掌握轻重配积载原则，提高车船容积利用。

(4) 掌握等级起票，节约运输费用，尤其是零担货物的配积载。因为零担整车的运价是按配载货物最高的运价等级计收运费，故应尽量将运价等级相同或相近的货物组配在一起。

2) 配积载的形式

(1) 见单配积载。这是指在货物提交联合运输时，先集中托运单据，后集中货物，也就是在见到托运单据后先对货物进行配积载计划，待确定装船、装车期限时，再将货物送到车站码头。见单配积载工作比较主动，一般不占用流转性的仓库，车站、码头堆场货位利用率很高，但遇到大量货物发运时，会增大短途运输压力。

(2) 见货配积载。这是指把需要联合运输的货物先集中到流转性的仓库或车站、码头堆场货位上，再根据货物的流向和流量进行配积载。见货配积载可方便货主，减少货主负担，装车、装船的时间有保证，短途运输压力小，但容易造成仓库负荷过高。

## 4.4.3 多式联运经营人的责任

1. 多式联运经营人的责任形式

由于国际多式联运打破了港到港的货物交接方式，因此原有的有关承运人的责任形式已不能满足其要求，新的责任形式不断形成。在目前国际多式联运业务中，多式联运经营人的责任形式主要有以下两种。

1) 统一责任制

统一责任制又称同一责任制，就是多式联运经营人对货主负有不分区段的统一责任，也就是说多式联运经营人在整个运输中都使用同一责任向货主负责，即多式联运经营人对全程运输中货物的灭失、损坏或延期交付负全部责任，无论事故责任是明显的，还是隐蔽的，是发生在海运段，还是发生在内陆段，均按一个统一原则由多式联运经营人按约定的限额进行赔偿。但是，如果多式联运经营人已尽了最大努力仍无法避免的或确实证明是货主的故意行为过失等原因所造成的灭失或损坏，多式联运经营人则可免责。统一责任制是一种科学、合理、手续简化的责任制度，但这种责任制度对多式联运经营人来说责任负担较重，因此目前在世界范围内采用还不够广泛。

2) 网状责任制

网状责任制是指由签发多式联运提单的人对运输全程负责，但其损害赔偿与统一责任制不同，它是按造成该货损的实际运输区段的责任制予以赔偿。在各运输区段中依据的法律如下。

公路运输——根据《国际公路货运公约》或国内法；

铁路运输——根据《国际铁路货物运送公约》或国内法；

海上运输——根据《统一提单的若干法律规则的国际公约》（以下简称《海牙规则》）或国内法；

航空运输——根据《统一国际航空运输某些规则的公约》（以下简称《华沙公约》）或国内法。

网状责任制是介于全程运输负责制和分段运输负责制之间的一种责任制，又称混合责任制。也就是说，该责任制在责任范围方面与统一责任制相同，而在赔偿限额方面则与区段运输形式下的分段运输负责制相同。目前，国际上大多情况下采用的就是网状责任制。我国发展和采用网状责任制有以下有利之处。

（1）与国际商会1975年修订的《联合运输单证统一规则》中的有关精神相一致，也与大多数航运发达国家采用的责任形式相同。

（2）我国各运输区段，如海上、公路、铁路等均有成熟的运输管理法规可以遵循，采用网状责任制，各运输区段所适用的法规可以保持不变。

（3）相对于统一责任制而言，网状责任制减轻了多式联运经营人的风险责任，对提高刚刚起步的多式联运经营人的积极性，保证我国多式联运业务顺利、健康地发展具有积极意义。

但是从国际多式联运发展来考虑，网状责任制并不十分理想，容易在责任轻重、赔偿限额高低等方面产生分歧。因此，随着我国国际多式联运的不断发展与完善，统一责任制将更符合国际多式联运的要求。

**2. 多式联运经营人的责任期限**

责任期限是指多式联运经营人对货物负责的时间或期限。自《海牙规则》制定以来，承运人的责任期限随着运输业的发展也在不断变化。《海牙规则》对承运人关于货物的责任期限规定为"自货物装上船舶时起至卸下船舶为止"的一段时间，也就是说货物的灭失、损害发生在这段时间才适用《海牙规则》。《1978年联合国海上货物运输公约》（以下简称《汉堡规则》）则扩大了承运人的这一责任期限，规定承运人对货物负责的期限包括在装船港、运输途中和卸船港由承运人掌管的整个期间，也就是说，从接管货物时起至交付货物时止。《汉堡规则》的这一规定突破了《海牙规则》对承运人的最低责任限制，向货物装卸前后两个方面发展，在一定程度上加重了承运人的责任。

《联合国国际货物多式联运公约》根据集装箱运输下货物在货主仓库、工厂及集装箱货运站、码头堆场进行交接的特点，仿照《汉堡规则》，对多式联运经营人规定的责任期限是"自其接管货物之时起至交付货物时止"。

依照该公约条款的规定，多式联运经营人接管货物有2种形式：从托运人或其代表处接管货物，这是最常用、最普遍的规定方式；根据接管货物地点适用的法律或规章，货物必须交其运输的管理当局或其他第三方，这是一种特殊的规定。在第二种接管货物的方式中，有一点应予以注意，即使该公约规定多式联运经营人的责任从接管货物时开始，但在从港口当局手中接收货物的情况下，如货物的灭失或损坏是在当局保管期间发生的，多式联运经营人可以不负责任。

该公约对交付货物规定的形式有3种：将货物交给收货人；如果收货人不向多式联运经营人提取货物，则按多式联运合同或按照交货地点适用的法律或特定行业惯例将货物置于收货人支配之下；将货物交给根据交货地点适用法律或规章必须向其交付的当局或其他第三方。在收货人不向多式联运经营人提取货物的情况下，多式联运经营人可以按上述第二、第三种交货形式交货，责任即告终止。在实践中，经常会发生这种情况，如收货人并不急需该批货物，为了节省仓储费用而延迟提货；又如市场价格下跌，在运费到付的情况下收货人也有可能造成延迟提货。因此，该公约的这种规定不仅是必要的，也是合理的。

**3. 多式联运经营人的赔偿责任限制**

1）赔偿责任限制基础

《联合国国际货物多式联运公约》对多式联运经营人所规定的赔偿责任基础仿照了《汉堡规则》，即多式联运经营人对于货物的灭失、损害或延迟交货引起的损失，如果该损失发生在货物由多式联运经营人掌管期间，则应负赔偿责任，除非多式联运经营人能证明其本人、受雇人、代理人或其他有关人为避免事故的发生及其后果已采取了一切符合要求的措施。如果货物未在议定的时间内交付或虽没有规定交货时间，但未按具体情况在一个勤勉的多式联运经营人所需合理的时间内交货，即构成延迟交货。《联合国国际货物多式联运公约》采用的是完全过失责任制，即多式联运经营人除对由于其本人所引起的损失负责赔偿外，对于他的受雇人或代理人的过失也负有赔偿责任。

《联合国国际货物多式联运公约》对在延迟交货下的多式联运经营人的赔偿责任规定有以下2种情况：未能在明确规定的时间内交货；未能在合理的时间内交货。对于如何理解一个勤勉的多式联运经营人未在合理的时间内交货，要根据具体情况加以判断。例如，在货物运输过程中，为了船和货的安全发生绕航运输；由于气候影响，不能装卸货物。这些情况的发生，都有可能构成延迟交货。但显然上述情况的发生，即使是再勤勉的多式联运经营人也只能是心有余而力不足。在延迟交货的情况下，收货人通常会采取这样的处理方法：接收货物，再提出由于延迟交货而引起的损失赔偿；拒收货物，提出全部赔偿要求。

2）赔偿责任限制的含义

赔偿责任限制是指多式联运经营人对每一件或每一货损单位负责赔偿的最高限额。

（1）国际多式联运如包括海上运输在内，每件货物或其他每个货运单位不超过9.20记账单位（即国际货币基金组织所确定的特别提款权）或毛重每千克 2.75 记账单位，以较高者为准。

（2）国际多式联运如不包括海上运输或内河运输在内，赔偿责任限额为毛重每千克 8.33 记账单位。这是考虑到航空运输承运人和铁路、公路运输承运人对货损的赔偿责任应高于海上运输承运人自己的责任限额。

（3）如果能够确定损失发生的区段，而该区段所适用的某项国际公约或强制性的国内法律所规定的赔偿限额高于《联合国国际货物多式联运公约》规定的赔偿限额时，则适用该项国际公约或强制性的国内法律的规定。

（4）多式联运经营人对延迟交货造成损失所负的赔偿责任限额相当于延迟交付货物应付运费的两倍半，但不得超过多式联运合同规定的应付运费的总额。

（5）如果多式联运经营人和发货人双方同意，可在多式联运单据中规定超过《联合国国际货物多式联运公约》规定的赔偿限额。

3）赔偿责任限制权力的丧失

为了防止多式联运经营人利用赔偿责任限制的规定而对货物的安全掉以轻心，致使货物所有人遭受不必要的损失，从而影响国际贸易与国际航运业的发展，如经证明货物的灭失、损害或延迟交货是由多式联运经营人有意造成的，或明知有可能造成而由毫不在意的行为或不行为所引起的，多式联运经营人则无权享受赔偿责任限制的权益。此外，对于多式联运经营人的受雇人或代理人或为多式联运合同服务的其他人有意造成明知有可能造成而由毫不在意的行为或不行为所引起的货物灭失、损害或延迟交货，则该受雇人、代理人或其他人无权享受有关赔偿责任限制的规定。但在实际业务中，作为明智的多式联运经营人，在有赔偿责任限制的保护下，故意造成货物灭失、损害而失去责任限制，这是不现实的。所谓毫不在意的行为或不行为，即多式联运经营人已经意识到这种做法有可能引起损失，但他仍然采取了不当的措施，或没有及时采取任何措施。

4）发货人的赔偿责任

在国际多式联运过程中，如果多式联运经营人所遭受的损失是由于发货人的过失或疏忽，或者是由于他的受雇人或代理人在其受雇范围内行事时的疏忽或过失所造成的，发货人对这种损失应负赔偿责任。发货人在将货物交给多式联运经营人时应保证：

（1）所申述的货物内容准确、完整；

（2）集装箱铅封牢固，能适合多种运输方式；

（3）标志、标签应准确、完整；

（4）如为危险货物，应说明其特性和应采取的对该货物的预防措施；

（5）自行负责由于装箱不当、积载不妥引起的损失；

（6）对由于自己或其受雇人、代理人的过失对第三者造成的生命财产损失负责。

（7）在货运单证上订有"货物检查权"的情况下，海关和承运人对集装箱内的货物有权进行检查，其损失和费用由发货人自行负责。

5）索赔与诉讼

在国际货运公约中，一般都规定了货物的索赔与诉讼条款。例如，《海牙规则》和各国船公司对普通货运提单的索赔与诉讼规定为：收货人应在收到货物 3 天内，将有关货物的灭失、损害情况以书面的形式通知被索赔人，如货物的状况在交货时已由双方证明，则不需要书面的索赔通知。收货人提出的诉讼时间应从货物交付开始1年内，否则承运人将在任何情况下免除对货物所负的一切责任。

一般的国际货运公约对货损提出的诉讼时效通常为1年，但自《汉堡规则》制定以后，诉讼时效有所延长。由于集装箱运输的特殊性，有的集装箱提单规定在3天或7天内以书面通知通知承运人，说明有关货损的情况。至于诉讼时效，有的集装箱提单规定为1年，有的规定为9个月，如属全损，有的集装箱提单仅规定为2个月。

《联合国国际货物多式联运公约》规定货物受损人在收到货2年内没有提起诉讼或交付仲裁，即失去时效；如果货物在交付之日后6个月内，或于货物未交付后6个月内没有提出书面通知说明索赔性质和主要事项，则在期满后失去诉讼时效。但要使一个索赔案成立，提出索赔的条件是：

（1）提出索赔的人具有正当的索赔权；
（2）货物的灭失、损害具有赔偿事实；
（3）被索赔人负有实际赔偿责任；
（4）货物的灭失、损害是在多式联运经营人掌管期间发生的；
（5）索赔、诉讼的提出在规定的有效期内。

# 思考与练习

1. **基本概念**

   集装箱　　集散运输　　国际多式联运　　多式联运合同　　配积载
   陆桥运输　　统一责任制　　网状责任制　　赔偿责任限制

2. **简答题**

   （1）集装箱的主要标记有哪些？
   （2）集装箱的装箱方式有哪两种？
   （3）根据集装箱货物的交接地点不同，通常集装箱货物交接方式有哪几种？
   （4）集装箱运输的发展趋势是怎样的？
   （5）结合实际，简单介绍国际多式联运的形式，试述发展国际多式联运的意义。

3. **案例阅读与分析**

   ### 国际多式联运货损责任

   2001年11月18日，华映公司与特灵台湾公司签订了进口3套冷水机组的贸易合同，交货方式为FOB美国西海岸，目的地为吴江。2001年12月24日，买方华映公司就运输的冷水机组向人保吴江公司投保一切险，保险责任期限为"仓至仓条款"。同年12月27日，原告东方海外公司（以下简称原告）从美国西雅图港以国际多式联运方式运输了装载于3个集装箱的冷水机组经上海到吴江。原告签发了空白指示提单，发货人为特灵台湾公司，收货人为华映公司。

   货物到达上海港后，2002年1月11日，原告与被告中外运江苏公司（以下简称被告）

约定，原告支付被告陆路直通运费、短驳运费和开道车费用等共计 9 415 元，将提单下的货物交由被告陆路运输至目的地吴江。但事实上，被告并没有亲自运输，而由吴淞公司实际运输，被告向吴淞公司汇付了 8 900 元运费。同年 1 月 21 日，货到目的地后，收货人发现两个集装箱破损，货物严重损坏。

收货人依据货物保险合同向人保吴江公司索赔，其赔付后取得代位求偿权，向原告进行追偿。原告与人保吴江公司达成了和解协议，已向人保吴江公司做出 11 万美元的赔偿。之后，原告根据货物在上海港卸船时的理货单记载"集装箱和货物完好"，以及集装箱发放、设备交接单（出场联和进场联）对比显示的"集装箱出堆场完好，运达目的地破损"，认为被告在陆路运输中存在过错，要求被告支付其偿付给人保吴江公司的 11 万美元及利息损失。

上海海事法院经审理认为，涉案货物从美国运至中国吴江，经过了海运和陆路运输，运输方式属于国际多式联运。原告是国际多式联运的全程承运人，也即多式联运经营人，其与被告之间订立的合同应属国际多式联运的陆路运输合同，该合同有效成立，被告应按约全面适当地履行运输义务。涉案两个集装箱货物的损坏发生在上海至吴江的陆路运输区段，故被告应对货物在其责任期间内的损失承担赔偿责任。

买方也即收货人华映公司与人保吴江公司之间的保险合同依法成立有效，货损属于货物运输保险单下的保险事故范畴，人保吴江公司对涉案货损进行赔付符合情理和法律规定。原告作为国际多式联运全程承运人对人保吴江公司承担赔偿责任后有权就其所受的损失向作为陆路运输承运人的被告进行追偿。据此，法院判决被告向原告赔偿 11 万美元及其利息损失。

## 评 析 题

（1）本案如何推定集装箱及箱内的货物损坏发生在陆路运输阶段？
（2）被告中外运江苏公司应对货物的损失承担赔偿责任吗？

# 第 5 章

# 物流过程中的运输决策

**学习目标**
- 了解决策的概念,熟悉运输方式选择的标准和方法。
- 熟悉运输服务商的分类及运输服务相关指标确定的因素。
- 了解起讫点相同及起讫点不同路线选择的方法。
- 熟悉编制运输计划的依据和原则。运输计划的种类与编制步骤。

## 5.1 运输方式的选择

### 5.1.1 决策的概念

决策是人们在政治、经济、技术和日常生活中普遍存在的一种选择方案的行为,是管理中经常发生的一种活动。决策就是决定的意思。在人们的日常生活、企业的经营活动、国家政府的政治活动中做决定的情况是常有的。决策的正确与否会给人们、企业或国家带来利益或损失。

关于决策的重要性,诺贝尔奖奖金获得者西蒙有一句名言:"管理就是决策。"这就是说管理的核心是决策,决策是一种选择行为。例如,物流企业在仓储配送选址时,在运输方式选择时,在运输服务商选择时,或者在运输路线选择时,都面临决策过程。在决策过程中失误,可能会给本企业带来一定的损失,而有的损失还是长期的。最简单的决策是回答是与否,较为复杂的决策是从多种方案中选择其一。研究决策的学问,并将现代科学技术应用于决策,即决策科学。本章针对物流过程中的运输决策来探讨运输方式、运输承运商和运输路线的选择与决策问题,最终编制运输计划并付诸实施。

决策是管理者工作的实质,决策制订过程通常被认为是在不同方案中进行选择的过程。斯蒂芬·P. 罗宾斯在《管理学》一书中指出,决策制订过程一般有 8 个步骤,分别是识别问题、确定决策标准、给标准分配权重、拟订方案、分析方案、选择方案、实施方案、评价决策效果,如图5-1所示。

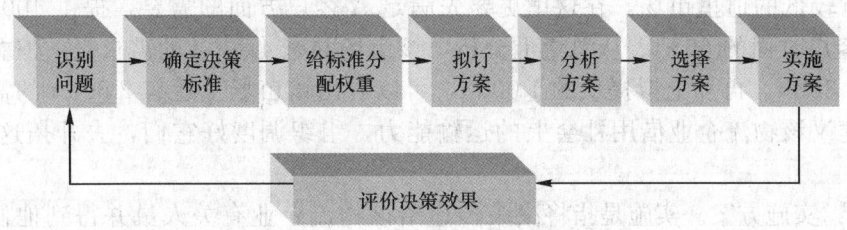

图5-1 决策制订过程

针对以上决策制订过程,举例对其进行说明。

【例5-1】 某地区一物流企业通过市场调查和资料整理得到某地区运输市场需求的资料,如表5-1所示。该物流企业的物流运输月提供能力还剩1 000 t,现在要决策该物流企业应该开拓哪些市场及客户的物流运输业务?

表5-1 某地区运输市场需求

| 市场空间结构 | 道里市场 | | | 南岗市场 | | | 香坊市场 | | | 合 计 | |
|---|---|---|---|---|---|---|---|---|---|---|---|
| | A | B | C | D | E | F | G | H | I | 总量 | % |
| 月需求量/t | 500 | 800 | 600 | 700 | 400 | 500 | 600 | 300 | 400 | 4 800 | 100 |
| 企业占有/t | 100 | 0 | 0 | 700 | 0 | 0 | 500 | 0 | 0 | 1 300 | 27 |

注:表中英文大写字母分别表示不同客户。

步骤1:识别问题。即分析该物流企业应该开拓哪些市场及客户。

步骤2:确定决策标准。该物流企业对市场占有率非常重视,这个指标可以反映一个企业在某一市场的支配权,从而影响利润等其他指标。根据表5-1分析得出该物流企业在各个市场的占有率,如表5-2所示。

表5-2 该物流企业在各个市场的占有率

| 市场空间结构 | 道里市场 | | | 南岗市场 | | | 香坊市场 | | |
|---|---|---|---|---|---|---|---|---|---|
| | A | B | C | D | E | F | G | H | I |
| 企业占有百分比/% | 20 | 0 | 0 | 100 | 0 | 0 | 83 | 0 | 0 |
| | 占本市场总量:5 | | | 占本市场总量:44 | | | 占本市场总量:38 | | |

步骤3:给标准分配权重。这里的标准只有一个,所以权重为1,不考虑分配问题。

步骤4:拟订方案。表5-1中的道里市场、南岗市场、香坊市场及其中的9个客户就是方案。

步骤5:分析方案。原则上,根据信息整理提供的备选方案,由于指标权重的不同,管理人员根据该物流企业的实际和偏好,指出各个方案的优点和缺点。根据表5-2可知该物流企业目前在南岗市场占有较高的比例,尤其是在南岗市场的D客户方面已处于完全控制,在道里市场占有较低的比例。

步骤6:选择方案。该物流企业尚余1 000 t的配送能力,应根据相关性、集中性、经济性的原则去开拓已经进入但未完全控制的市场为好。因为继续深入市场要比重新打开一个新市场的投入要少得多，所以本例中的物流企业应首选将这1 000 t的配送能力提供给市场占有较低的道里市场，在这里更要先满足A客户方面的需要，提供400 t，再满足余下的C客户方面的600 t。从总量上分析，该市场共有4 800 t的需求量，但本企业目前只提供了1 300 t，再加上拟提供的1 000 t，可以看出该市场上还有2 500 t的需求没有得到满足，建议该物流企业借用社会上的运输能力，组织调度好它们，去开拓这2 500 t的市场。

步骤7：实施方案。实施是指将决策传递给该物流企业有关人员并得到他们行动的承诺。如果必须执行决策的人参与了决策制定过程，那么他们更可能充满热情地干出成果。

步骤8：评价决策效果。决策制订过程的最后一步就是评价决策效果，看它是否已解决问题。

## 5.1.2 运输方式选择的标准

在各种运输方式中，如何选择适当的运输方式是物流合理化的重要问题。在国民经济运输体系中，公路运输承担的货运量是最大的，而在全球货物运输中，海上运输却占了80%的份额。一般来说，运输方式的选择要考虑运输商品的种类、运输量、运输距离、运输时间、运输成本、服务要求、竞争7方面的因素，而且这些因素不是相互独立的，是紧密相连、互为决定的。下面重点分析如何根据这7方面的因素来选择运输方式。

### 1. 运输商品的种类

在考虑运输商品的种类时，应从商品的形状、单件重量和容积、商品的理化性质（如危险性、易腐性、串味、渗漏、氧化、分解等），以及货主对运费的承受能力等方面综合考虑。对于某些特殊商品，要使用专用的运输工具来运输；对于需要冷藏的鲜活商品，原则上选择运输时间最节省的运输方式，如航空运输。

### 2. 运输量

因为大批量运输成本低，应尽可能使商品集中到最终消费者附近，选择合适的运输工具进行运输是降低成本的良策。一般来说，20 t以下的商品用汽车运输；20 t以上的商品用铁路运输；数百吨以上的低价值原材料之类的商品，应首选船舶运输，铁路运输次之；而对于高价值的小物件商品可以选择航空或者小轿车运输。

### 3. 运输距离

一般情况下，可以依照以下原则：300 km以内，用汽车运输；300～500 km的区间，用铁路运输；500 km以上，运输量大的用船舶运输，运输量小的用航空运输。但是，随着高速公路和高速铁路的发展，各种运输方式的竞争日益加剧，城际高速公路和高速铁路的建设使城市之间的运输日益依靠高速公路和高速铁路实现。高速铁路时速在200 km以上，一般铁路运输时速为80～120 km，高速铁路的时速翻了一番，这样将会在长距离运输市场上大大挤占航空运输市场。

### 4. 运输时间

不同的运输方式之间差别较大，在当今竞争激烈的运输市场中，运输时间已经成为运输企业的重要竞争要素。运输时间必须与交货日期相联系,应保证运输时限。企业必须调查各种运输方式所需要的运输时间,由此决定选择哪种运输方式和运输工具。运输时间的长短顺序一般情况下依次为:航空运输、汽车运输、铁路运输、船舶运输。但由于运输的货物在各种运输方式之间存在装卸搬运时间和从货主到达具体运输起运点的时间,以上各种运输方式的时间长短顺序是相对的,如从合肥到达黄山的班机在空中飞行时间不长,但从货主到达合肥机场,再从黄山机场到达指定送货地点约需 4 小时,这与高速公路的运输时间相当。同时,各种运输方式都有固定的运输时刻表,这也会影响企业对运输方式的选择,如从合肥到达北京的列车是从晚上 9 点左右出发,次日早上 7 点左右到达,由于是夜间,不影响日常办公,虽然空运时间短,但选择铁路运输还是相对经济的。

在选择运输方式的过程中,除了考虑货物的运输过程时间外,还要考虑一些其他时间因素,如晚上、周末等是否为正常工作时间,即使提前将货物送达,仍需等待收货人上班时间才能交货,因此这种早到反而是一种坏事。

**5. 运输成本**

一般企业更看重的是运输成本的高低。运输成本因货物的种类、重量、容积、运距、运输工具不同而不同。由于运输成本在企业总物流成本中占有很大比例,一般在 35%~50%,而且不同运输方式的运价相差又很大,因此运输成本就成为影响运输方式选择的一个非常重要的因素。但运输时间与运输成本是相互矛盾的,如果要采用运输成本低的运输方式,有可能导致运输速度的减缓;而要利用快速的运输方式,又可能增加运输成本。所以,在选择运输方式时,不能将运输成本作为考虑的唯一因素。

企业在考虑运输成本时,必须注意运输费用与其他物流子系统之间存在互为利弊的关系,不能只考虑运输费用来决定运输方式,而要综合考虑全部物流总成本。因为货物在运输过程中是一种在途库存,运输成本与库存是一种效益背反关系,运输成本的增加会降低在途库存,而运输成本的降低会增加在途库存,两者有一个总成本均衡点。运输成本高低决定运输时间的长短,不仅间接影响在途库存,还影响企业的实际库存,以下举例说明。

【例 5-2】 某公司欲将产品从坐落在位置 A 的工厂运往坐落在位置 B 的公司自有的仓库,年运量 $D$ 为 70 万件,每件产品的价格 $C$ 为 30 元,每年的存货成本 $I$ 为产品价格的 30%,各种运输方式的有关参数如表 5-3 所示。

表 5-3 各种运输方式的有关参数

| 运输方式 | 运价($R$)/(元/件) | 运达时间($T$)/天 | 每个储存点的库存量($Q$)/万件 |
|---|---|---|---|
| 铁路运输 | 0.10 | 21 | 10 |
| 驼背运输 | 0.15 | 14 | 5 |
| 公路运输 | 0.20 | 5 | 5 |
| 航空运输 | 1.40 | 2 | 2.5 |

在途运输的年存货成本(在途存货成本)为 $ICDT/365$,两端储存点的平均存货成本(工厂存货成本)为 $ICQ/2$,但其中的 $C$ 值有差别,工厂储存点的 $C$ 为产品的价格,购买者储存点的 $C$ 为产品价格与运价之和。

各种运输方案的总成本计算如表 5-4 所示。

表 5-4  各种运输方案的总成本计算                     单位：万元

| 成本类型 | 运输成本 RD | 在途存货成本 ICDT/365 | 工厂存货成本 ICQ/2 | 仓库存货成本 ICQ/2 | 总成本 |
|---|---|---|---|---|---|
| 铁路运输 | 0.10×70=7 | 0.30×30×70×21/365≈36.2466 | 0.30×30×10/2=45 | 0.30×30.10×10/2=45.15 | 133.3966 |
| 驼背运输 | 0.15×70=10.5 | 0.30×30×70×14/365≈24.1644 | 0.30×30×5×0.93*/2=20.925 | 0.30×30.15×5×0.93*/2≈21.0296 | 76.619 |
| 公路运输 | 0.20×70=14 | 0.30×30×70×5/365≈8.6301 | 0.30×30×5×0.84*/2=18.9 | 0.30×30.20×5×0.84*/2=19.026 | 60.5561 |
| 航空运输 | 1.40×70=98 | 0.30×30×70×2/365≈3.4521 | 0.30×30×2.5×0.8*/2=9 | 0.30×31.40×2.5×0.8*/2=9.42 | 119.8721 |

*考虑运输服务改进、年发运批量增加等因素。

由表 5-4 的计算可知，在 4 种运输方式中，选择公路运输最经济。

**6. 服务要求**

企业在为客户提供运输服务的过程中，或者货主在选择运输方式的过程中，一般会考虑货物在运输过程中是否会发生货损货差（运输可靠性）、服务频率、服务可得性、服务能力（处理货物的能力）等。对于运输安全问题，一般航空运输最安全，其次为铁路运输，公路运输最不安全。对于运输可靠性问题，通常用与正常服务水平的偏差来衡量。运输装备的可靠性和一些不可控因素（如恶劣天气和自然灾害等）常常是影响运输可靠性的因素，在所有运输方式中，航空运输最易受这些因素的影响，而管道运输所受的影响最小。服务频率是指在一个给定时间内两地之间往返的次数。承运人提供的服务频率依赖于托运人在两地间的服务需求量。服务可得性是指特定服务的地理区域内各种运输方式的可接近性和可达性。联运有助于提高不同运输方式间的可得性。服务能力是指处理异型、重质、易碎、液态、易燃、易爆、易腐或易受污染的货物的能力。各种运输方式的评价指标如表 5-5 所示。

表 5-5  各种运输方式的评价指标

| 运输方式 | 铁路运输 | 公路运输 | 水路运输 | 航空运输 | 管道运输 |
|---|---|---|---|---|---|
| 成本 | 中 | 中 | 低 | 高 | 很低 |
| 速度 | 快 | 快 | 慢 | 很快 | 很慢 |
| 频率 | 高 | 很高 | 有限 | 高 | 连接 |
| 可靠性 | 很好 | 好 | 有限 | 好 | 很好 |
| 可用性 | 广泛 | 有限 | 很有限 | 有限 | 专业化 |
| 距离 | 长 | 中、短 | 很长 | 很长 | 长 |
| 规模 | 大 | 小 | 大 | 小 | 大 |
| 服务能力 | 强 | 强 | 最强 | 弱 | 最弱 |

**7. 竞争**

运输方式的选择如直接涉及竞争优势和市场份额，则应采用考虑竞争因素的方法。当买方通过供应渠道从若干个供应商处购买商品时，物流服务和价格就会影响到买方对供应商的选择。反之，供应商也可以通过供应渠道运输方式的选择来获得本企业最大的收益。

假如在某一细分的市场稳定的时候,企业通过运输服务的改进,如运输时间缩短、运输安全增强、运输频率提高等,虽然增加了成本,但这可以获得更多的客户、更多的市场份额,从而获得规模效益,也就是薄利多销。在市场没有变大或增加不明显的情况下,这必然导致竞争对手客户的减少,从而降低了竞争对手的收益,但是竞争对手也可采取相应的对策。

关于对竞争对手的考虑,我国有"田忌赛马"的典故。当本企业做出某一个决策方案时,必须考虑竞争对手会采取什么样的行动。在博弈论和对策论中,有著名的"囚徒困境模型""纳什均衡""斯坦伯格均衡"等量化模型。这里,我们只通过一个简单的案例来说明运输供应商是如何改进服务来影响市场份额和提高自身收益的。

【例5-3】 某制造商分别从两个供应商处购买了共3 000个配件,每个配件单价100元。目前这3 000个配件是由两个供应商平均提供的,如供应商缩短运达时间,则可以多得到交易份额,每缩短一天,可从总交易量中多得5%的市场份额,即150个配件。供应商从每个配件可赚得占配件价格(不包括运输费用)20%的利润。于是供应商A考虑,如将运输方式从铁路运输转到公路运输或航空运输是否有利可图。各种运输方式的运费率和运达时间如表5-6所示。

表5-6 各种运输方式的运费率和运达时间

| 运输方式 | 运费率($R$)/(元/件) | 运达时间($T$)/天 |
| --- | --- | --- |
| 铁路运输 | 2.50 | 7 |
| 公路运输 | 6.00 | 4 |
| 航空运输 | 10.35 | 2 |

显然,供应商A只是根据他可能获得的潜在利润来对运输方式进行选择与决策。表5-7为供应商A使用不同运输方式的利润比较表。

表5-7 供应商A使用不同运输方式的利润比较表

| 运输方式 | 配件销售量/个 | 毛利/元 | 运输成本/元 | 净利润/元 |
| --- | --- | --- | --- | --- |
| 铁路运输 | 1 500 | 30 000 | 3 750 | 26 250 |
| 公路运输 | 1 950 | 39 000 | 11 700 | 27 300 |
| 航空运输 | 2 250 | 45 000 | 23 287.50 | 21 712.50 |

如果制造商对能提供更好运输服务的供应商给予更多份额的交易的承诺兑现,则供应商A应当选择公路运输。当然,与此同时供应商A要密切注意供应商B可能做出的竞争反应行为。如果出现这种情况,则可能供应商A和供应商B都损失,只有制造商受益。

这个例子没有考虑对运价的影响,一般运输服务改进时,必然伴随运价的提升,这样可以弥补供应商A增加的成本。此外,这里也没有考虑运输方式的选择对供应商存货的间接作用。供应商也会和买方一样由于运输服务的改进而改变运输批量,进而导致库存水平的变化。供应商可以调整价格来应对这一变化,这反过来又影响运输方式的选择。

另外,需要补充的是,我国公路运输的管制相对较少,而对航空、铁路运输的管制相对较多,这是特定的历史原因造成的。尤其是铁路运输,在运输高峰期间,国家是通过宏观配给的形式把铁路运输的车皮分配到相关机构的,所以在选择国家管制较多的运输方式时,更要关注多一些。一般来说,铁路运输要优先保障军工、能源(如煤炭、矿石)、化工等产业的运输需要，尤其在遇到抗洪抢险及其他自然灾害时，铁路运输是一定要保障运输服务的。

在上述7个因素中，运输商品的种类、运输量和运输距离这3个因素是由货物自身的性质和存放地点所决定的，因而属于不可变量。而对其他4个因素，企业控制的权重要大一些。运输方式的选择要根据企业物流系统的总体要求，结合不同运输方式的特点与成本，选择合适的运输方式。合理化的运输应是在整个物流系统中充分利用现有时间、财务和环境资源，以最佳的运输方式、路线，最低的成本，最高的质量来实现运输。

## 5.2 运输服务商的选择

在决定了运输方式以后，就要选择具体的运输服务商。虽然某一运输方式的大多数运输服务商的运价和服务是相似的，但其服务水平却会存在很大的差异。

### 5.2.1 运输服务商的分类

运输服务商是指为企业提供运输相关服务的组织和个人，包括运输承运商、运输方案咨询公司、货运代理商等。

1）美国对运输服务商的分类

关于运输服务商，西方国家，尤其是美国，有很详细的分类。美国把运输服务商分为公共承运人、管制承运人、契约承运人、豁免承运人、私营承运人五大类。在国际货物运输中，应关注国外运输体系中运输服务商的分类。

① 公共承运人是以合理的价格和无歧视原则服务于公众的受雇承运人。

② 管制承运人在公路和水路运输中可以使用，受联邦经济控制的程度最小。管制承运人需要在合理的要求基础上提供安全、充分的服务、设备和设施，但这不是公共承运人服务的职责范围。管制的公路和水路承运人要对其职责中的货物损害负责，但可以通过运价规定或报价费率将其责任进行限定。由于在大多数物流系统中公路运输是一种重要的运输方式，所以管制承运人会影响大多数人，但不是所有的物流业主。

③ 契约承运人是不为普通大众服务的受雇承运人，但可为与其签订特定合同的一个或有限的托运人提供服务。所有的运输方式都可以使用契约承运人，但他们没有任何法律服务义务。通常，契约承运人的运费低于公共承运人和管制承运人。

④ 豁免承运人是可以免除与运费和服务有关的经济管制的受雇承运人，其地位取决于其运输的商品或运营性质。例如，汽车承运人在运输农产品、报纸、牲畜和鱼时，就成了豁免承运人；而当铁路承运人运输新鲜水果时，也成了豁免承运人。

⑤ 私营承运人实质上是公司自己进行运输，不用于出租，并且不受联邦经济管制。私营承运人最关键的特征是，运输不一定是控制公司的主要业务，换言之，承运所有人的主要业务必须是一些商业活动，而非运输。

2）我国对运输服务商的分类

我国对运输服务商的分类根据不同的标准有不同的分类，具体如下所述。

(1) 根据运输方式的不同可分为汽车承运人、铁路承运人、航空承运人、远洋承运人、内河承运人、管道承运人。

(2) 根据运输服务商有无设备可分为货运代理商和具体运输承运人（如有船承运人等）。货运代理商从某种意义上可以说是一种运输服务中介，起着连接货主和具体运输承运人的作用。在美国，货运代理商主要由货运代理协会管理，有船承运人由美国海事委员会管理。运输服务商可以是货运代理商或有船承运人，但不可二者兼得；二者分工明确，并有相关法律规定。有船承运人不能直接与货主联系签订运输合同，必须通过货运代理商来完成，但有船承运人可以直接向货主宣传自己的服务。在我国，货运代理商和具体运输承运人可以二者兼得，并且我国法律在这方面并没有明确规定，所以货主是可以不与货运代理商联系而直接与具体运输承运人签订运输合同的。一般来说，货运代理商承担的风险较小，如货主的货物在运输过程发生货损货差，货主是不可以直接找货运代理商索赔的，而要找具体运输承运人索赔，货运代理商有义务替货主向具体运输承运人进行索赔。货运代理商的收入来源一般由两部分组成：一是货主接受的运费与有船承运人运费的差价，二是有船承运人的佣金。

经济学之父亚当·斯密在《国富论》中详细阐述了社会分工理论，即由于社会分工的存在，社会生产效率大大提高。货运代理商一般有自己的核心服务优势，有其存在的必然性，所以货主在选择运输服务时，在货运代理商和具体运输承运人之间要进行权衡利弊，争取自身收益最大化。

(3) 根据经营规模和性质可分为运输有限责任公司、运输股份公司、个体户、第三方物流公司等。

## 5.2.2 运输服务相关指标的确定

根据不同运输服务商的服务差异性和货主待运货物的特性及本身的服务要求，托运人和货主可以在众多的运输服务商之间进行选择。在选择之前，托运人和货主首先要审查运输服务商的营业执照、注册资本、经营规模、信誉等情况。上海财经大学章显中教授曾经指出，一个企业应收账款再多也不可怕，而它的信誉好坏则决定着你能否收回货款，只不过是一个时间的问题。所以，对企业信誉等级的调查是很重要的，尤其对运输服务商来说，其信誉等级决定了待运货物的安全程度。当然，要进行选择决策，就要有标准，一般来说货主设定的指标有运输时间与可靠性、成本、运输能力与可接近性、安全性。

### 1. 运输时间与可靠性

运输时间是指从托运人准备托运货物到承运人将货物完好地移交给收货人之间的时间间隔。其中包括接货与送货、中转搬运和起讫点运输所需要的时间。可靠性是指承运人的运送时间的稳定性。这种可靠性更多是与货主的要求相吻合。一些企业把物流运输外包给第三方物流公司，双方在商定的运输装货的过程中，由于管理衔接的不到位，常常导致在约定的装货时间，货主要求等待，给第三方物流公司增加了成本。运输时间与可靠性影响着企业的库存和缺货损失。运输时间越短、可靠性越高，所需的库存水平越低。运输时间与可靠性通常是企业评价承运人服务水平的重要标准。如果没有可靠性作保证，再短的运输时间也是毫无意义的，因为运输时间不稳定，就会增加企业的额外库存，就会由此而产生缺货损失。

## 2. 成本

目前，我国的托运人或者货主对运费还比较敏感，一般在选择承运人时，会优先考虑运费，在运费较低的情况下才会考虑其他服务因素。承运人在提供运输服务时，一定要替客户着想，满足客户降低各方面成本的目标。货主在考虑运输成本时，不要仅仅关注运价，还要力求企业管理成本、仓储成本等相关成本的降低。

## 3. 运输能力与可接近性

运输能力是指承运人提供运输特殊货物所需要的运输工具与设备的能力。可接近性是指承运人为企业运输网络提供服务的能力，即承运人接近企业物流节点的能力。运输能力与可接近性决定了一个特定的承运人是否能够提供理想的运输服务。

## 4. 安全性

安全性是指货物到达目的地时的状态与开始托运时的状态相同。若货物在运输过程中不能保证安全，如货物的丢失或损坏，都对企业不利，因而承运人保证货物安全抵达目的地的能力也是企业在选择承运人时应考量的重要因素。

当然，货主在考虑这些指标的过程中会有不同的偏好，每个指标都起作用，只是发挥作用的程度不同，这需要对其分配权重，综合考虑，现举例对其进行说明。

【例5-4】 某托运人在一定时期内有一批货物需要运输到某地，已经确定选择公路运输方式，其备选的承运人信息见表5-8，请帮助该托运人确定应选择的承运人。

表5-8 某地区承运人运输服务指标比较表（1）

| 承运人 | 运价/（元/t） | 信誉等级 | 安全性/分 | 运输时间/天 | 运输能力/分 |
|---|---|---|---|---|---|
| A | 0.25 | AAA | 8 | 3 | 9 |
| B | 0.20 | AAB | 7 | 4 | 10 |
| C | 0.30 | AAA | 9 | 2 | 8 |
| D | 0.3 | AAB | 10 | 2 | 10 |
| 权重 | 30% | 10% | 25% | 25% | 10% |

注：安全性指标以10分为最安全，运输能力指标以10分为运输设备最好和运输网络最发达。

在这个例子中，由于各个指标的单位不同，不可以直接用来计算，需要把这种绝对指标换算成相对指标，常用的方法是归一法，即用各个备选方案的某一个指标的所有分值除以最大指标值，得到一个小于或等于1的相对指标值。这里对信誉等级中AAA假定为10分，AAB假定为9分。通过换算后得到表5-9。

表5-9 某地区承运人运输服务指标评价表（2）

| 承运人 | 运价 | 信誉等级 | 安全性 | 运输时间 | 运输能力 |
|---|---|---|---|---|---|
| A | 0.83 | 1 | 0.8 | 0.75 | 0.9 |
| B | 0.67 | 0.9 | 0.7 | 1 | 1 |
| C | 1 | 1 | 0.9 | 0.5 | 0.8 |
| D | 1 | 0.9 | 1 | 0.5 | 1 |
| 权重 | 30% | 10% | 25% | 25% | 10% |

假定综合分值为 $S$，各个承运人的综合分值计算如下：

$S_A = 0.83 \times 30\% + 1 \times 10\% + 0.8 \times 25\% + 0.75 \times 25\% + 0.9 \times 10\% = 0.8265$
$S_B = 0.67 \times 30\% + 0.9 \times 10\% + 0.7 \times 25\% + 1 \times 25\% + 1 \times 10\% = 0.816$
$S_C = 1 \times 30\% + 1 \times 10\% + 0.9 \times 25\% + 0.5 \times 25\% + 0.8 \times 10\% = 0.83$
$S_D = 1 \times 30\% + 0.9 \times 10\% + 1 \times 25\% + 0.5 \times 25\% + 1 \times 10\% = 0.865$

通过比较得知，选择 D 承运人是最合适的。当然，如果托运人或货主对各个指标的权重不同，选择的承运人也会不同。有的货主也会通过比较法来选择运输服务商，如下文例5-5中，货主对运价最关注，只要其他指标满足自己的最低服务要求，就选择该承运人，这种方法比较简单。

最后，需要说明的是，由于铁路运输受国家管制相对较严，而且铁路在某些线路是有运输瓶颈的，即在某一时间段，只能通过一定的货运车次，所以在选择铁路运输服务商时要考虑这方面的因素。

## 5.3 运输路线的选择

货物运输在途时间的长短由运输距离和运输方式决定，在确定运输方式的情况下，运输距离起决定作用。这里的运输距离是指运输工具沿着交通路线运输的距离，不是两地之间的直线距离。最佳的运输路线（以下简称路线）可以大大缩短运输时间，从而降低运输成本。

### 5.3.1 物流调运计划

**1. 表上作业法**

在大型运输企业的运输决策中，经常会遇到多个发货地和多个收货地的优化问题，如某企业在某地区有3个配送中心，向该地区的多家店铺或者客户运送商品，就属于这种情况。如图5-2所示，该企业有3个配送中心，分别为4个客户提供配送服务，这样在路线选择的过程中同时要考虑运送产品的多少，即配装问题。针对这类问题可以用表上作业法来求解。

表上作业法是单纯形法求解运输问题的一种简化方法，其实质是单纯形法。利用表上作业法寻求运费最少的调运方案要经过3个步骤：依据问题列出物资的供需平衡表及运价表；确定一个初始的调运方案（不一定就是最优方案）；根据一个判定法则，如闭回路法和位势法，判定初始方案是否为最优方案。当判定初始方案不是最优方案时，再对这个方案进行调整。一般来说，每调整一次得到一个新的方案，而这个新方案的运费较前一个方案要少些，如此经过几次调整，就会得到最优方案。

表上作业法有伏格尔法（Vogel Method）和最小元素法两种。根据伏格尔法，一个调运地的产品假如不能按最小运费就近供应，就考虑次小运费，这就有一个差额，差额越大，说明不能按最小运费调运时，运费增加越多，因而对差额最大处，就应当采用最小运费调运。最小元素法的基本思想是就近供应，即从单位运价表中最小的运价开始确定调运关系，然后次小。一直到给出初始基可行解为止，然后进行最优判定，并逐步改进，最终确定最优

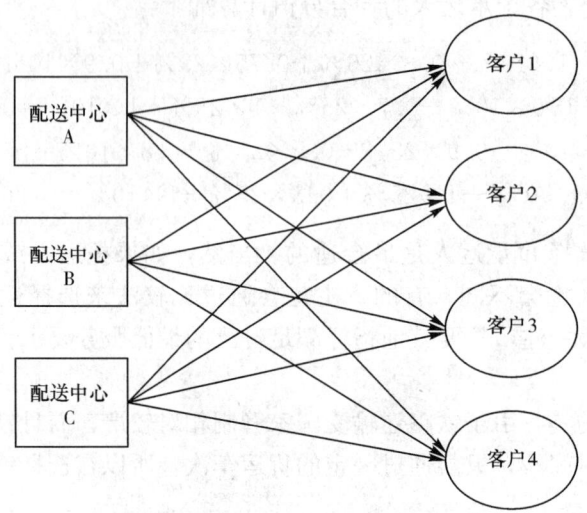

图 5-2　3 个配送中心为 4 个客户提供配送服务

方案。最小元素法的缺点是：为了节省一处的费用，有时造成在其他处要多花几倍的运费。

由于篇幅的限制，本书在这里不再给出最小元素法的算例。下面举例说明表上作业法的优化过程。

【例 5-5】　结合图 5-2，该企业 3 个配送中心能够发运的商品数量及 4 个客户需要的商品数量如表 5-10 所示，每个配送中心都可以为这 4 个客户配送，每个配送中心到达需求客户的每条路线的单位运价见表 5-11。为了达到总运费最低，在满足配送需求的情况下，该如何选择配送路线？

表 5-10　该企业 3 个配送中心能够发运的商品数量及 4 个客户需要的商品数量

| 配送中心 | 客户 1 | 客户 2 | 客户 3 | 客户 4 | 配送供给量/t |
|---|---|---|---|---|---|
| A |  |  |  |  | 7 |
| B |  |  |  |  | 4 |
| C |  |  |  |  | 9 |
| 客户需求量/t | 3 | 6 | 5 | 6 |  |

表 5-11　每条路线的单位运价　　　单位：元/(t·km)

| 配送中心 | 客户 1 | 客户 2 | 客户 3 | 客户 4 |
|---|---|---|---|---|
| A | 3 | 11 | 3 | 10 |
| B | 1 | 9 | 2 | 8 |
| C | 7 | 4 | 10 | 5 |

本例只用伏格尔法来求解，感兴趣的读者也可以尝试用最小元素法。

第一步：在表 5-11 中，分别计算出各行和各列的最小单位运费和次小单位运费的差额，并填入该表的最右列和最下行，如表 5-12 所示。

表 5-12　伏格尔法求解（1）

| 配送中心 | 客户1 | 客户2 | 客户3 | 客户4 | 行差额 |
|---|---|---|---|---|---|
| A | 3 | 11 | 3 | 10 | 0 |
| B | 1 | 9 | 2 | 8 | 1 |
| C | 7 | 4 | 10 | 5 | 1 |
| 列差额 | 2 | 5 | 1 | 3 | |

第二步：从行或列差额中选出最大者，选择它所在行或列中的最小值，在表5-11中，客户2所在列是最大差额所在列，其最小单位运价是4，可确定C配送中心优先配送，同时将运价表中的客户2所在列划去，因为配送中心C的配送量大于客户2的需求，还可以满足其他客户的需要，具体可得表5-13。

表 5-13　伏格尔法求解（2）

| 配送中心 | 客户1 | 客户2 | 客户3 | 客户4 | 配送供给量/t |
|---|---|---|---|---|---|
| A | | | | | 7 |
| B | | | | | 4 |
| C | | 6 | | | 9（剩余3t） |
| 客户需求量/t | 3 | 6（满足需求） | 5 | 6 | |

第三步：对表5-13中未画去的元素再分别计算出各行、各列的最小单位运费和次小单位运费的差额，这样得出表5-14。

表 5-14　伏格尔法求解（3）

| 配送中心 | 客户1 | 客户3 | 客户4 | 行差额 |
|---|---|---|---|---|
| A | 3 | 3 | 10 | 0 |
| B | 1 | 2 | 8 | 1 |
| C | 7 | 10 | 5 | 2 |
| 列差额 | 2 | 1 | 3 | |

第四步：在表5-14中，客户4的列差额最大，其所在列中的5是最小单位运费，可确定配送中心C满足客户4的配送需求，这样配送中心C无剩余配送能力，具体得出表5-15。

表 5-15　伏格尔法求解（4）

| 配送中心 | 客户1 | 客户2 | 客户3 | 客户4 | 配送供给量/t |
|---|---|---|---|---|---|
| A | | | | | 7 |
| B | | | | | 4 |
| C | | 6 | | 3 | 9（无剩余） |
| 客户需求量/t | 3 | 6（满足需求） | 5 | 6（还有3t缺货） | |

第五步：在表 5-15 的基础上，再删去配送中心 C 这一行的单位运费，再计算该表的各行、各列的最小单位运费和次小单位运费的差额，重复以上步骤，可以得出最终配送路线选择表（表 5-16）。

表 5-16 最终配送路线选择表

| 配送中心 | 客户 1 | 客户 2 | 客户 3 | 客户 4 | 配送供给量/t |
|---|---|---|---|---|---|
| A |  |  | 5 | 2 | 7（无剩余） |
| B | 3 |  |  | 1 | 4（无剩余） |
| C |  | 6 |  | 3 | 9（无剩余） |
| 客户需求量/t | 3（满足需求） | 6（满足需求） | 5（满足需求） | 6（满足需求） |  |

在表 5-16 中，配送中心 A 应该给客户 3 和客户 4 配送，配送量分别是 5 t 和 2 t，配送中心 B 应该给客户 1 和客户 4 配送，配送量分别是 3 t 和 1 t，配送中心 C 应该给客户 2 和客户 4 配送，配送量分别是 6 t 和 3 t。

该例题中，给出的调运方案是最优的调运方案，但是用伏格尔法给出的方案有时不是最优方案，只是可行方案，需要用闭回路法和位势法来检验是否是最优方案。如果不是最优方案，还需要修正。但总的来说，用伏格尔法给出的方案一般要比用最小元素法给出的方案更接近最优方案。这个例子只是多起讫点的路线选择的一种情况，而且配送量与客户需求量均衡，而现实中的情况要复杂得多。

**2. 图上作业法**

图上作业法显然要运用图论的相关知识，在图上进行相关运输决策的求解。图论是应用十分广泛的运筹学分支，它已广泛地应用在物理学、化学、控制论、信息论、科学管理、电子计算机等各个领域。在运输决策实际问题中，图论也应用得非常多，如最短路径化问题、最小费用最大化问题等。本章后面的邮递员问题就是用图上作业进行求解的。与表上作业法相比，图上作业法更加直观，有时也更容易解决问题。

## 5.3.2 货物配载

物流企业在货物运输过程中，常常会遇到配载问题，尤其是零担货运及城区配送企业。因为物流企业的运输装备可能型号不同，种类也不同，这样在一定的时间限制下，把一批货物运达不同的目的地就面临哪些货物先装，哪些货物后装，哪些货物不能装在一起，该装哪些货物能充分利用运输工具的容积和载重量等问题。当然，如果用纯粹的数学模型求解这些问题会非常复杂，运筹学里面就有著名的背包问题。本书将运用用动态规划方法给出求解这类问题的原理和模型。

【例 5-6】假设某物流企业要用某种型号的卡车运输一批货物到达某地，该卡车的容积 $V=50 \text{ m}^3$，载重量 $W=20\,000 \text{ kg}$。该批货物的体积、重量、件数和运输收益如表 5-17 所示，请问如何决策才能使该企业收益最大。

表 5-17 该批货物的体积、重量、件数和运输收益

| 货物品种 | 体积/m³ | 重量/kg | 件数/个 | 运输收益/(元/kg) |
|---|---|---|---|---|
| A | 0.9 | 30 | 300 | 3 |
| B | 0.8 | 15 | 600 | 2 |
| C | 0.5 | 20 | 400 | 4 |

**解**：假设该物流企业装货物 A 的个数为 $x_1$，装货物 B 的个数为 $x_2$，装货物 C 的个数为 $x_3$，收益函数为 $f(x_i)$，$i=1、2、3$，则该企业的决策模型为：

$$\max(f(x_i)) = 3x_1 + 2x_2 + 4x_3$$

$$\begin{cases} 0.9x_1 + 0.8x_2 + 0.5x_3 \leqslant 50 \\ 30x_1 + 15x_2 + 20x_3 \leqslant 20\,000 \\ x_1 \leqslant 300 \\ x_2 \leqslant 600 \\ x_3 \leqslant 400 \\ x_i \text{ 为正整数}, i=1,2,3 \end{cases}$$

求解此类动态规划问题，可以采用逆推解法和顺推解法。

## 5.3.3 路线选择方法

路线选择所涉及的问题较多，下面分别介绍起讫点相同的路线选择、起讫点不同的路线选择问题。

**1. 起讫点相同的路线选择**

物流管理人员经常会遇到起讫点相同的路径规划问题。我们熟悉的例子有：某物流配送中心需要把各种货物配送给某一片区的销售门店；工业企业自有运输车辆时，把客户需要的商品送给指定地点，然后返回；等等。这类问题一般被称为旅行商问题或货郎担问题。

货郎担问题在运筹学里是一个著名的命题：有一个走村串户的卖货郎，他从某个村庄出发，通过若干个村庄一次且仅一次，最后仍回到原出发地的村庄，问应如何选择行走路线能使总路程最短。管梅谷在 1962 年提出的著名的中国邮递员问题和哥尼斯堡七桥问题都属于类似的问题。这类问题可以通过动态规划模型和图论来求解，当变量较多时，需要用计算机进行计算。启发式算法是求解这类问题的好方法。

为了简化问题，假定一家配送中心或者大型仓库拥有多辆卡车，送货到若干个站点，然后在当天返回仓库。对于这类问题，有一定的处理原则，决策者或车辆调度员可以依据这些原则来制订合理的路线和时刻表。现将这些原则总结如下。

(1) 安排车辆负责相互距离最接近的站点的货物运输。卡车的运行路线围绕相互靠近的站点群进行计划，以使站点之间的行车时间最短。图 5-3 (a) 表示的车辆运行路线就没有图 5-3 (b) 表示的车辆运行路线优越，即图 5-3 (b) 可以缩短运输距离。

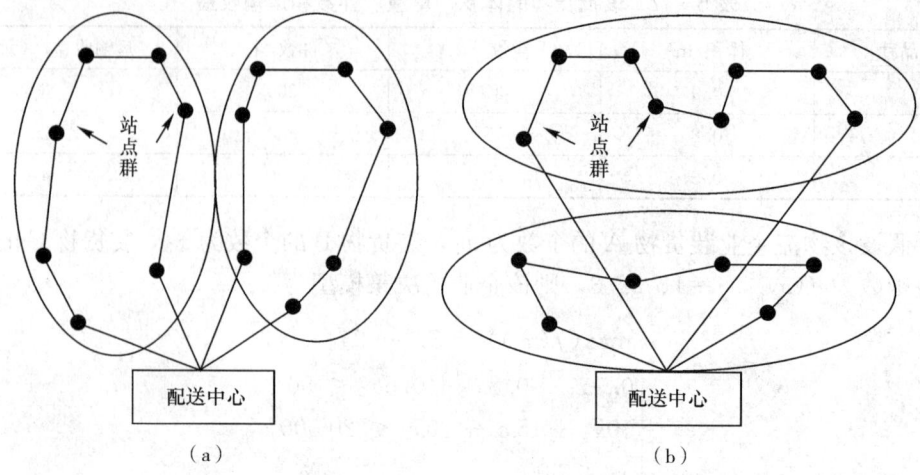

图 5-3　划分站点群以分派车辆

（2）安排车辆各日途径的站点时，应注意使站点群更加紧凑。如果一周内各日服务的站点不同，就应该对一周内每天的路线和时刻表问题分别进行站点群划分。各日站点群的划分应避免重叠，这样可以使为所有站点提供服务所需的车辆数降至最低，同时使一周内卡车运行的时间和距离最少。图 5-4 列举了好 [（a）图]、坏 [（b）图] 划分方式的例子。

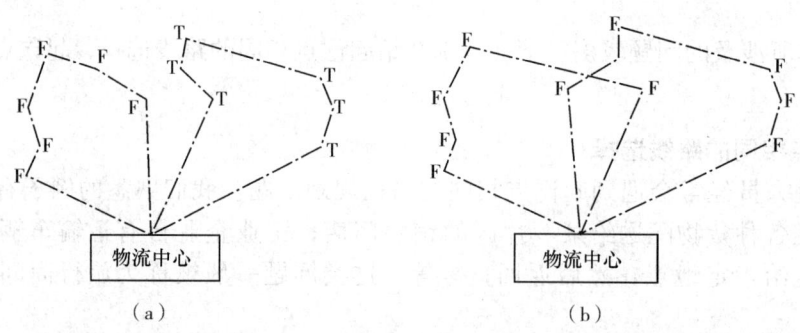

图 5-4　对一周内各日划分站点群

（3）从距仓库最远的站点开始设计路线。要设计出有效的路线，首先要划分出距离仓库最远的站点周围的站点群，然后逐步找出仓库附近的站点群。一旦确定了最远的站点，就应该选定距离该核心站点最近的一些站点形成站点群，分派载货能力能满足该站点群需要的卡车。然后，从还没有分派车辆的其他站点中找出距离仓库最远的站点，分派另一车辆。如此往复，直到所有的站点都分派有车辆。

（4）卡车的路线呈水滴状。安排路线时各条线路之间应该没有交叉，且呈水滴状。合理路线与不合理路线如图 5-5 所示。

（5）尽可能使用最大的车辆进行运送，这样设计出的路线是最有效的。在理想状况下，用一辆足够大的卡车运送所有站点的货物将使总的行车距离或时间最小。因此，在车辆可以实现较高的利用率之时，应该首先安排车队中载重量最大的车辆。

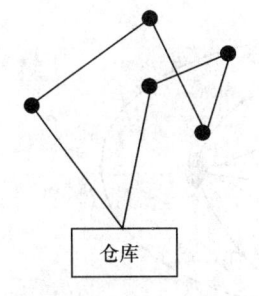
（a）不好的线路规划——线路交叉

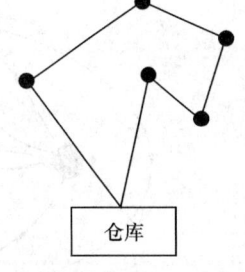
（b）好的线路规划——线路不交叉

图 5-5 合理路线与不合理路线

（6）取货、送货应该混合安排，不应该在完成全部送货任务之后再取货。应该尽可能在送货过程中安排取货，以减少线路交叉的次数（如果在完成所有送货任务之后再取货，就会出现线路交叉的情况）。线路交叉的程度取决于车辆的结构、取货数量和货物堆放对车辆装卸出口的影响程度。

（7）对过于遥远而无法归入群落的站点，可以采用其他配送方式。对于那些孤立于其他站点群的站点（特别是货运量较小的站点），为其提供服务所需的运送时间较长，运送费用较高。考虑到这些站点的偏僻程度和货运量，采用小型卡车进行服务可能更经济。此外，利用外租的运输服务也是一个很好的选择。

（8）避免时间窗口过短。各站点的时间窗口过短会使得路线偏离理想模式。因为时间窗口的限制常常不是绝对的，所以如果某个站点或某些站点的时间窗口限制导致整个路线偏离期望的模式，就应该重新协议时间窗口的限制，最好放宽该限制。

掌握这些原则，操作人员可以在现实工作中的路线和时刻表制定问题中找到比较合理的（尽管不一定是最优的）解决办法。

以下针对货郎担问题和中国邮递员问题，给出两个求解算例。

① 货郎担问题。

【例 5-7】 有一家配送中心（$A$ 地）用一辆车把商品配送给某一片区的 3 个客户（$B$ 地、$C$ 地和 $D$ 地），其相互距离如表 5-18 所示。当配送人员从 $A$ 地出发，经过每个客户一次且仅一次，最后回到 $A$ 地，请问按怎样的路线走可以使总的行程距离最短？

表 5-18 $A$、$B$、$C$、$D$ 地相互距离

| 距离 | | $i$ | | | |
|---|---|---|---|---|---|
| | | $A$ | $B$ | $C$ | $D$ |
| $i$ | $A$ | 0 | 8 | 5 | 6 |
| | $B$ | 6 | 0 | 8 | 5 |
| | $C$ | 7 | 9 | 0 | 5 |
| | $D$ | 9 | 7 | 8 | 0 |

表 5-18 中的各地之间的距离也可以用图 5-6 表示。

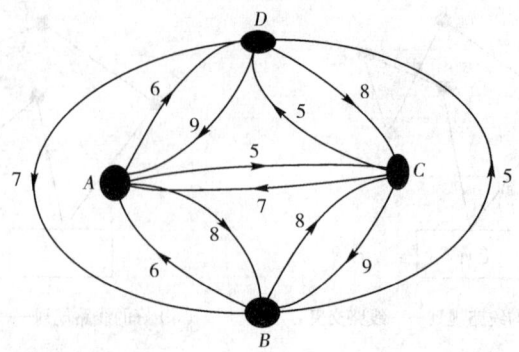

图 5-6  $A$、$B$、$C$、$D$ 地相互距离的示意图

假设有 $n$ 个城市，以 $1, 2, \cdots, n$ 表示，$d_{ij}$ 表示从 $i$ 城到 $j$ 城的距离，一名配送人员从城市 1 出发到其他城市去一次且仅仅是一次，然后回到城市 1。设配送人走到 $i$ 城，即：$N_i = \{2, 3, \cdots, i-1, i+1, \cdots, n\}$ 表示由城市 1 到 $i$ 城的中间城市集合。$S$ 表示到达 $i$ 城之前中途所经过的城市的集合，则有 $S \subseteq N_i$。因此，可选取 $(i, S)$ 作为描述过程的状态变量，决策为由一个城市走到另一个城市，并定义最优值函数 $f_k(i, S)$ 为从城市 1 开始经由 $k$ 个城市的 $S$ 集到 $i$ 城的最短路线的距离，则可写出动态规划的递推关系为：

$$f_k(i, S) = \min_{j \in S}[f_{k-1}(j, S \setminus \{j\}) + d_{ji}]$$

其中，$k=1, 2, \cdots, i-1, i+1, \cdots, n$，$S \subseteq N_i$，边界条件为 $f_0(i, \varnothing) = d_{1i}$。

$P_k(i, S)$ 为最优决策函数，它表示从城市 1 开始经 $k$ 个中间城市的 $S$ 集到 $i$ 城的最短路线上紧挨着 $i$ 城前面的那个城市。

这里假设 $A$ 地为城市 1、$B$ 地为城市 2、$C$ 地为城市 3、$D$ 地为城市 4。

由边界条件可知：

$$f_0(2, \varnothing) = d_{12} = 8, f_0(3, \varnothing) = d_{13} = 5, f_0(4, \varnothing) = d_{14} = 6$$

当 $k=1$ 时，即从城市 1 开始，中间经过 1 个城市到达 $i$ 城的最短距离是：

$f_1(2, \{3\}) = f_0(3, \varnothing) + d_{32} = 5+9 = 14$

$f_1(2, \{4\}) = f_0(4, \varnothing) + d_{42} = 6+7 = 13$

$f_1(3, \{2\}) = 8+8 = 16$，$f_1(3, \{4\}) = 6+8 = 14$

$f_1(4, \{2\}) = 8+5 = 13$，$f_1(4, \{3\}) = 5+5 = 10$

当 $k=2$ 时，即从城市 1 开始，中间经过 2 个城市（它们的顺序随便）到达 $i$ 城的最短距离是：

$f_2(2, \{3, 4\}) = \min\{f_1(3, \{4\}) + d_{32}, f_1(4, \{3\}) + d_{32}\}$
$\quad = \min\{14+9, 10+7\} = 17$，故 $P_2(2, \{3, 4\}) = 4$

$f_2(3, \{2, 4\}) = \min\{13+8, 13+8\} = 21$，故 $P_2(3, \{2, 4\}) = 2$ 或 4

$f_2(4, \{2, 3\}) = \min\{14+5, 16+5\} = 19$，故 $P_2(4, \{2, 3\}) = 2$

当 $k=3$ 时，即从城市 1 开始，中间经过 3 个城市（它们的顺序随便）回到城市 1 的最短距离是：

$$f_3(1, \{2, 3, 4\}) = \min\{f_2(2, \{3, 4\}) + d_{21}, f_2(3, \{2, 4\}) + d_{31},$$
$$f_2(4, \{2, 3\}) + d_{41}\} =$$
$$\min\{17+6, 21+7, 19+9\} = 23$$

故 $P_3(1, \{2, 3, 4\}) = 2$

由此可知，该配送人员的最短路线是"$A \to C \to D \to B \to A$"，最短总距离为 23。

这里配送节点只有三个地方，如果很多，则手工计算非常烦琐。

② 中国邮递员问题。有一个邮递员需要把某一天到达的信件送给某片区的住户，在两个站点之间的路上他可以重复行走，目的还是在满足送信的过程中，使总行程最短。这样的问题在现实中还是非常常见的，有的客户与别的客户的道路不通，这样你就必须走回头路，即重复走原来的路。遇到这样的问题，可以用图论的方法来求解，下面给出一个简单的例子。

【例 5-8】 有一个邮递员，其所送信地区的街道路程图如图 5-7 所示，图中数字为街道长度。住户分布在每一条道路上，这样邮递员在送完一次信件的过程中，必须走完所有的街道。假定该邮递员从 $A$ 点出发，最后又回到 $A$ 点，请问该邮递员该选择什么样的行走路线？

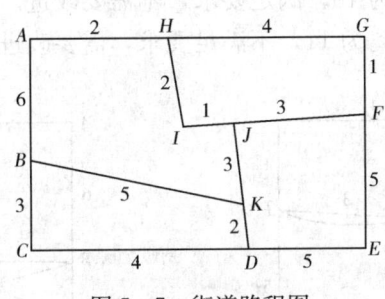

图 5-7 街道路程图

这个问题可以转化为"一笔画"问题。根据图论的相关定理，只要能够沿着 $A$ 点出发，把每条边画一遍，每条边可以画多次，最后回到 $A$ 点即可。把每条重复边的距离加总求和，如果小于图 5-7 中的总距离的一半，则这是可行解；如果图 5-7 中的每一个闭合圈的重复边的总距离都小于该闭合圈的总距离的一半，则这是最优解。

根据欧拉定理，一个连通图如果要一笔画成，又回到原点，则从这个图中的每一个节点出发的边数都为偶数。由图 5-7 可知，$H$、$J$、$F$、$K$、$D$、$B$ 点出发的边数都为奇数，如果想一笔把这个连通图画成，必须把途中的奇数点出发的边数改为偶数，这样就形成重复边，重复边的距离相等。图 5-7 各条边的总距离为 $S = 2+4+1+5+5+4+3+6+5+2+3+2+1+3 = 46$。为了直观，可以把重复边用曲线表示，由此修改图 5-7，得到图 5-8。

因经，图 5-8 中不存在奇数边点，从 $A$ 点出发可以一笔把这个图首尾相连画出来，同时又回到 $A$ 点。与使奇数边点变成偶数边点时，应遵循重复边最少的原则。图 5-8 中的重复边总距离为 $W_1 = 2+1+5+5+5 = 18$，小于图 5-7 所有边总距离的一半（$46 \div 2 = 23$），所以为可行解。

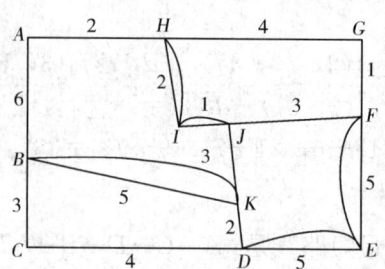

图 5-8 修正后的街道路程图（1）

下面再检查图中的每一个闭合圈中的重复边的总距离是否小于该闭合圈的总距离的一半，在圈 $(A, B, K, J, I, H)$ 中，重复边总距离为 8，该圈总距离为 19，满足要求，不需要改进。在圈 $(B, C, D, K)$ 中，重复边总距离为 5，该圈总距离为 14，满足要求，不需要改进。在圈 $(D, E, F, J)$ 中，重复边总距离为 10，该圈总距离为 18，不满足要求，需要改进，可以把图 5-8 修正为图 5-9。

这样要从头开始检查每个圈都是否存在不满足最优的条件。该图所有重复边的总距离为 $W_2=2+1+3+5+5=16$，$W_2<W_1$，满足要求，获得改进。在圈 $(A, B, K, J, I, H)$ 和圈 $(B, C, D, K)$ 中，重复边没有变化，依然满足要求。在圈 $(D, E, F, J)$ 中，重复边总距离为 8，该圈总距离为 18，满足要求，不需要改进。在圈 $(I, J, F, G, H)$ 中，重复边总距离为 6，该圈总距离为 11，不满足要求，需要改进。改进后如图 5-10 所示。

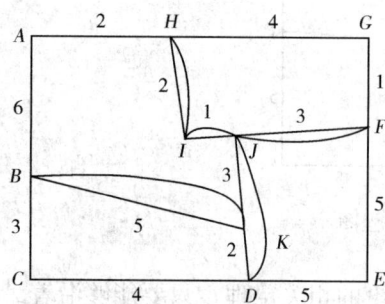

图 5-9 修正后的街道路程图（2）

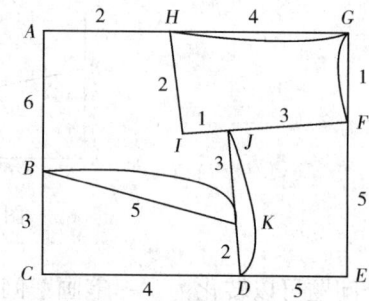

图 5-10 修正后的街道路程图（3）

图 5-10 中，所有重复边的总距离为 $W_3=4+1+3+2+5=15$，$W_3<W_2$，满足要求，获得改进。在圈 $(A, B, K, J, I, H)$ 中，重复边的总距离为 5，该圈总距离为 19，满足要求，不需要改进。在圈 $(B, C, D, K)$ 中，重复边没有变化，依然满足要求。在圈 $(D, E, F, J)$ 中，重复边总距离为 5，该圈总距离为 18，满足要求，不需要改进。在圈 $(I, J, F, G, H)$ 中，重复边总距离为 5，该圈总距离为 11，满足要求，不需要改进。

这样，图 5-10 满足所有最优解的条件，只要邮递员沿着图 5-10 中的边走，包括走重复边，他走的总距离是最短的。当然，他的行走路线不唯一，该邮递员可选择的路线有：$A \to B \to C \to D \to K \to B \to K \to J \to D \to E \to F \to I \to H \to G \to F \to G \to H \to A$，或者 $A \to H \to G \to H \to I \to F \to G \to F \to E \to D \to J \to K \to D \to C \to B \to K \to B \to A$，当然还不止这两条线路。

## 2. 起讫点不同的路线选择

当运送商品的开始地点与收货地点都不同时，一般用最短路线法求解。这类问题在大批量长距离干线运输中比较常见，在此给出最短路线法的计算原理。

① 第 $n$ 次迭代的目标。找出第 $n$ 个距离起点最近的节点。对 $n=1$，$2$，…重复此过程，直到所找出的最近节点是终点。

② 第 $n$ 次迭代的输入值。在前面的迭代过程中找出 $n-1$ 个距起点最近的节点及其距起点最短路径和距离。这些节点和起点统称已解节点，其余的称未解节点。

③ 第 $n$ 个最近节点的候选点。每个已解节点直接和一个或多个未解节点相连接，就可以得出一个候选点——连接距离最短的未解节点。如果有多个距离相等的最短连接，则有多个候选点。

④ 计算出第 $n$ 个最近的节点。将每个已解节点与其候选点之间的距离累加到该已解节点与起点之间最短路径的距离上，所得出的总距离最短的候选点就是第 $n$ 个最近的节点，其最短路径就是得出该距离的路径（若多个候选点都得出相等的最短距离，则都是已解节点）。

【例 5-9】 图 5-11 是一张公路网络示意图，其中 $A$ 是起点，$J$ 是终点，$B$、$C$、$D$、$E$、$F$、$G$、$H$、$I$ 是网络中的节点，节点与节点之间以线路连接，线路上标明了两个节点之间的距离（单位：km），要求确定一条从起点 $A$ 到达终点 $J$ 的运行路程最短的运输路线。

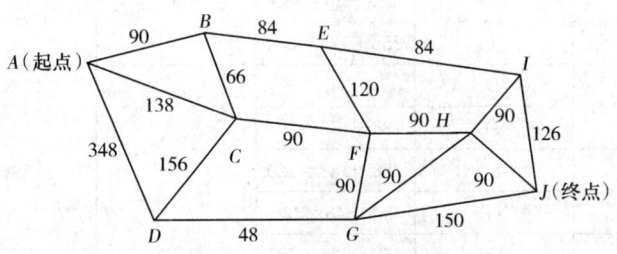

图 5-11 公路网络示意图

根据上面的计算原理，可以得出表 5-19，第一个已解节点就是起点 $A$，与 $A$ 点直接连接的未解节点有 $B$、$C$ 和 $D$ 点。第一步，我们可以看到 $B$ 点是距离 $A$ 点最近的节点，记为 $AB$。由于 $B$ 点是唯一选择，所以它成为已解节点。

随后，找出距离 $A$ 点和 $B$ 点最近的未解节点，只要列出各个已解节点最近的连接点即可，我们有 $A \to C$、$B \to C$，记为第二步。注意从起点通过已解节点到某一节点所需的路程应该等于到达这个已解节点的最短时间加上已解节点与未解节点之间的时间，也就是说，从 $A$ 点经过 $B$ 点到达 $C$ 点的距离为 $AB+BC=90+66=156$（km），而从 $A$ 点直达 $C$ 点的距离为 138 km。现在 $C$ 点也成了已解节点。

第三次迭代要找到与各已解节点直接连接的最近的未解节点。如表 5-19 所示，有 3 个候选点，从起点到这三个候选点 $D$、$E$、$F$ 所需的路程相应为 348 km、174 km、228 km，其中连接 $BE$ 的路程最短，为 174 km，因此 $E$ 点就是第三次迭代的结果。

重复上述过程，直到到达终点 $J$，即第八步。最短路程为 384 km，连线在表 5-19 中以 * 号标出，最优路线为 $A \to B \to E \to I \to J$。

表 5-19 最短路线法求解的步骤

| 步骤 | 直接连接到未解节点的已解节点 | 与其直接连接的未解节点 | 相关总距离 | 第 $n$ 个最近节点 | 最小距离 | 最新连接 |
|---|---|---|---|---|---|---|
| 1 | A | B | 90 | B | 90 | AB* |
| 2 | A | C | 138 | C | 138 | AC |
| | B | C | 90+66=156 | | | |
| 3 | A | D | 348 | E | 174 | BE* |
| | B | E | 90+84=174 | | | |
| 4 | A | D | 348 | F | 228 | EI* |
| | C | F | 138+90=228 | | | |
| | E | I | 174+84=258 | | | |
| 5 | A | D | 348 | I | 258 | EI* |
| | C | D | 138+156=294 | | | |
| | E | I | 174+84=258 | | | |
| | F | H | 228+60=288 | | | |
| 6 | A | D | 348 | H | 288 | FH |
| | C | D | 138+156=294 | | | |
| | F | H | 228+60=288 | | | |
| | I | J | 258+126=384 | | | |
| 7 | A | D | 348 | D | 294 | CD |
| | C | D | 138+156=294 | | | |
| | F | G | 288+132=420 | | | |
| | H | G | 288+48=336 | | | |
| | I | J | 258+126=384 | | | |
| 8 | H | J | 288+126=414 | J | 384 | IJ* |
| | I | J | 258+126=384 | | | |

  本例中节点相对较少，可以手工计算，但当节点很多时，就需用计算机来求解。本例中的节点之间是以距离来表示的，也可以用运行时间来表示。有时则要同时考虑路程和时间因素。另外，在一些特殊的路段，还需要考虑堵车、道路质量情况、收费站等因素。

## 5.3.4 用节约法求解最优路线问题

  多年来，克拉克和赖特的节约法一直是一种颇为出色的方法，它能够灵活处理许多现实中的约束条件，对站点数量不太多的问题能够较快算出结果，且结果与最优解很接近。对于仅有几个约束条件的小型问题，比较研究显示，利用节约法得到的结果评价只比最优解高2%。该方法能够处理有众多约束条件的实际问题，主要因为它可以同时确定路线和经过各站点的顺序。

  节约法的目标是使所有车辆行驶的总里程最短，并进而使得为所有站点提供服务的卡车数量最少。该方法首先假设每一个站点都有一辆虚拟的卡车提供服务，随后返回仓库，如图5-12（a）所示，这时的路线是最长的。然后，将两个站点合并到同一条路线上，减少一辆卡车，相应地缩短路线里程。在决定哪些站点要合并到一条路线时，需要计算合并前后节约的距离。由与其他任何站点不在一条运输线上的两站点（A和B）合并所节约的距离就是图5-12（b）中路线的里程，节约值为 $S=d_{OA}+d_{BO}-d_{AB}$。对每对站点都进行这样的计算，并选择节约距离最多的一对站点合并在一起，修订后的路线见图5-12（b）。

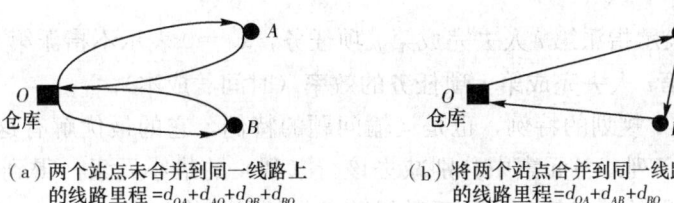

(a) 两个站点未合并到同一线路上
的线路里程 $=d_{OA}+d_{AO}+d_{OB}+d_{BO}$

(b) 将两个站点合并到同一线路上
的线路里程 $=d_{OA}+d_{AB}+d_{BO}$

图 5-12 通过站点合并减少的行车距离

继续合并过程。除了将单个站点合并在一起外，还可以将某站点并入已经包含多个站点的路线上。例如，假如某站点并入位于同一路线上两站点 A 和 B 之间，节约的距离为 $S=d_{OC}+d_{CO}+d_{AB}-d_{AC}-d_{CB}$。如果如图5-12（b）所示，站点 C 排在线路最后一站点 B 之后，则节约的距离为 $S=d_{BO}-d_{BC}+d_{OC}$。相反，如果站点 C 排在站点 A 之前，则节约的距离为 $S=d_{CO}-d_{CA}+d_{AO}$。每次合并时都要计算所节约的距离，节约距离最多的站点就应该纳入现有路线。假如由于某些约束条件（如路线太长，无法满足时间窗口的要求，或超过车辆的承载能力），节约距离最多的站点不能并入路线，就要考虑节约距离次多的站点。重复该过程直到所有站点的路线设计都完成。

节约法强大的处理能力使得它能够包含实际应用中许多重要的约束条件。该方法可以指定各路线途经站点的先后顺序。因此，在将站点归入某条路线之前，应该预先考察加入新站点后路线的情况。此外，还要考虑一系列有关路线规划的问题，如行车时间是否超过允许的最长驾驶时间，是否满足司机休息时间的要求，是否有足够载运量的车辆装载所有的货物，各站点时间窗口的要求是否满足等。不满足这些条件可能导致该站点不能并入这条路线或者说明该站点在新路线中的排列顺序不当。接着就要按照最大节约值原则选取下一个站点，重复考虑上述问题。因为扩展问题的难度较大，节约法不能保证将得到最优解，但能够获得满意解。

## 5.3.5 运输人员的安排

物流企业的人员安排问题实质上也是运筹学中的指派问题，即指派某些人完成某些任务。由于每个人的专长不同，个人完成的任务不同（或所费时间不同），效率也不同，于是产生应该指派哪个人去完成哪项任务才能使完成某些任务的总效率最高（或所需总时间最短）的问题。这类问题被称为指派问题或分派问题。

库恩于1955年提出了指派问题的解法，他引用了匈牙利数学家康尼格一个关于矩阵中0元素的定理：系数矩阵中独立0元素的最多个数等于覆盖所有0元素的最少直线数。该解法被称为匈牙利法。指派问题的数学模型是：

$$\begin{cases} \min = \sum_i c_{ij} x_{ij} \\ \sum_i x_{ij} = 1, \ j = 1, 2, \cdots, n \\ \sum_j x_{ij} = 1, \ i = 1, 2, \cdots, n \\ x_{ij} = 1 \text{ 或 } 0 \end{cases}$$

这里，$x_{ij} = 1$ 表示指派第 $i$ 人去完成第 $j$ 项任务，$x_{ij} = 0$ 表示不指派第 $i$ 人去完成第 $j$ 项任务，$c_{ij}$ 表示指派第 $i$ 人去完成第 $j$ 项任务的效率（时间、成本）。

指派问题是 0-1 规划的特例，也是运输问题的特例，它的最优解有这样的性质：若从系数矩阵 $c_{ij}$ 的一行（列）各元素中分别减去该行（列）的最小元素，得到新矩阵 $b_{ij}$，那么以 $b_{ij}$ 为系数矩阵求得的最优解和用原系数矩阵求得的最优解相同。

以下通过例 5-10 来说明物流企业运输人员的安排问题。

【例 5-10】 某物流企业有 4 条运输线路上的任务，设为 A、B、C、D，现有 4 名员工，分别是甲、已、丙、丁，4 名员工完成 4 项任务所需的时间如表 5-20 所示，请问应分别指派哪位员工去完成哪项任务，才能使所需的总时间最短？

表 5-20  4 名员工完成 4 项任务所需的时间  单位：h

| 人员 | 任务 | | | |
|---|---|---|---|---|
| | A | B | C | D |
| 甲 | 2 | 15 | 13 | 4 |
| 已 | 10 | 4 | 14 | 15 |
| 丙 | 9 | 14 | 16 | 13 |
| 丁 | 7 | 8 | 11 | 9 |

解：

(1) 第一步：指派问题的系数矩阵经变换，在各行各列中都出现 0 元素。

① 从系数矩阵的每行元素中减去该行的最小元素。

② 再从所得系数矩阵的每列元素中减去该列的最小元素。

若某行（列）已有 0 元素，那就不必再减了。该题的计算为：

$$c_{ij} = \begin{bmatrix} 2 & 15 & 13 & 4 \\ 10 & 4 & 14 & 15 \\ 9 & 14 & 16 & 13 \\ 7 & 8 & 11 & 9 \end{bmatrix} \begin{matrix} 2 \\ 4 \\ 9 \\ 7 \end{matrix} \rightarrow \begin{bmatrix} 0 & 13 & 11 & 2 \\ 6 & 0 & 10 & 11 \\ 0 & 5 & 7 & 4 \\ 0 & 1 & 4 & 2 \end{bmatrix} \rightarrow \begin{bmatrix} 0 & 13 & 7 & 0 \\ 6 & 0 & 6 & 9 \\ 0 & 5 & 3 & 2 \\ 0 & 1 & 0 & 0 \end{bmatrix} = b_{ij}$$

$$\underset{\min}{} \qquad \underset{\min}{}$$

(2) 第二步：进行试指派，以寻求最优解。为此，按以下步骤进行。

经第一步变换后，系数矩阵中每行每列都已有了 0 元素，但需要找出 $n$ 个独立的 0 元素。若能找出，就以这些独立 0 元素对应解矩阵（$x_{ij}$）中的元素为 1，其余为 0，这就得到最优解。当 $n$ 较小时，可用观察法、试探法去找出 $n$ 个独立 0 元素。若 $n$ 较大时，就必须按一定的步骤去找。

① 从只有一个 0 元素的行（列）开始，给这个 0 元素加圈，记作 Θ，表示对这行所代表的人，只有一种任务可指派。然后划去 Θ 所在行的 0 元素，记作 Φ，表示这列所代表的任务已指派完，不必再考虑别人了。

② 给只有一个 0 元素列（行）的 0 元素加圈，记作 Θ；然后划去 Θ 所在行的 0 元素，记作 Φ。

③ 反复进行①、②两步，直到所有 0 元素都被圈出和划掉为止。

④ 若仍有没有划圈的 0 元素，且同行（列）的 0 元素至少有两个（表示对这人可以从两项任务中选择指派其一）。此种情况可用不同的方案试探解决。从剩余 0 元素最少的行（列）开始，比较这行各 0 元素所在列中 0 元素的数目，选择 0 元素少的那列的这个 0 元素加圈（这表示选择性多的要"礼让"选择性少的），然后划掉同行同列的其他 0 元素。可反复进行，直到所有 0 元素都已被圈出和划掉为止。

⑤ 若 Θ 元素的数据 $m$ 等于矩阵的阶数 $n$，那么指派问题的最优解已经找到。若 $m<n$，则转入下一步。

按上述步骤进行运算。按步骤①先给 $b_{22}$ 加圈，然后给 $b_{31}$ 加圈，划掉 $b_{11}$、$b_{41}$；按步骤②，给 $b_{43}$ 加圈，划掉 $b_{44}$，最后给 $b_{14}$ 加圈，得到：

$$\begin{bmatrix} \Phi & 13 & 7 & \Theta \\ 6 & \Theta & 6 & 9 \\ \Theta & 5 & 3 & 2 \\ \Phi & 1 & \Theta & \Phi \end{bmatrix}$$

可见，$m=n=4$，所以得到最优解为：

$$x_{ij} = \begin{bmatrix} 0 & 0 & 0 & 1 \\ 0 & 1 & 0 & 0 \\ 1 & 0 & 0 & 0 \\ 0 & 0 & 1 & 0 \end{bmatrix}$$

因此，指定甲完成 D 运输线路的任务，指定乙完成 B 运输线路的任务，指定丙完成 A 运输线路的任务，指定丁完成 C 运输线路的任务。

## 5.4　运输计划的编制

运输计划是托运单位向铁路等交通运输部门提报货物运量和所需运输工具的计划。运输计划的编制即车辆运行路线和时间安排，是车辆运行路线选择问题的延伸，但受到的约束可能更多。这些约束条件涉及：① 每个停留点规定的提货数量和送货数量；② 所使用的多种类型的车辆的载重量和载货容积各不相同；③ 车辆在路线上休息前允许的最大的行驶时间

(如安全条款规定至少 8 小时要有 1 次休息)；④ 停留点规定的在一天内可以进行的提货的时间；⑤ 可能只允许送货后再提货的时间；⑥ 司机可能只能在一天的特定时间进行短时间的休息或进餐。当然，约束条件远远不止以上几个方面，这使问题更加复杂化，甚至使人们很难找到最优方案，有时只能找到满意方案。

### 5.4.1 编制运输计划的依据和原则

**1. 编制运输计划的依据**

(1) 商品购销合同：购销双方签订的、具有法律效力的契约。其具体内容包括商品的品名、规格、数量、收发货单位名称、地点及发货时间和其他有关事项。

(2) 商品调拨计划：商品批发部门为做好购销活动的业务计划，包括国家计划分配和企业自行组织进货的要货依据。它是商品流转计划的具体组成部分，也是运输部门编制运输计划的依据。

(3) 其他委托任务：如部门间相互委托的中转货物、发货人委托承运的货物或临时增加的运输任务。

(4) 各种运输能力：了解和掌握各种运输方式的运输能力是编制运输计划的先决条件，直接影响运输计划的准确性。

(5) 历年有关货物运输的资料也是重要的参考依据。

**2. 编制运输计划的原则**

运输计划的编制应遵循下列原则。

(1) 合理运输的原则。要按照合理运输的要求，综合运用各种运输方式，尽可能避免各种不合理运输现象的出现；要充分利用运输工具的容积，提高运输工具的利用率。

(2) 均衡运输的原则。托运单位应根据货物的产销季节、气象变化等情况，合理安排月度、旬间计划，合理分配运输工具的货运量，克服忙闲不均的现象发生。

(3) 保证重点、统筹兼顾的原则。首先要保证企业的关键货物的运输，如市场急需、抢险救灾等，应分轻重缓急，妥善安排。

### 5.4.2 运输计划的种类与编制步骤

**1. 运输计划的种类**

按运输方式和运输工具的不同，可分为铁路、公路、水路、航空和联运运输计划；按运输时间的不同，可分为月度或旬度运输计划。月度运输计划是货物托运的具体执行计划，也是承运部门安排运力的主要依据。月度运输计划的内容主要包括：起止点、发货人、收货人、货物名称及数量等。旬度运输计划是在月度运输计划的基础上，按旬编制的运输计划，它反映每日的装车数。计划外要车(船)计划在内容和编制要求方面与计划内月度运输计划基本相同，只需注明"补充"或"计划外"字样加以区别。若要变更运输计划，则有如下规定。

① 到站可以变更，发站不能变更，但变更的新到站必须是其方向不超过原到站路局管

辖范围内的到站。如变更的到站近于原到站，虽属于不同路局管辖范围，仍允许变更。

② 货物品名可以变更，但不同品类不能变更。

③ 收货人可以变更，但发货人不能变更。

④ 月度运输计划可以变更一次，但旬度运输计划、追补运输计划及月度联运计划不得变更。

**2. 运输计划的编制步骤**

运输计划的编制一般要经过 4 个步骤。

（1）准备资料。根据运输计划的编制依据，主要搜集以下资料：商品流转计划、业务调拨计划、购销合同及有关的历史资料；运力方面包括铁路、公路、水路等方面的运输能力、运输线路图、航道图及有关的规章制度等。这些资料需经过必要的研究、分析和整理，其具体要求如下。

① 根据商品流转计划、业务调拨计划、购销合同等相关资料分析研究计划内商品购销数量，熟悉产销的地理分布，摸清货物的来源和去路；

② 根据货物的流向，熟悉各种交通运输线路分布的情况，并分别货物品类，了解货物性质、包装、运价等级、运价里程和各项运杂费率，以便选择合理的运输方式、路线和工具；

③ 整理运输的历史资料，运用统计报表整理研究和分析，并结合生产和市场变化情况，做出正确判断。

（2）预测运量和车数。可根据计划期某货物供应件数及每件毛重预测计划期货物运量，其计算公式如下。

$$计划期货物运量 = 计划期某货物供应件数 \times 每件毛重$$

（3）分析研究。应充分考虑大宗货物产销的需要及交通运输能力，留有余地，采取多方案比较。

（4）讨论定案。由企业主管与计划、业务、储运等部门多方面研究，结合运输构成的诸因素对方案进行比较，择优定案。

运输计划的填写应注意以下几方面。

填写份数：应按铁路等交通运输部门的有关规定和要求填写，如铁路货物月度运输计划要求填写 5 份，并且对不同品类、不同到达铁路局分别填写，但可将同一品类又到同一铁路局范围的计划填在一张表上。

到货地点的填写：到达的车站、码头或专用线都应按规定办理的营业地点填写。

货物品名、数量和重量的填写：货物的品名、数量和重量要据实填写；重量要按规定分清实重、体积重或换算重；铁路的车数应按技术装载量所需要的车数填写；品类要符合规定的货物分类填写。

对于有特殊要求的计划，如"支农""救灾"等，在填写时要注明。危险品等货物的运输要专表填写。

## 5.4.3 运输计划的检查与实施

加强运输计划的检查，可及时发现并解决运输计划实施过程中的问题。检查的方法有以下几种。

（1）统计报表检查法：是指通过统计报表分析研究，及时检查、监督运输计划执行的方法。

（2）会议检查法：是指定期或不定期召开运输计划检查会议，查找未能完成运输计划的原因，采取有效措施加以改进。

（3）实地检查法：是对重点运输计划进行实地检查，以保证重点货物运输计划的顺利完成。

对托运单位来说，应加强与承运部门的联系，主动向承运部门反映货物的采购、库存及市场变化的情况，争取能按运输计划完成运输任务。托运单位同时也应做好货物发运的各项准备工作，组织安排好装车所需的劳动力和设备，保证货物及时进站（港），防止车货脱节。

对承运人来讲，其主要职能包括以下内容：选择经济合理的运输方式和路线，使运输合理化；做好车、船、货之间的衔接；办理好托运、承运之间与发货、接收、中转之间的货物交接，分清责任；做到货物包装牢固，标记清楚，单货相符，单货同行等，使货物从发运地能按时保质保量的运送到销售地。

# 思考与练习

1. **基本概念**

   服务频率　　服务可得性　　服务能力　　　　　　契约承运人
   豁免承运人　　货郎担问题　　起讫点不同的路线选择　　多起讫点的路线选择
   月度运输计划　旬度运输计划

2. **简答题**

   （1）运输与其他物流工作环节决策的8个步骤是什么？在实际决策过程中，这8个步骤是必需的吗？

   （2）目前一般有几种运输方式？选择运输方式时一般需要考虑哪些竞争因素？

   （3）我国对运输服务商有哪些分类？

   （4）运输服务有哪些指标需要考虑？

   （5）起讫点相同，在制订合理的路线和时刻表时，其处理原则有哪些？

   （6）已知某物流公司从3个配送中心分别向4家门店配送产品，其配送量、需求量及单位运价如表5-21所示，请给出满意的调运方案。

表 5-21 配送量、需求量及单位运价

| 配送中心 | 客户 | | | | 配送量 |
|---|---|---|---|---|---|
| | $B_1$ | $B_2$ | $B_3$ | $B_4$ | |
| $A_1$ | 10 | 1 | 20 | 11 | 15 |
| $A_2$ | 12 | 7 | 9 | 20 | 25 |
| $A_3$ | 2 | 14 | 16 | 18 | 5 |
| 需求量 | 5 | 15 | 15 | 10 | |

(7) 有一个货郎担问题,其距离矩阵如表 5-22 所示,假设货郎担从 A 地出发,经过每个站点一次且仅一次,最后回到 A 地,请设计一个行程路线,使总的行程距离最短。

表 5-22 货郎担问题中各地之间的距离

| 距离 | | $i$ | | | | |
|---|---|---|---|---|---|---|
| | | $A$ | $B$ | $C$ | $D$ | $E$ |
| $j$ | $A$ | 0 | 2 | 8 | 5 | 3 |
| | $B$ | 4 | 0 | 4 | 10 | 8 |
| | $C$ | 6 | 7 | 0 | 9 | 11 |
| | $D$ | 5 | 11 | 9 | 0 | 5 |
| | $E$ | 10 | 7 | 8 | 5 | 0 |

(8) 在一个起讫点不相同的问题中,有一张公路网络示意图如图 5-13 所示。其中 $A$ 是起点,$G$ 是终点,$B$、$C$、$D$、$E$、$F$ 是网络中的节点,节点与节点之间以线路连接,线路上标明了两个节点之间的距离(单位:km),请确定一条从起点 $A$ 到达终点 $G$ 的运行路程最短的运输路线。

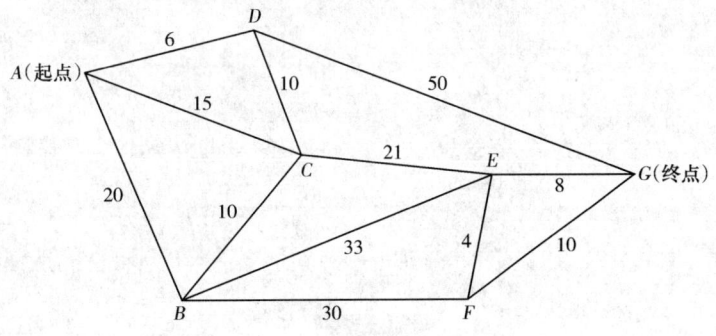

图 5-13 公路网络示意图

(9) 瓦格纳公司按照到货价格为电器分拨有限公司供应电动机。瓦格纳公司负责货物的运输,其运输经理有 3 个送货方案可供选择——铁路运输、驼背运输和公路运输,他整理出的信息见表 5-23。

表 5-23  可供选择的 3 个送货方案

| 运输方式 | 运送时间/天 | 运价/（美元/台） | 运输批量/台 |
|---|---|---|---|
| 铁路运输 | 16 | 25 | 10 000 |
| 驼背运输 | 10 | 44 | 7 000 |
| 公路运输 | 4 | 88 | 5 000 |

电器分拨有限公司每年采购 50 000 台电动机，合同规定的运到价格为 500 美元/台。两家公司的库存持有成本都是每年 25%，请问：瓦格纳公司应该选择哪种运输方式最经济？编制运输计划的依据和原则是什么？

# 第6章

# 运输成本与价格的管理

> **学习目标**
> - 通过学习运输成本的概念，掌握运输成本的构成，熟悉影响运输成本的因素和不同运输方式的成本结构。
> - 了解运价的概念、分类、形式，熟悉定价的原则和价格管理。
> - 掌握影响运输企业定价的因素，以及定价的方法和策略。

## 6.1 运输成本概述

### 6.1.1 运输成本的概念

运输成本是指为两个地理方位间的运输所支付的款项，以及与在途存货有关的行政管理费和维持费。运输成本控制的目的是使总的运输成本最低，但又不影响运输的可靠性、安全性与快捷性。

有调查结果表明，物料、商品运输成本占物流总成本的1/3~2/3，是影响物流成本的重要因素。目前我国汽车运输空返率约为39%，车辆运输成本是欧美国家的3倍。研究企业物流成本的目的就是要降低支出，有效地控制运输成本是实现物流成本降低的有效途径。因此，企业经营管理人员需要对运输问题有很好的认识。

### 6.1.2 运输成本的构成

运输成本通常可以被划分成变动成本、固定成本、联合成本、公共成本。

#### 1. 变动成本

变动成本是随服务量或运量变化的，是指在一段时间内所发生的费用。通常以一种可预计的、与某种层次的活动直接有关的形式发生变化，因此变动成本只有在运输工具未投入营运时才有可能避免。除例外的情况，运输费率至少必须弥补变动成本；变动成本中包括与承运人运输每一票货物有关的直接费用，这类费用通常以单位成本来衡量，如每 km/nmi 或每单位重量多少成本，在这类成本构成中还包括人工成本、燃料费用和维修保养费用等。承运人按低于其变动成本来收取运费而又期望能维持营运，那么运输企业必将是亏损的。

### 2. 固定成本

固定成本是不随服务量或运量变化的，是指在短期内虽不发生变化，但又必须得到补偿的那部分费用。即使运输企业停止运营也是如此，而在这类固定成本中包括承运人那部分不受装运量直接影响的费用。对于运输企业来说，固定成本构成中包括获取路权的成本和维护成本、端点设施成本、运输设备成本和承运人管理成本。在短期内，与固定资产有关的费用必须由上述按每票货计算的变动成本的贡献来弥补。从长期来看，可以通过固定资产的买卖来降低固定成本的负担，但实际上对于运输企业来说主要出售运输通道或运输技术几乎是很难的。

### 3. 联合成本

联合成本是指决定提供某种特定的运输服务而产生的不可避免的费用。例如，当承运人决定拖一卡车的货物从地点 A 运往地点 B 时，意味着这项决定中已产生了从地点 B 至地点 A 的回程运输的"联合成本"。于是，这种联合成本要么必须由最初从地点 A 至地点 B 的运输弥补，要么必须找一份有回程货的托运业务以得到弥补。联合成本对于运输收费有很大的影响，因为承运人索要的运价中必须包括隐含的联合成本，它的确要考虑托运人有无适当的回程货，或者这种回程运输由原先的托运人来弥补。

除管道运输外，所有其他运输方式承运人都要考虑返程问题。承运人很难在往程运输和返程运输之间找到绝对的平衡。根据定义，往程运输是交通繁忙方向的运输，返程运输是交通稀少方向的运输。返程运输也可以看成往程运输的副产品，因为返程运输是往程运输的结果。这样就将所有的或大部分成本分摊到往程运输中，返程成本可以看成零，或只将那些与返程运输直接相关的成本分摊到返程运输上。

### 4. 公共成本

这类成本是承运人代表所有的托运人或某个分市场的托运人支付的费用。公共成本包括端点站或管理部门等的费用，具有企业一般管理费用的特征，通常是按照经营水平，如装运处理（如递送约定）的数目等分摊给托运人来承担。但是，用这种方式来分摊企业一般管理费用有可能发生不正确的成本分配。例如，一个托运人也许在其并没有实际使用递送服务时就需要为这种约定支付费用。

## 6.1.3 影响运输成本的因素

运输成本通常受 7 个因素的影响，尽管这些因素并不是运费表上的组成部分，但在承运人制定运输费率时，都必须对每一个因素加以考虑。这 7 个因素分别是运输距离、载货量、疏密度、装载能力、装卸搬运、承担责任的程度及运输供需因素。一般来说，上述的顺序也反映了每一个因素的重要程度。

### 1. 运输距离

运输距离是影响运输成本的主要因素，因为它直接对劳动、燃料和维修保养等变动成本产生作用。图 6-1 显示了运输距离和运输成本的一般关系,并表明了两个方面的内容:第一,运输成本曲线不是从原点开始的,因为它的存在与运输距离无关,而与货物的提取和交付活动所产生的固定费用有关;第二,运输成本曲线是随运输距离增加而坡度变缓的一个函数,这种特征被称作递远递减原则,即运输距离越长,城市间的运输距离所占的比例趋于更高,而不是市内的 km 数更大。于是,承运人可以使用更高的速度使城市间每 km 的单位费用相对较低,并且有更多的运输距离使用相同燃料和劳动费用;而市内输送通常会频繁地停车,因此要增加额外的装卸成本。

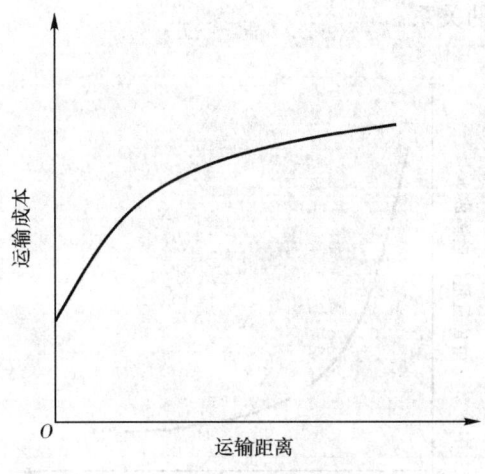

图 6-1 运输距离与运输成本之间的关系

**2. 载货量**

载货量之所以会影响运输成本,是因为与其他许多物流活动一样,大多数运输活动中存在规模经济。载货量与每单位重量的运输成本之间的关系如图 6-2 所示,它说明了每单位重量的运输成本随载货量的增加而减少。之所以会产生这种现象,是因为提取和交付活动的固定费用及行政管理费用可以随载货量的增加而被分摊。但是,这种关系受到运输工具(如长车)最大尺寸的限制,一旦该车辆满载,对下一辆车会重复这种关系。这种关系对管理部门的启示是:小批量的载货应整合成更大的载货量,以期利用规模经济。

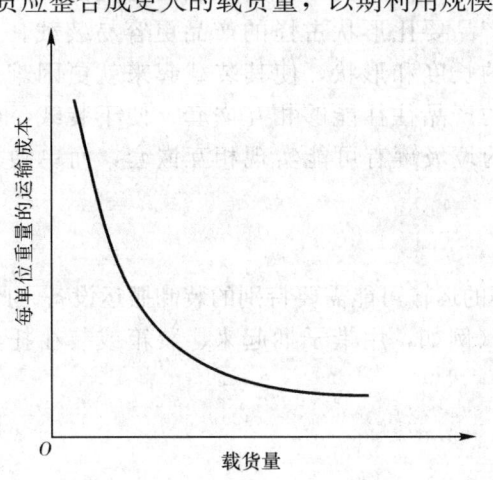

图 6-2 载货量与每单位重量的运输成本之间的关系

### 3. 疏密度

疏密度把重量和空间方面的因素结合起来考虑。这类因素之所以重要，是因为运输成本通常表示为每单位重量所花费的数额，如每吨金额数等。在重量和空间方面，单独的一辆运输卡车更多的是受到空间限制，而不是重量限制。即使该产品的重量很轻，车辆一旦装满，就不可能再增加装运数量。既然运输车辆实际消耗的劳动成本和燃料成本主要不受重量的影响，那么货物的疏密度越高，相对地可以把固定运输成本分摊到增加的重量上去，使这些产品所承担的每单位重量的运输成本相对较低。图6-3就可以用于说明每单位重量的运输成本随疏密度的增加而下降的关系。

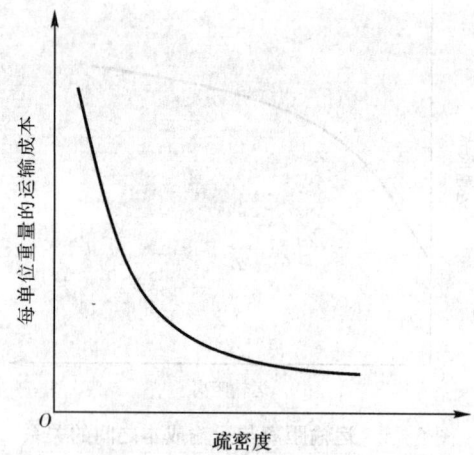

图6-3 疏密度与每单位重量的运输成本之间的关系

### 4. 装载能力

装载能力这一因素是指产品的具体尺寸及其对运输工具（铁路车辆、拖车或集装箱）的空间利用程度的影响。由于有些产品具有古怪的尺寸和形状，以及超重或超长等特征，通常不能很好地进行装载，并因此浪费运输工具的空间。尽管装载能力的性质与产品密度相类似，但很可能存在这样的情况，即具有相同密度的产品，其装载差异很大。一般来说，具有标准矩形的产品要比形状古怪的产品更容易装载。例如，钢块与钢条具有相同的密度，但由于钢条的长度和形状，使其装载起来就更困难一些。装载能力还受到装运规模的影响：大批量的产品往往能够相互嵌套、便于装载，而小批量的产品则有可能难以装载。例如，整车的垃圾罐有可能实现相互嵌套，而单独一个垃圾罐装载起来就显得较困难。

### 5. 装卸搬运

卡车、火车或船舶等的运输可能需要特别的装卸搬运设备。此外，产品在运输和储存时实际所采用的成组方式（例如，用带子捆起来、装箱或装在托盘上等）也会影响到搬运成本。

### 6. 承担责任的程度

责任与货物的特征有关，主要关系到货物损坏风险和索赔事故。因此，关于货物，具体要考虑的因素包括易损坏性、对货运损害所承担责任的大小、易腐性、易被偷窃性、易自燃性或自爆性及单位价值。承运人必须通过向保险公司投保来预防可能发生的索赔，否则有可能要承担任何可能损坏的赔偿责任。托运人可以通过改善保护性包装，或通过减少货物灭失、损坏的可能性，降低其风险，最终降低运输成本。

### 7. 运输供需因素

运输通道流量和通道流量均衡等运输供需市场因素也会影响到运输成本。运输通道是指起运地与目的地之间的移动。显然运输车辆和驾驶员都必须返回到起运地，于是对他们来说，要么找一票货带回来（"回程运输"），要么只能空车返回。当发生空车返回时，有关劳动、燃料和维修保养等费用仍然必须按照原先的"全程"运输支付。于是，理想的情况就是"平衡"运输，即运输通道两端的流量相等。但由于制造地点与消费地点的需求不平衡，通道两端流量相等的情况很少见。例如，有许多货物是在美国东海岸加工制造的，然后装运到美国西部的消费市场，这样就会使运往西部的流量大于运往东部的流量。这种不平衡会使东行运输的费率大大降低。此外，这种平衡性也会受到季节性影响，类似于在销售旺季里运输水果和蔬菜的情况。因此，需求的方向性和季节性会导致运输费率随方向和季节的变化而变化。

## 6.1.4 不同运输方式的成本结构

不同运输方式的成本结构是决定物流运输经济性的关键。因为每种运输方式都有自己独特的成本特征，所以在给定条件下，某一种运输方式的潜在优势可能会是其他运输方式无法相比的，从而也就给予了企业比较选择、优化组合的机会。

### 1. 公路运输成本

公路运输的固定成本是所有运输方式中最低的，因为承运人不拥有用于运营的公路，车站的运营也不需昂贵的设备。此外，公路运输的可变成本很高，因为公路建设和公路维护成本都以燃油税、公路收费、车辆使用税等方式征收。公路运输成本主要可分为端点费用和线路费用。端点费用包括取货和送货成本、站台装卸成本、制单费和收费成本，占公路运输总成本的 15%～25%。这些成本以元/(t·km) 计算，在运量为 2 000～3 000 t 时，这些成本随运量变化很快。当运量超过 3 000 t 时，随着取货、送货和装卸成本分摊到更大的运量上，端点费用会持续下降，但下降的速度比小批货物运输时费用下降的速度慢得多。成本和运量之间的函数关系与图 6-4 中一般化成本曲线形式一致。线路费用占总成本的 50%～60%。我们无法确定单位线路费用会随运距或远量的增加而降低，但是由于端点成本和其他固定开支分摊到更多的运量上，所以总的单位成本会随运量和运距的增加而降低。

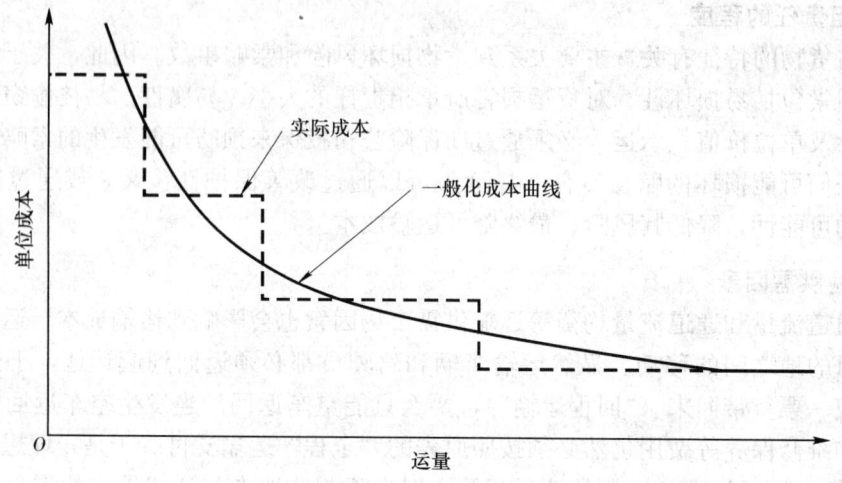

图 6-4 随运量变化的地面运输成本结构

**2. 铁路运输成本**

作为货运和客运承运人,铁路部门的固定成本高,可变成本相对低。装卸成本、制单和收费成本、货车的调度换车成本会导致铁路运输的端点成本很高;铁路及端点设施维护、折旧和管理费用也会提高固定成本的水平。铁路运输的线路成本(或可变成本)通常包括工资、燃油、润滑油和维护成本。根据定义,可变成本会随运距和运量成比例变化。固定成本高和可变成本相对低造成的结果就是在铁路运输成本中存在明显的规模经济。如图 6-4 所示,将固定成本分摊到更大的运量上一般会降低单位成本。相类似,如果将固定成本分摊到更长距离的运输中,铁路的 t·km 成本就会下降。这一点要比公路运输更明显。

**3. 水路运输成本**

水路运输承运人主要将资金投放在运输设备和端点设施上。水路和港口都是公有的,由政府运营,只有少数项目向水路运输承运人收费,在内陆水路运输中尤其如此。水路运输承运人预算中主要的固定成本都与端点作业有关。这些费用包括船只进入港口时的港口费和货物装卸费。水路运输货物装卸速度特别慢,除散货和集装箱货可以有效使用机械化物料搬运设备外,昂贵的搬运成本使得其他情况下的端点费用高得令人几乎无法接受。水路运输中常见的高端点成本一定程度上被很低的线路费用所抵消。水路不对使用者收费,水路运输的可变成本仅包括那些与运输的运营设备相关的成本。因为水路运输以很慢的速度、很小的牵引力进行,营运成本(不包括人工成本)尤其低。由于端点站成本很高,线路费用很低,t·km 成本随运距和运量的变化急速下降,所以水路运输是最廉价的大宗货物运输方式之一,适合长距离、大批量运输。

**4. 航空运输成本**

航空运输与水路运输和公路运输的成本结构有很多相同之处。航空运输的端点和空中通道一般不属航空公司所有。航空公司根据需要以燃油、仓储、场地租金和起降费的形式购买机场服务。如果我们将地面装卸、取货和送货服务包括在航空运输服务中,这些成本就成为航空运输端点成本的一部分。此外,航空公司还拥有(或租赁)运输设备,在经济寿命周期内对其进行折旧就构成每年的固定使用费。在短期内，航空公司的可变成本受运距的影响比受运量的影响大。由于飞机在起飞和降落阶段效率最低，可变成本就会随着运距的加长而降低。运量对可变成本有间接影响，因为对空运服务需求的增加使得航空公司可以引入大型飞机，而大型飞机按 t·km 计算的营运成本较低。固定成本和可变成本合在一起通常使航空运输成为最贵的运输方式，短途运输尤其如此。但是，随着端点费用和其他固定开支分摊在更远的距离上，单位成本会有所降低。如果在长距离内营运，还会带来单位成本进一步地下降。

### 5. 管道运输成本

管道运输与铁路运输的成本特征一样。管道公司（或拥有管道的油气公司）拥有运输管道、泵站和气泵设备。他们可能拥有或租赁管道的使用权。这些固定成本加上其他成本使管道的固定成本与总成本的比例是所有运输方式中最高的。为了提高竞争力，管道运输的运量必须非常大，以摊销这么高的固定成本。可变成本主要包括运送产品（通常为原油、成品油或天然气）的动力和与泵站经营相关的成本。管道运输对动力的需求差异很大，取决于线路的运量和管道的直径。大管道与小管道相比，周长之比不像横截面面积之比那么大。摩擦损失和气泵动力随管道周长变大而增加，而运量则随截面的增大而提高。其结果是，只要有足够大的运量，大管道的 t·km 成本会迅速下降。在一定的管道规格条件下，如果运送的产品过多，管道运输的规模收益会递减。

作为管道直径和运量函数的管道运输成本如图 6-5 所示。

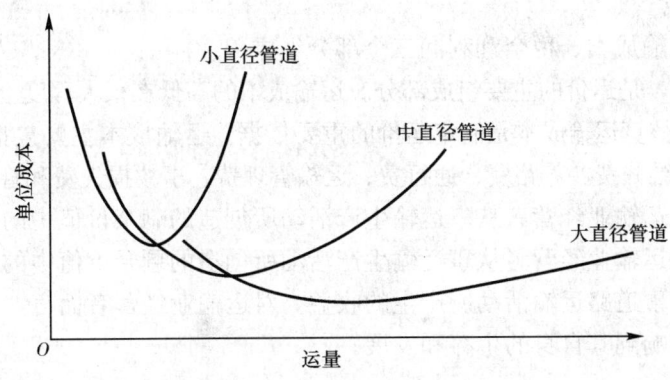

图 6-5　作为管道直径和运量函数的管道运输成本

不同运输方式成本结构的比较如表 6-1 所示。

表 6-1　不同运输方式成本结构的比较

| 运输方式 | 固定成本 | 变动成本 |
| --- | --- | --- |
| 公路运输 | 高（车辆及修路） | 适中（燃料、维修） |
| 铁路运输 | 高（火车及轨道） | 低 |
| 水路运输 | 适中（船舶及设备） | 低 |
| 航空运输 | 低（飞机及机场） | 高（燃料、维修） |
| 管道运输 | 最高（铺设管道） | 最低 |

## 6.2 运输定价

### 6.2.1 运价

**1. 运价的含义**

运价即运输价格,是指单位运输生产量的营运收入,是道路运输劳务的销售价格,是运输劳务价值的货币表现。运价是国民经济价格体系的一个重要组成部分。

术语"运费"(rate)和"运价"(price)之间是存在差别的。近年来当运输管制到达顶峰时期时,使用"运费"和"运价"这两个术语就更加合适了。运费是可以在运价表中找到的一个量,作为承运人完成一项给定的运输劳务的报酬。运费是承运人对一项给定的商品运输所收取的合法费用,所以运费对及时支付价款有完全的法律强制力做后盾。运费主要取决于仅仅考虑承运人的成本,而不需要及时地评价当时的整体市场环境及这些市场因素如何影响供应和需求。运价是关于解除管制后运输公司如何为它们的服务制定并收取费用的一个更加清晰的概念,它意味着基于主要的市场力量所决定的价值或水平。很明显,运价的概念包含着一个动态的经济环境,是一个能被顾客供应和需求变化所接受的市场环境。

**2. 运价的构成**

运价主要由运输成本、税金和利润三个部分组成。

(1) 运输成本,是运价的主要组成部分。运输成本的高低在很大程度上反映了运输劳务价值量的大小。准确核算运输成本是制定运价的重要依据。运输成本主要包括工资、附加工资、燃料费、折旧费、维修费、养路费、通行费、运输管理费、事故损失费和管理费等项目。

(2) 税金,是运输业经营者从事运输生产活动所创造的剩余价值中的一部分。

(3) 利润,是运输业经营者从事运输生产活动所创造的剩余价值中的另一部分,是运输业经营者投资和从事道路运输活动所产生的收益。对运输业经营者而言,一定时期内所获利润额的大小直接影响到其自身的生存和发展。

**3. 运价的特点**

(1) 按运距计算运价。货物运输产品的计量单位是 t·km 或 t·nmi,其价格构成中也包含距离这个因素。运价以每 t·km(或 t·nmi)若干元表示,被称为 t·km 或 t·nmi 运价率。同种货物每 t·km(或 t·nmi)的运价因不同的运输距离而有所差别,甚至差别很大。运价的这种特性,通常用不同的运价率表示。可见,运价率的实质就是每单位运输产品的运价。

按运距形成的运价是基于运送不同运距货物发生的不同运输成本。运输总的规律是单位运输成本随着运距的延长而逐渐降低,即运输成本递远递减。但是,在差别运价率的制定中,递远递减的程度、递远递减的终止里程,除了要根据不同运距的运输成本外,还要考虑国家的运价政策、市场的竞争战略,以及促进对外贸易的发展和运输生产力的扩大等因素。

运价率随运距延长而不断降低,在近距离降低得很快,远距离降低得慢。超过一定距离就不再降低。运价率的变化因运输方式不同而不同。通常,铁路运输、水路运输的运价率变化明显，公路运输的运价率变化较小。

（2）只有销售价格一种形式。工业产品有出厂价格和销售价格之分；农业产品有收购价格和销售价格之分。普通商品在不同的流通环节有不同的价格，而运价只有销售价格一种，没有其他价格形式。运价的这一特点是由运输的生产过程同时又是销售过程这一特点所决定的。虽然运价只有销售价格一种形式，但它却是形成商品各种价格形式的重要因素，因为产品的运输费用将追加到成本中去。所有商品经过运输以后，运费必须在商品销售时收回。

（3）运价随所运货物种类及所选择的运输方式的不同而变化。首先，运输对象繁多的种类决定了运价的种类也是繁多的。其次，运输方式不同，运价也不同。运输方式是一个广义的概念，既有因采用不同的运输工具而体现的区别，又有因运送周期、批量，甚至运价条款的不同而体现的区别。

**4. 运价的结构**

运价的结构可以分为距离差别运价结构和货种差别运价结构两种形式。

**1）距离差别运价结构**

运输费用是随着运距的延长而增加的。按距离远近制定运价是最简单也是最基本的运价结构形式。但实际中并不是完全按距离远近成正比例地制定运价的。绝大多数距离运价是按递远递减原则制定的，即运价随着距离的增加而增加，但不如距离增加得快。换言之，虽然长距离比短距离运价总额高，但每 km 运价则是短距离时较高而长距离时较低。这是因为运输成本的变化是递远递减的，即单位运输成本是随着运输距离的延长而逐渐降低的。运输支出按运输的三项作业过程可以分为始发和终到作业支出、与运行作业有关的支出和中转作业支出。运输距离增加，虽然运输总支出会随着增加，但是其中成比例增加的只是与运行作业有关的支出和中转作业支出，而始发和终到作业支出是不变的。因此，运输距离长时，分摊到单位运输成本中的始发和终到作业费用较少，因而运输成本低。相反，如果运输距离短，分摊到单位运输成本中的始发和终到作业费用较多，成本就高。

有些专家认为，下面这些运输方式的运价可能更接近纯里程运价：

① 变动成本比固定成本高很多的运输方式；

② 可分配费用比不可分配费用高很多的运输方式；

③ 线路运行费用比终点费用高很多的运输方式；

④ 线路运行费用与距离直接成比例的运输方式。

相比之下，公路和航空运输的运价与距离关系更密切，而铁路、水路运输由于端点作业成本在固定成本中的比例较高，因此更多地适用于递远递减运价。

按运输距离制定的差别运价，运价率与运输距离的关系主要有以下 4 种情况。

① 运价率的递远递减变化与运输成本的变化基本上一致。

② 运价率在一定距离范围内递远递减，超出该范围后运价率就保持不变。这有时候是为了计算运费的简便，而且运输成本的递远递减在一定距离以上也已经不明显。

③ 运价率在一定距离范围内先递远递减，超出该范围后运价率反而递增。这种运价结构可能是为了限制某种过远的运输。

④ 运价率始终保持一定水平，不随运输距离的变动而变化，也被称作纯里程运价。

总运价是根据运价率和计价距离共同确定的，有些运价的计算还要加上另外的始发和终到作业费用。

国外的距离运价结构中还有成组运价结构和基点运价结构。成组运价是将某一区域内的所有发送站或到达站集合成组，所有在一个组内的各点都适用同一运价，也被称为区域共同运价。基点运价是把某一到达站作为基点，并制定基点运价，运费总额是从发站到基点的运费加上从基点到终点站的运费。这两种运价显然也是以距离运价为基础的。

2）货种差别运价结构

货种差别运价结构是指不同的货物适用不同的运价。实行货种差别运价的依据在于各种货物的运输价值或运输成本客观上存在差异，同时按照运价政策和运输供求的需要，个别货物的运价和运输价值可以有不同程度的背离。影响各种货物运输成本的主要因素有以下几个方面。

（1）由于各种货物的性质和状态不同，需要使用不同类型的车辆或货舱装载，如散堆装货物需要使用敞车或砂石车，贵重品、怕湿货物和危险品需要使用棚车，石油、液体货物需要使用罐车，易腐货物需要使用冷藏车，某些货物还需要使用专用车。而各种车辆的自重、造价、修理费和折旧费不同，车辆的耐用程度也不同，因而对运输成本有不同的影响。

（2）各种货物的比重和包装状态不同，对货车载重能力的利用程度就不同。重质货物在整车运送时可以达到货车标记载重量；而轻质货物单位体积的重量低，占有车辆容积大，不能充分利用车辆载重能力，而且同种轻质货物对车辆载重能力的利用程度还因包装状态和包装方法的不同而有所差别。因此，完成同样周转量的不同货物所占用的运输能力和所花费的费用可能是不同的。

（3）由于货物性质和所使用的车辆类型不同，装卸作业的难易程度也不同。车辆停留时间长短不一，货流的集中程度对运输成本也有影响。例如，煤炭、矿石、砂石等大宗货物，发送和到达比较集中，便于组织运输，因此相关的费用就较少。而有些货物不仅需要使用特殊的车辆，而且需要提供特殊的设施，这些都会使运输成本提高。

（4）各种货物的产销地理分布状况决定了其运输距离是不同的，而不同运输距离的货物其运输成本是有差别的。

因此，在制定运价时要根据不同类别的货物制定相应的运价。货种差别运价是通过货物分类和确定级差来体现的。在我国现行运价制度中，铁路运输采用分号制，水路运输和公路运输采用分级制，即将货物运价分成若干号或若干级别，每个运价号或级别都规定一个基本运价率，各种货物根据其运输成本和国家政策的要求，分别纳入适当的运价号或运价级别中去。

5. 运价的分类

按照不同的标准，运价有以下几种分类方法。

（1）根据运输对象的不同，运价可以分为客运运价（或票价）、货物运价和行李包裹运价。

（2）根据运输方式的不同，运价可以分为铁路运价、公路运价、水运运价（包括长江运价、地方内河运价、沿海海运运价和远洋运价）、航空运价，以及当货物或旅客运输是由几种运输方式联合完成时在各种运输方式运价基础上形成的联运运价。

（3）根据运价适用地区的不同，运价可以分为适用于国际运输线路、航线的国际运价，适用于国内旅客和货物运输的国内运价及适用于某一地区的地方运价。

（4）根据运价适用范围的不同，运价可以分为普通运价、特定运价和优待运价。普通运价是运价的基本形式，如铁路有适用于全国正式营业线路的全国统一运价，其他运输方式也有普通运价这种形式。特定运价是普通运价的补充形式,适用于特定的货物、特定的车型、特定的地区、特定的线路和航线等。优待运价属于优待减价性质,如客票中有减价的小孩票、学生票,也有季节性的优惠票。货运优待运价适用于某些部门或有专门用途的货物及回空方向运输的货物等。

(5) 根据托运货物数量的不同,运价可以分为整车运价、零担运价和集装箱运价。整车运价适用于一批重量、体积或形状需要以一辆货车或卡车装载,按整车托运的货物。通常有两种计费形式:一种是按吨计费,另一种是按车计费。大多数国家采用按吨计费。零担运价适用于每批不够整车运输条件而按零担托运的货物,它也是铁路和公路运输中普遍采用的运价形式。一般来说,由于零担货物批量小、到站分散、货物种类繁多,在运输中需要比整车货物花费更多的支出,所以同一品名货物的零担运价要比整车运价高得多。集装箱运价适用于使用集装箱运送的货物。目前我国集装箱运输发展很快,各种运输方式对于集装箱运价都有不同的规定。集装箱运价一般有两种形式:一种是单独制定的集装箱运价,另一种是以整车或零担为基础计算的集装箱运价。一般来说,集装箱运价按低于零担运价、高于整车运价的原则制定。

**6. 运价的形式**

1) 铁路运价的形式

(1) 统一运价。这是铁路运价的主要形式,适用于全国各个地区,实行按距离类别、货种类别的差别运价。

(2) 特定运价。除上述统一运价外,根据运价政策,对按特定运输条件办理或在特定的地区、线路运输的货物,规定特定运价;对于需要提高服务水平和改善服务质量的列车,如客运空调列车、快运货物列车等实行优质优价。特定运价一般按普通运价加成或减成计算,也可另定。它是统一运价的补充,可以因时、因地、因货制定。

(3) 浮动运价。对于在不同季节忙闲不均的线路,在不同的季节可实行不同的运价。

(4) 地方铁路运价。为了提高地方修建铁路的积极性,允许地方铁路采用单独的运价。

(5) 新路新价。对于新建的铁路、进行复线或电气化改造的铁路,可实行新路新价,其运价水平一般高于统一运价。

(6) 合同运价。合同运价也称协议运价,其运价水平由货主和承运人根据运输市场供求关系及各自的利益协商议定,国外运输企业多采取这种运价形式。

2) 公路运价的形式

(1) 计程运价。计程运价又按整车运输和零担运输分别计算。整车运输以 $t \cdot km$ 计价,零担运输以 $kg \cdot km$ 为单位计价。

(2) 计时运价。计时运价以 $t \cdot h$ 为单位计价,适用于特大型汽车或挂车及计时包车运输的货物。

(3) 长途运价。长途运价适用于长途运输的货物,实行递远递减的运价结构。

(4) 短途运价。短途运价适用于短途运输的货物,按递近递增原则采取里程分段或基本运价加吨次费的办法计算。

(5) 加成运价。对于一些专项物资、非营运线路单程运输的货物、特殊条件下运输的货物、特种货物等,可实行加成运价。

3) 水运运价的形式

（1）里程运价。里程运价又称航区运价，这是对同一航区各港间不同货种、不同运距而规定的差别运价。

（2）航线运价。航线运价适用于某两个港口之间的直达货物运价。

（3）联运运价。联运运价适用于水陆联运、水水联运，一般分别以铁路、公路和水路各区段的运价为基础，并按统一规定的减免率进行计价。

（4）国际水运运价有以下几种形式。

① 班轮运价。远洋运输的班轮采取级差运价和航线运价相结合的运价。班轮运输是按照班轮公司或班轮公会制定并事先公布的运价和计费规则计收费用的。

② 航次租船运价。航次租船运输是按照船舶所有人和承租人之间在租船合同中约定的运价和装运货物数量计算运费的，有时也实行包干运费。航次租船运价取决于租船市场的供求关系，其升降幅度受货物对运费的负担能力和运输成本的限制。

③ 国际油船运价。在油船航次合同中，运价通常都是以船舶所有人和承租人同意的、由某一国际航运组织或经纪人组织制定的油船费率表所规定的费率为基准，并按租船市场行情确定。

4) 航空运价的形式

航空运价分国内货物运价和国际货物运价。国际货物运价又分为普通货物运价、特种货物运价、专门货物运价、集装箱运价等几种形式。

## 6.2.2 影响运输企业定价的因素分析

运价的制定要受到运输企业内部和外部一系列因素的影响和制约。运输企业内部因素包括运输成本、定价目标、营销组合策略；外部因素包括市场需求、市场竞争状况、法律和政策因素，以及其他因素（如宏观经济状况等）。

**1. 运输成本**

运输成本是运价的基本经济界限。一般来说，运价必须能够补偿运输生产及市场营销的所有支出，并能补偿生产经营者为其所承担的风险支出。运输成本的高低是影响运输企业定价的一个重要因素。根据市场营销定价策略的不同需要，对运输成本分析主要涉及以下几个成本概念，现分别加以叙述。

（1）固定成本，即运输企业在一定规模内提供运输劳务的固定费用，是在短期内不随业务量变化而发生变动的成本费用，如运输设施和运输工具的折旧、保养、保险费用，人员的福利，管理经费等。

（2）变动成本，即运输企业在同一范围内随业务量变化而发生变动的成本，如运载工具的燃料费用、人力及机械装卸费用等。

（3）总成本，即固定成本与变动成本之和，当周转量为零时，总成本等于固定成本。

（4）平均固定成本，即总固定成本除以周期量的商。固定成本不随周期量而变动，但是平均固定成本必然随产量的增加而减少，反之则相反。这正是规模经济效益的体现。

（5）平均变动成本，即总变动成本除以周转量的商。平均变动成本一般不随业务量的变动而变动，但是当生产发展到一定的规模，工人劳动熟练程度的提高、批量采购原材料价格的优惠、运输服务质量的改善等会使平均变动成本呈递减趋势。但如果超过某一个极限，组合经济效益会变差，则平均变动成本又有可能上升。

（6）平均成本，即总成本除以周转量之商。因为固定成本和变动成本随着运输效率的提高和规模经济效益的逐步形成而下降，单位运输产品平均成本呈递减趋势。

（7）边际成本，即增加或减少一个单位产品而引起的总成本变动的数值，或定义为随着给定产量的增加而增加的总成本。因为由产量变化而引起的总可变成本的变化和总成本的变化在数值上是相等的，所以边际成本也可以定义为一个单位产量变化时引起的总可变成本的变化。边际成本有时也称增量成本。

（8）机会成本，即将某种资源投入某种用途而放弃的其他用途的最大收入。机会成本的分析要求企业在经营中正确选择经营项目，其依据是边际收益大于机会成本，使有限的资源得到充分的利用和最佳的配置。

### 2. 定价目标

定价策略是以企业的营销目标为转移的，不同的目标决定了不同的策略，乃至不同的定价方法和技巧。定价目标是企业营销目标具体分解到价格战略的体现，企业应根据自身产品的性质和特点，权衡利弊加以选择。

1）利润导向的定价目标

（1）利润最大化目标。以最大利润为定价目标指的是企业期望获取最大限度的销售利润。但追求最大利润并不等于追求最高运价，企业应综合分析本身的生产能力与实力、生产成本、市场需求与价格弹性、竞争态势等，以总收入减去成本的差额最大化为定价基点，确定单位运输产品的价格，争取获得最大利润。

（2）目标利润。以预期的利润作为定价目标就是企业把某项产品或投资的利润水平规定为销售收入或投资额的一定比例，产品的定价是在成本的基础上加上目标利润。以目标利润为定价目标的企业通常应具备两个条件：企业具有较强的实力，在行业中处于领先地位；采用这种定价目标的多为新产品、独家产品及低价高质量的标准化产品。

（3）适当利润目标。它是指企业在市场竞争中为了保全自己，减少风险，或者限于实力不足，以满足适当利润作为定价目标。因为这种定价目标既能稳定市场价格，避免不必要竞争，又能获得长期利润，价格适中，消费者愿意接受，同时也符合政府的价格指导方针，是一种兼顾企业利益和社会利益的定价目标。目前运输企业多采用该种定价目标。

2）销售导向的定价目标

以销售数量为定价目标是指企业以维持和提高市场占有率、巩固或扩大销售数量为定价目标。企业得以生存和发展的基础就是提高市场占有率和维持一定的销售数量。它可以使企业在不景气时安渡难关，免遭淘汰，在市场兴旺时期，增加企业利润，以保持企业在竞争中的地位。该种定价目标使企业在定价时把销售数量与价格通过分析需求价格弹性联系起来，从而可以保证价格制定的合理性。在这种定价目标下，企业多实行"薄利多销"的经营方针，着眼于获取长期利润，避免高价高利的激烈竞争。

3）竞争导向的定价目标

市场经济条件下，大多数企业对于竞争者价格十分敏感，常常以跟随市场价格为定价目标。该种定价目标下有以下3种情况。

（1）当企业具有较强的实力，在该行业中居于价格领袖地位时，其定价目标主要是对付竞争者或阻止竞争对手,因此会首先变动价格。

(2) 具有一定竞争力量,居于市场竞争的挑战者位置时,定价目标是攻击竞争对手,侵蚀竞争者的市场占有率,价格定得相对低一些。

(3) 市场竞争力较弱的中小企业主观上都希望避免同行企业之间的价格竞争,因为价格竞争势必给他们带来巨大的经济损失,因而一般都与领袖价格保持一致或适当差距,同时并不首先改变价格,以避免竞争,在无法避免的竞争中,则紧随市价做相应变动,以免处于不利地位和遭竞争对手的报复。

4) 社会责任导向的定价目标

社会责任导向的定价目标指企业由于认识到自己的行业或产品对消费者和社会承担着某种义务而放弃追求高额利润,遵循以消费者和社会的最大效益为企业的定价目标。

### 3. 营销组合策略

价格是产品市场定位的主要因素之一,价格决策直接与产品、渠道、促销三个营销组合因素相关联,产品的品质、机能、形象等本身就是价格的形成基础,选用不同的分销渠道会影响价格的高低,促销手段往往和价格联合起来同时使用才能发挥效用,价格策略的实施也要通过促销的功能发挥才能取得成功。总之,产品的定价要根据其市场定位,综合考虑其他营销组合因素来决定。

### 4. 市场需求

成本决定了产品价格的最低限度,而产品价格的最高限度则取决于市场需求量的大小。一项运输服务(产品)的潜在市场有多大,部分取决于其吸引区域。吸引区域内的企业数量与规模、人口、它们对运输服务需求的决定因素、支付能力及其未来的变化趋势等都有助于企业确定其产品的种类、供应地点与时间及其潜在需求。产品价格与市场需求之间的关系通常通过需求的价格弹性系数与交叉弹性系数这两个指标反映。

价格弹性系数为需求量变动的百分率与价格变动的百分率之比。如果产品的价格弹性系数 $E>1$,表明该产品需求富于弹性,可用降价来刺激需求,扩大销售;如果产品的价格弹性系数 $E<1$,表明该产品需求缺乏弹性,即使价格上升也不会使销售量产生很大变化,企业可采取提价策略;如果产品的价格弹性系数 $E=1$ 时,表明价格与需求量的变化成等比关系,企业的收入将不会变化。

对产品的需求不仅取决于它的价格,而且还取决于其互补品或其替代品的价格。如果 A 产品和 B 产品的需求相互关联,那么 B 产品的价格变动就会影响到 A 产品的销售。这种关联的强度可以用需求的交叉弹性来度量,并据此考虑价格变动的方向与幅度。交叉弹性系数为 A 产品销量变化的百分率与 B 产品价格变动百分率之比。

### 5. 市场竞争状况

市场价格是在市场竞争中形成的。按其程度,市场竞争可分为完全竞争、完全垄断和不完全竞争 3 种状况。不同竞争状况对企业定价产生不同的影响。

在完全竞争的市场状况下,企业可以采用"随行就市"或"随大流"的定价策略。但实际上这种完全竞争的市场状况在多数情况下只是一种理论现象,因为任何产品或劳动存在不同程度的差异,而且现代市场经济不可能离开国家宏观政策的干预。

完全垄断只有在特定的条件下才能形成,如运输行业中铁路、航空运输方式的独家垄断主要是由国家拥有资源、设备和设施。这种市场状况下，垄断企业缺乏降低成本的外在压力，结果使生产效率低下，服务质量差，社会资源配置欠佳。在此情况下，非垄断性企业定价必须十分谨慎，以防垄断者的价格报复。

不完全竞争包括垄断竞争和寡头垄断竞争，是现代市场竞争中普遍存在的典型竞争状况，它介于完全竞争与完全垄断之间。现代市场经济已经离不开国家干预，宏观经济学的不断完善使得这种干预日趋理性化，并逐步向国际化发展。在这种状态下，多数经营者都能积极主动地影响市场价格，同时又必须在国家干预的范围内作为价格的接受者。企业在制定价格时，应当认真分析研究各种竞争力量和垄断力量的强弱，制定适合自身发展的价格和价格策略。

**6. 法律和政策因素**

由于市场经济的发展，价值规律、供求规律、竞争规律等的自发作用会产生某些无法自我完善的弊端。因此，政府制定一系列的政策和法规，对市场价格进行调节和管理，并采用各种改革措施建立规范的价格管理体制。这些政策、法规和改革措施有监督性的，有保护性的，也有限制性的。它们在经济活动中制约着市场价格的形成，是各类企业制定价格的重要依据，企业在定价时都不能与之相违背。

**7. 其他因素**

运输需求是派生需求，是由于其他经济活动的需要而产生的，因而受宏观经济形势影响较大。宏观经济形势处于上升阶段时，运输需求旺盛；宏观经济形势不景气时，运输需求不振。另外，季节性农副产品、工业品的销售及旅客假日出行等带来的运输需求的季节性波动也是运输企业在制定运输产品价格时应考虑的因素。

## 6.2.3 运输企业定价的原则

**1. 以运输价值为基础的原则**

平均运输成本是运输价值的一般反映。就个体而言，由于技术条件和管理水平不同，其运输成本可能存在一定的差异。但就整个行业或一定区域而言，其技术条件和管理水平是相对稳定的，平均运输成本可以从中确定。因为平均运输成本反映运输价值，以运输价值为基础制定运价，可使不同经营者在道路运输生产过程中的劳动耗费按照统一的尺度来计量和补偿，从而保证道路运输生产活动的正常进行。

**2. 反映供求关系变化的原则**

价值规律对道路运输市场的调节作用表现为：随着供求关系的变化，运价围绕着运输价值上下波动。运价只有灵敏而准确地反映这种供求关系的变化，才能促进运输市场机制的灵活运转，并实现政府对运输市场的有效控制。否则，就会抑制运输生产力的发展，甚至因供求关系失调而导致市场机制的丧失。

**3. 比价关系合理性原则**

运输业内部存在多种不同的运输形式，在制定运价时，必须充分考虑各种运输形式间的价格协调，形成合理的差价比价体系，以便优化运力结构，实行优质优价，保护运输市场的正当竞争，提高行业整体素质，推动全行业的协调发展。同时，在制定运价时，还需考虑不同运输方式间保持合理的比价关系，以提高整个综合运输体系的竞争能力，促进各种运输方式的综合发展。

### 4. 政策性原则

运价作为国家调控道路运输市场的经济手段，在其制定过程中必须全面贯彻国家的经济政策和产业政策，为实现国家在一定时期的政治、经济任务服务。

## 6.2.4 运价制定的基本方法

运价定得太低不能产生利润，定得太高不能赢得顾客。一般情况下，运输成本规定了可行运价的下限，顾客的承受能力规定了可行运价的上限。鉴于成本、需求和竞争是影响价格行为的三个主要因素，而运输企业在具体定价时，又往往侧重其中一个因素，这样就形成了成本导向、需求导向和竞争导向3大类定价方法。

### 1. 成本导向定价法

成本导向定价法是指运输企业从运输成本角度出发考虑其运输产品的定价问题。其具体又分为以下3种方法。

（1）成本加成定价法。该定价法是以单位运输成本为基础，加上一个固定百分率的行业标准的单位利润，即构成运价。这里，这个固定百分率的单位利润被称为加成，这个固定百分率被称为加成率。其计算公式为：

$$运价 = 单位运输成本 \times (1 + 加成率)$$

采用成本加成定价法计算方便；其局限性主要是忽视了市场需求与竞争，同时在许多情况下难以将总成本精确地分摊到各种运输劳务上去，因而真实性有限。

（2）边际贡献定价法。边际贡献定价法也称变动成本定价法。所谓边际贡献，即价格超过变动成本的部分，这部分余额可首先用来弥补固定成本，完全弥补后有剩余，就是运输企业利润；如不能完全弥补，其未能弥补的部分就是运输企业亏损。这种方法适用于运输生产能力有余和回程货运等情况。

采用边际贡献定价法必然低于用成本加成定价法制定的价格，但在市场供过于求的情况下，若用成本加成定价法，产品会推销不出去，从而使运输企业蒙受更大的损失。在运力过剩，运输市场不景气的情况下，用此方法定价可以减少运力的闲置或浪费，为运输企业创造边际贡献，以增加收益，减少损失。

（3）收支平衡定价法。收支平衡定价法就是运用盈亏平衡分析原理来确定价格水平。该定价方法是指在已知固定成本、变动成本及预测销售数量的前提下，通过求解盈亏平衡点来制定价格的方法。盈亏平衡公式为：

$$Q = \frac{F}{P-V} \text{ 或 } P = \frac{F}{Q} + V$$

式中：$F$——固定成本；

$V$——单位变动成本；

$P$——单价;

$Q$——盈亏平衡点销量。

但运输企业从事生产经营活动不仅仅是为了保本,而是要获得目标利润。因此,制定价格时必须加上目标利润,则其公式为:

$$Q = \frac{F+W}{P-V} \text{ 或 } P = \frac{F+W}{Q} + V$$

式中:$W$——目标利润。

此方法应用简便,可求出运输企业可接受的最低价格,即高于盈亏平衡点的价格,但采用时也存在测定销售量的准确性问题。

### 2. 需求导向定价法

需求导向定价法即不以产品成本为定价的基本出发点,而根据消费者的感觉和需求程度来定价。这类定价方法主要有认知价值定价法和顾客对运价承受能力定价法。

(1) 认知价值定价法。运输企业运用营销组合中的非价格变量(如产品、质量、服务、广告等)在顾客心目中建立起对产品的认知价值,并将它捕捉住,据此制定运价。认知价值定价法的关键不是产品的成本,而是顾客对产品价值的认知。例如,集装箱班轮运输比传统的班轮运输可以提供更快捷、方便、可靠的服务,货主认为集装箱班轮运输提供的服务价值比传统的班轮运输高,所以他们愿意支付较高的运价,尽管集装箱班轮运输的成本可能比传统的班轮运输低。认知价值是顾客在观念上所认识的价值,它不一定与产品的实际价值相一致。又如,由于某公司在货主中建立了良好的信誉,所以它开出高于一般船公司的运价,而仍然能被货主所接受,但就某些航次而言,其运输质量也许与普通船公司没有什么差别。认知价值定价法要求运输企业通过市场调研,了解顾客对运价水平的反映,先估计出在哪种市场运价下能争取到理想的运量,并据此计算出基本运价。此外,运输企业还要按此基本运价比较运输成本,算出能否获得满意的利润。若此运价低于运输成本或达不到满意的利润,运输企业就需要采取其他营销措施。

(2) 顾客对运价承受能力定价法。这种定价方法实际上是依据顾客对运输需求的价格弹性理论来定价的。对于货物而言,如果其自身价值很高,运价只占其销售货物价格的一个较小比率,适当提高这类货物的运价,货主不会很在乎,因为这对货物的最终需求不会有太大影响。但对于自身价值很低的货物来说,情况则相反。这种定价方法的计算公式是:

$$运价 = 货物价值 \times 承受能力系数$$

这里的货物价值指的是货物的市场价格。承受能力系数指运价占货物价格的比率,通常根据市场调研或以往经验来确定。根据联合国贸易和发展会议的统计资料,航运中班轮运价占货物价格的比率为$1.2\% \sim 28.4\%$,廉价的大宗货物的承受能力系数为$30\% \sim 50\%$。

### 3. 竞争导向定价法

竞争导向定价法主要依据竞争者的产品价格来制定本企业产品的价格,也就是随行就市,即按照行业的平均价格水平来确定本公司的价格。但竞争导向定价不是说把本公司的价格定得与竞争者的价格完全一样,可以略高或略低于竞争者的价格。

在下列情况下运输企业往往采用竞争导向定价法：
（1）难以估算成本；
（2）本运输公司打算与同行业者和平共处；
（3）如果另行定价，很难知道购买者和竞争者对本运输企业价格的反应。

## 6.2.5 运输企业的定价策略

定价策略是指在制定价格和调整价格的过程中，为了达到企业的经营目标而采取的定价艺术和方法。它是定价目标和定价方法的具体化，是具有灵活性、技巧性、竞争性和操作性的营销手段。运输企业正确选择并创新定价策略，对于实现营销目标具有重要意义。

**1. 运输新产品的定价策略**

运输新产品能否在市场上站住脚，并给运输企业带来预期收益，运价起着重要作用。其定价策略主要有以下两种。

（1）高价策略。高价策略，即在新的运输方式或项目开拓时期，运价定得很高，以便在较短的时间就获得最大利润。适用这种定价策略的新产品一般在投入市场时竞争较小。运输企业利用消费者求新求奇的心理，以高价厚利迅速实现预期利润，同时使产品提高威望、抬高身价，为以后广泛占领市场打下基础。一旦竞争加剧，可采取降价策略，限制竞争者加入，稳定市场占有率。其缺点是由于当新产品尚未在用户心目中建立声誉时，高价不利于打开市场；而如果市场销路旺盛则很容易引起竞争者加入，竞争者加入太多必然造成价格下降，使经营好景不长。国外通常把这种定价策略称为"取脂定价策略"或"撇油定价策略"。

（2）低价策略。低价策略，即在新产品投入市场时价格定得较低，使用户很容易接受，以利于快速打开市场。采用这种定价策略的产品，其特点是潜在市场很大，运输企业生产能力较强，同时竞争者容易加入。这种定价策略适用于以下几种情况。

① 某种运输服务的需求弹性大，低价可以促进销售；

② 营销费用、运输成本与运输量关系较大，即运输量越大，单位运输量承担的成本费用越低；

③ 潜在市场大，竞争者容易进入，采用低价策略，利润微薄，别的运输企业不愿参加竞争，有利于扩大市场占有率；

④ 在运输不发达、购买力弱的地区，有利于逐步培育市场。

国外通常把这种定价策略称为"侵入策略"或"渗透策略"。

**2. 满意定价策略**

企业将行业或社会平均利润率作为确定企业目标利润的主要参考标准，比照市场价格定价，避免不必要的价格竞争，通过其他促销手段扩大销售，推广新产品。采用这种定价策略容易使运输企业与货主或旅客双方面都满意，故而得名。这种定价策略既可避免高价策略因高价而带来的市场风险，又可使运输企业避免因价低而带来的产品进入市场初期收入低微、投资回收期长等经营困难。

**3. 折扣和让价策略**

企业为了鼓励顾客大量购买、淡季购买等，酌情降低其基本价格。这种价格调整被称为价格折扣或折让。其主要有以下几种。

（1）数量折扣，即因用户托运货物数量大、购买客票数量多所给予的折扣优惠。数量折扣又分为累计数量折扣和一次数量折扣，前者是规定在一定时期内，购买量达到一定数量即给予的折扣。这一策略鼓励用户大量或集中向本运输企业购买运输服务。

（2）季节折扣，运输生产的季节性很强，在运输淡季时给予一定的价格折扣有利于刺激消费者均衡需求，便于运输企业均衡运输组织作业。

（3）现金折扣，即运输企业对以现金付款或提前付款的用户给予一定比例的价格折扣优惠。现金折扣在西方很流行，它可以改善运输企业的现金周转，减少赊欠和坏账损失。

（4）代理折扣，即运输企业给运输中间商（如货运代理商、票务代理）提供的价格折扣，以便发挥中间商的组货、组客功能，提高运输企业的市场占有率。

（5）回程和方向折扣，即在回程或运力供应富裕的运输线路与方向上给予价格折扣，以提高运输工具的使用效率，减少运能浪费。

**4. 心理定价策略**

这是运用心理学原理，根据不同类型的用户在购买运输服务时的不同消费心理来制定价格，以诱导用户增加购买的定价策略。其主要有以下两种。

（1）分级定价策略。分级定价策略即在定价时把同种运输分为几个等级，不同等级采用不同的运输价格。这种定价策略能使客户产生货真价实、按质论价的感觉，因而较易为用户所接受。采用这种定价策略时，等级划分不能过多，级差也不能太大或太小，否则会使用户感到烦琐或显示不出差距而起不到应有的效果。

（2）声誉定价策略。这是根据顾客对某些运输企业的信任心理而使用的价格策略。有些运输企业在长期市场经营中在顾客心中树立了声望，如服务态度好、运输质量高、送达速度快等，因此这些运输企业可以采用比其他运输企业稍高的价格。当然，这种定价策略要以高质量作保证，否则就会丧失运输企业的声望。

**5. 差别定价策略**

差别定价是指企业根据不同顾客群、不同的时间和地点对同一产品或劳务采用不同的销售价格。这种差别不反映生产和经营成本的变化，还有利于满足顾客不同需求和企业组织管理的要求。例如，船公司给重要的货运代理商和大货主提供的运价要低于给普通代理商和货主的运价，以维持与客户良好的关系，保证稳定的货源。还有一个典型的例子是班轮公会的双重运价制，运价由班轮公会制定，供参加班轮公会的班轮公司使用。其具体做法是：对于与班轮公会缔结合同愿将货物全部交由班轮公会运输的货主，按合同费率计收运费；对于未与班轮公会缔结合同的货主，则按非合同费率计收运费。

**6. 产品组合定价策略**

对于组合系列的产品，运输企业需要制定一系列的价格，从而使整个产品组合取得整体的最大利润。

（1）产品线定价策略。当运输企业生产的系列产品存在需求和成本的内在关联时，要依据产品在产品线中的不同地位制定不同的价格。如铁路集装箱各箱型运价的制定须综合考虑货主需求结构、各箱型的供应数量与运输成本等，以使运输企业的整体收益最大。

（2）单一价格定价策略。运输企业销售品种多而成本差别不大的商品时，为了便于消费者挑选和内部管理的需要，运输企业所有销售商品实行单一价格，如城市公共汽车运输中不论乘车距离远近统一实行单一票价制等。

#### 7. 调整运价策略

运价制定以后，由于宏观环境变化和市场供求发生波动，运输企业应主动地调整价格，以适应激烈的市场竞争。调整运价策略主要有两种形式，即主动调整和被动调整。

（1）主动调整。主动调整指运输企业因市场供求、成本变动等需要降低或提高运价。降低运价策略适用于运力供过于求，运输市场竞争激烈，或是本运输企业成本降低，有较强成本优势，欲利用该策略扩大市场占有率等情况。提高运价策略适用于运力供不应求、本运输企业因非经营因素所导致的成本上涨等情况。无论采用降低还是提高运价策略，运输企业在运价调整之前，必须对竞争者、顾客及运输企业自身情况进行认真分析，包括竞争产品的成本结构，竞争对手的运价、竞争行为和习惯，竞争者生产能力的利用情况，该产品的市场需求量大小，顾客对该产品运价的敏感程度，运输企业的经济实力和优势劣势等。然后在此基础上做好调价的计划，包括调价的时间、调价的幅度、是一次调整还是分多次调整及调价后整个市场营销策略的变动等。调价后还要注意分析顾客和竞争者对调价的反应及运输企业市场占有率和收入利润的变化。

（2）被动调整。被动调整是指在竞争对手率先调价后，本运输企业据此做出的反应。运输企业同样须对竞争者、顾客及本运输企业情况进行分析研究，进而做出决策。一般来说，运输企业对调高价格的反应较容易。竞争对手具备某些差别优势，没有把握不会提价。若本运输企业也有相似优势，正好跟进；若本运输企业不具备类似优势，则不宜紧随，待大部分运输企业都提价后，本运输企业再跟进较为稳妥。

对于竞争者率先降价，运输企业一般反应较慎重，通常有以下 3 种处理方式：

① 置之不理，这在竞争者降价幅度较小时采用；
② 价格不变，但增加服务内容或加大销售折扣；
③ 跟随降价，一般在竞争者降价幅度较大时采用。

调整运价对运输企业都是有风险的，实际操作中较妥当的方法则是运输企业稳定价格策略。同时，价格策略是市场营销组合的有机组成部分，必须与产品策略、渠道策略、促销策略配合使用才能有效达成运输企业营销目标。

### 6.2.6 运输价格的管理

#### 1. 政府定价和政府指导价的管理

政府定价和政府指导价应根据当地的物价总水平、运输的平均成本及市场供需状况，考虑不同运输方式的比价关系，综合制定。抢险、救灾、战备等客、货运和跨省、跨地（市）定线客、货运的价格水平和幅度由省级物价管理部门和交通主管部门共同制定。各地物价管理部门和交通主管部门按分工管理权限制定和调整道路运输价格。运输价格的制定和调整应向上一级主管部门呈报备案，并以书面形式正式下达。

#### 2. 经营者定价的管理

经营者因经营活动的需要，可在规定的定价范围内或在政府指导价规定的幅度范围内自行制定和调整运输价格。经营者定价实行报案制度。经营者根据有关规定自行定价或调价后，应向当地交通主管部门备案，建立内部运价管理制度，加强运价内部管理，自觉接受物价部门、交通主管部门对道路运价的监督检查，如实提供运价监督检查所必需的账簿、单据、凭证、文件及有关资料。

### 3. 运价的监督检查

加强运价的监督检查主要是为了防止、纠正或取缔经营者使用不正当价格手段从事道路运输经营活动的行为。

## 思考与练习

1. 基本概念

   运输成本　　固定成本　　公共成本　　疏密度
   装载能力　　运输价格　　距离差别运价结构　　货种差别运价结构
   航线运价　　航次租船运价　　认知价值定价法　　边际贡献定价法

2. 简答题

   （1）运输成本是由哪些具体的成本构成的？
   （2）在运输业务中，根据运输成本构成应怎样选择不同的运输方式？
   （3）在运输过程中，合理化运输的意义是什么？
   （4）运输市场的市场结构是怎样的？
   （5）不同的运输企业应怎样进行运输定价？

3. 案例阅读与分析

### 运输成本节约革命

1999年年初，美的集团进行了一场物流管理革命：美的集团庞大的后勤部门全部实行社会化服务。2002年伊始，在一年一度的"美的集团车队投标会"上，又有一个车队"出局"，原有的6个小车队只剩下了3个，车辆总数降到50辆，最大的车队有20多辆车，总体成本大幅下降。2001年，美的集团用车的费用不到1 000万元，仅为美的集团后勤改革前的2/3。美的集团前首席执行官（CEO）何享健说："这是美的集团'割肉减肥、轻装上阵'的结果。"

何享健产生这样的想法是在1998年年末。当时，何享健的手上叠着一大摞的报告：买车！各部门都向美的集团提出购车计划，而且各部门都向他诉苦，如果不添新车，部门工作将会受到严重影响。何享健拿着这些报告一算，仅购车就要1 000万元，再加上配置司机及相关费用，新增开支在2 000万元以上，这样一来，仅车队一项，美的集团的支出将远远超过3 000万元。

对车队的"手术"分为"两刀"。第一刀，通过招标，将货运车队承包出去：将车全部折价卖给承包人,由承包人以市场竞争的方式参与美的集团的货运业务。第二刀,是小车队,又分为3个层面:高层干部、司机、有车的部门。

美的集团高层干部是小车既得利益者,改革的反对之声也最多的来源于此。美的集团的做法是,美的集团所有人员一律不再配司机与公车,鼓励高层干部自己买私车:购新车者,美的集团一次性补贴相当数额的费用,购现用车实行美的集团内部网上公开竞价,价高者得,同时美的集团提供较大比例的无息贷款。此外,根据级别每年给予车辆使用补助费,如副总裁每年的车辆补助费是8万元。

在对司机的改革方面,鼓励司机自由组合成几个车队,将每一辆车的车况进行详细统计,通过美的集团内部网上竞标方式拍卖给车队,美的集团提供高达70%~80%的按揭贷款。贷款部分每年由车队为美的集团的服务费中扣减。司机自由组合成6个车队,与美的集团脱钩,司机不再是员工,但车队主要是为美的集团服务,也可以在为美的集团服务的基础上,承接社会业务。车队与司机介于美的集团内外的门槛之间。6个车队在美的集团内部形成竞争,谁出价低、谁服务好将争取到更多的业务。而车队对司机的管理是工资与出车业务量挂钩,服务好的司机将获得更多的业务和收入、报酬。车队与司机这种介于美的集团内与外之间的地位是美的集团与车队、司机间的双赢。车队、司机寄生于美的集团,但生存的前提是保证良好的服务质量。

由于各部门不再养车,用车费用被纳入全年预算,用车多少与业绩考核挂钩,每次用车填单,这样便有效杜绝了乱用车的现象。2001年全年,整个美的集团用车的费用还不到1 000万元。

你认为美的集团在降低运输成本的过程中采用的改革方式与运输市场规律有什么联系?

# 第7章

# 运输服务管理与创新

**学习目标**
- 了解服务的概念及特征,熟悉客户服务的基本理论。
- 掌握客户服务的原则、"7R"客户服务标准、客户服务的基本能力等。
- 了解服务质量管理的理论,熟悉服务质量管理的特殊性。
- 掌握运输服务质量、运输质量监督管理及运输服务创新的内容。

## 7.1 服务概述

### 7.1.1 服务的概念及特征

**1. 服务的概念**

运输向用户提供的不是有形产品,而是一种服务,它创造了物品的空间效用,并以空间效用为主,辅以多种增值服务功能,满足了用户的需求。所以,运输是服务性的活动。随着服务业在经济领域发挥着越来越重要的作用,从20世纪50年代开始,市场营销专家对服务概念的论述越来越多,其中比较有代表性的有以下几种。

(1) 1960年,美国市场营销学会(AMA)最先给服务下了定义:"服务是同产品连在一起进行出售的活动、利益或满足感。"这一定义在此后的很多年里一直被很多人所引用。这个定义的缺点在于没有把有形产品同无形服务区分开来,因为有形产品也是用于出售并使购买者获得利益和满足的。

(2) 1974年,斯坦顿(Stanton)提出服务是"可被独立识别的不可感知活动,为消费者或工业用户提供满足感,但并非一定要与某个产品或服务连在一起出售"。这个定义概括出了服务的特点包括"不可感知",同时也提出了服务的目的是要让客户满足。

(3) 1990年,国际知名的芬兰服务营销学家格罗路斯(Gronroos)在总结前人研究的基础上，对服务的定义为："服务一般是以无形的方式在顾客与服务职员、有形资源、商品或服务系统之间发生的、可以解决顾客问题的一种或一系列行为。"这个定义是比较有影响的定义之一，它指出了服务的无形性特点，同时还指出了服务的本质在于解决顾客面临的问题，且构成服务的因素包括顾客、服务人员、服务产品和有形资源几个方面，在一定意义上概括出了服务营销的一些要素。

（4）美国市场营销学会（AMA）在1960年定义的基础上重新修改之后的服务定义是："可被区分界定，主要为不可感知，却可使欲望得到满足的活动，而这种活动并不需要与其他产品或服务的出售联系在一起。生产服务时可能会或不会需要利用实物，而且即使需要借助某些实物协助生产服务，这些实物的所有权将不涉及转移的问题。"

除此之外，ISO 9004-2也对服务进行了定义："服务是为满足顾客需要，在同顾客的接触中，供方的活动和供方活动的结果。"从该定义可以看出：服务的目的是满足用户的需要，帮助用户解决他们需要解决的问题；帮用户解决问题的活动要与用户接触，在与用户接触的过程中解决问题；不是用实物去满足用户的需求，而是用供方的活动和活动的结果去满足用户的需求。

**2. 服务的特征**

服务也是一种产品，但它是一种特殊的产品，具有如下特征。

（1）服务具有无形性。无形性是服务的最主要特征。服务或服务的要素多具有无形的性质，让人触摸不到或用肉眼看不见。不仅如此，顾客消费服务获得的利益也很难感触到或只能抽象地表达出消费服务的感受。例如，售货人员的热情、周到，维修人员的认真、细致等，顾客只能用抽象的语言来表达其受益，无法定量地进行描述。不过，纯粹的、独立的无形服务是少见的，多数的服务是与有形产品相伴而存在的，服务提供的过程是以有形产品为载体的。例如，商店里的售货服务，离开商品这个载体，售货服务就无法独立存在。运输也是如此，如果没有用户的物品作为载体，运输就没有客体，服务的功能和效用就无法体现。

（2）服务的生产和消费不可分离。服务的生产和消费是同时进行的，即服务人员向顾客提供服务时，顾客同时也在消费这种服务，两者在时空上不可分离。日本学者江见康一认为，由于服务的生产和消费不可分离，导致调节服务供求一致的工具只能是时间，这一点与一般有形产品的供需调节是不相同的，后者可以通过库存数量的变化来调节。

（3）服务具有不可存储性。服务是一系列的活动过程，而且服务的生产和消费是同时进行的，这使得服务不能像有形产品那样储存起来，以备未来使用。服务企业提供的服务如果没有被消费掉，也不会造成服务的库存增大而消耗费用，服务企业的总成本也不会增加，仅表现为服务机会的丧失。服务机会的丧失当然会造成资源的浪费，如运输企业车辆闲置的浪费、人力资源的浪费等。因此，运输企业必须研究如何充分利用现有资源，包括人员、设备等。同时，运输企业应尽量增加服务供给的弹性，以适应服务需求的变化。

（4）服务是不包括所有权转让的特殊形式的交易活动。服务的提供与有形产品的交易不同，是一种经济合同或社会合同的承诺与实施活动，不存在所有权的转移，因为服务是无形的，在交易达成以后就消失了，顾客并没有"实质性"地拥有服务。由于服务的这一特殊性，使有些顾客感到购买服务有较大的风险，解决的办法要靠合同的规范和完善，也要靠企业的信誉，用户要找信誉好的企业来为自己提供服务。

## 7.1.2 客户服务的基本理论

**1. 客户服务的概念**

物流服务的理念已越来越受到关注,与传统物流活动相比,现代物流的最大革新不在于内容的拓展,而在于物流服务理念的确立及物流运作方式的变化。受市场规模和经营范围扩大等因素的影响,企业依靠自身组织物流活动变得不经济,越来越多的企业倾向于将物流活动交给独立的物流服务企业,即企业的物流功能在外化。物流由"活动"转变为"服务"而成为商品。物流服务企业提供给各种企业的是物流服务,而绝不仅仅是单独企业内部的物流活动。从某种意义上说,"服务"是物流的性质,而一流的客户服务已成为高水平物流服务企业的标志。客户服务不仅决定了现有的客户是否能够继续维护下去,而且决定了有多少潜在的客户会成为现实的客户。

**2. 客户服务的原则**

(1) 集中一点即专业化服务的原则。专业化服务是运输企业必须重视的经营理念之一。只有把物流过程中的各个环节都服务好了,运输企业才能整体、高效地运转,其服务水平才能不断地提高。

(2) 重点客户重点服务的原则。重点客户与合同客户对运输企业业务量的维持与发展至关重要,有时甚至关系到运输企业是否能够生存,所以重点客户必须重点服务。

(3) 精益求精即服务技术创新的原则。创新是运输企业的经营理念之一。运输企业只有不断创新,不断提高服务水平,才能在激烈的竞争中立于不败之地。

(4) 企业客户的客户是运输企业的客户的原则。企业客户也有他们自己的客户,他们的客户对他们提出服务要求,他们就会相应地向运输企业提出相应服务要求,如果运输企业不能满足这些服务要求的话,企业客户的客户就会不满意,中止与企业客户的合作,而企业客户也会因此中止与运输企业的合作。这给运输企业带来的损失可能很严重,所以要坚持企业客户的客户是运输企业的客户的原则,真诚热情地接待他们,为他们服务。

(5) 延伸服务即服务品种创新的原则。延伸服务是指除了物流服务范围之内的其他服务,即只要是客户提出的,运输企业都应尽可能满足,并合理向客户收取费用。

(6) 创造具体优质服务目标的原则。创造具体优质服务目标会使运输企业的员工工作能有章可遁、有规可依。例如:在上班时间内电话铃响5声之前一定要有人接;对客户的询问一定要在24小时内给予确切的答复;业务人员对在3 m以内的顾客必须直视其眸,并且微笑表示欢迎;业务人员在业务洽谈时拥有多大的权力有明文规定等。

**3. 客户服务的要素**

客户服务的内涵和外延十分广泛,有着不同的表述方法。具有代表性的有美国Bernald LaLonde和Paul Zinszer教授提出的交易全过程论,即客户服务可以划分为交易前、交易中和交易后三个阶段,每个阶段都涵盖了不同的服务要素。

1) 交易前要素

客户服务的交易前要素趋向于非常规和与政策相关的活动,他们需要管理部门的介入。这些活动虽然没有明确地涉及物流,但对产品销售有重要影响。交易前客户服务的特定要素包括以下几个方面。

(1) 客户服务政策的书面说明。客户服务政策的书面说明要反映客户需求，详细说明服务标准，确定由谁向什么人多长时间汇报一次绩效评价情况。而且，该政策的说明必须是可操作的。

(2) 针对客户服务政策的书面陈述。如果对所提供的服务水平弄不清楚，就难以告诉客户要提供什么服务。一个书面陈述减少了客户抱有不切实际的绩效期望的可能性，也使客户知道如果特定的绩效水平达不到，该怎样与企业沟通。

(3) 组织结构。虽然没有一个组织结构能与客户服务政策的成功执行最协调，但选择的组织结构应该能使那些涉及客户服务政策执行的职能部门之间便于交流及合作。

(4) 系统灵活性。系统需要有灵活性来应对非计划事件，如对暴风雪、原材料或能源短缺、罢工等做出有效反应。

(5) 管理服务。培训手册和研讨会可以帮助客户提高存货管理、订货或销售的水平，这也是客户服务的要素。

2) 交易中要素

交易中要素通常是那些与客户服务相关联的活动，它们包括以下几个方面。

(1) 缺货水平。缺货是对产品可得性的一种衡量。缺货应该按产品和客户来记录，确定问题出在何处。缺货发生时，可以通过为客户安排适当的替代品或在产品补充时的迅速装运来保证信誉。

(2) 订货信息。订货信息是给客户提供关于存货状况、订货、期望的装运与交货期、延迟供货等方面快速准确信息的能力。延迟供货能力使得需要立即处理的订单被确定与发出。

(3) 订货周期。订货周期是从客户订货开始直到向客户交货所需经历的总的时间。由于客户主要考虑总的订货周期，所以监测管理订货周期的每一部分以确定变化发生的原因是非常重要的。

(4) 迅速装运。迅速装运是那些受到特别处理降低了正常的订货周期的装运。虽然迅速装运的成本比标准处理的成本大得多，但是失去客户的成本甚至会更高。

(5) 转载。转载是为避免缺货而使产品在储存地点之间的运输。其发生常常取决于对客户需求的预期。

(6) 系统准确性。即在订货量、订购的产品和单据的准确性上的差错会给厂商与客户双方带来影响。差错应该被记录，并作为系统处理的订货数量的一个百分比被汇报。

(7) 订货的便利性。订货的便利性是指客户订货时经历的难易程度。一个适当的绩效衡量是差错数量占订货数量的百分比。这方面问题可以通过对客户现场指导被发现、减少或杜绝。

(8) 替代品。当订购的产品被不同规格的同一品种或被也能使用甚至效果更好的另一产品代替时，替代品出现。成功的替代品计划需要厂商与客户之间良好的沟通来实现。

3) 交易后要素

客户服务的交易后要素起着产品售后支持的作用，这些特定的交易后要素包括以下几个方面。

(1) 安装维护、改造、维修、零件。这些客户服务要素是采购决策中的重要因素，它们应该以与交易要素类似的方式来评价。

(2) 产品跟踪。产品跟踪是客户服务的另一必要部分。为避免受到投诉，企业必须能够从市场上收回潜在的有危险的产品。

(3) 客户要求、抱怨与退货。通常，物流系统的设计使产品往一个方向移动，即朝向客户。然而，几乎每个客户都有一些货物退回，这些货物的非常规处理的费用很大。企业的政策应该说明如何对待客户的要求、抱怨和退货。

(4) 产品代替。客户在收到采购品之前，或在以前所采购的产品维修时的等待期间内，有临时代用的产品。

### 4. "7R"客户服务标准

有的学者用7R原则来描述客户服务标准，即在合适的时间（right time）、合适的场合（right place），以合适的价格（right price），通过合适的渠道（right channel or way），为合适的客户（right customer）提供合适的产品和服务（right product or service），使客户合适的需求（right want or wish）得到满足、价值得到提高的活动过程。

(1) 合适的客户（right customer）：不是所有的客户都是企业的合适的客户。物流企业必须对客户进行必要的筛选，为客户提供有区别的服务：一般客户的基本服务，合适的客户的完善服务，关键客户的完美服务，有害客户的防御服务。

(2) 合适的产品和服务（right product or service）：是指产品为客户所真正需要，按照客户要求实行有特色的客户服务。

(3) 合适的价格（right price）：合适的价格应该在一定程度上符合客户的愿望，不是越高越好，更不是越低越好，而应该是在考虑双方共同利益的前提下，寻找到客户与企业之间的最佳契合点。

(4) 合适的时间（right time）：客户的需要是一定时间的需要，要能够在客户最需要的时候满足客户的需要。只有这样，才能真正达到物流服务的目的。

(5) 合适的场合（right place）：在客户需要的地方、合适的环境中为客户提供服务，往往会起到事半功倍的效果。

(6) 合适的渠道（right channel or way）：合适的渠道要适合客户的客观情况和满足客户的要求。

(7) 合适的需求（right want or wish）：客户的需求有不同种类、不同层次。企业寻找到合适的客户之后还应该找准客户合适的需求，不同的产品和服务应该有相对集中的需求对象和需求点。

### 5. 客户服务的基本能力

(1) 服务可得能力。服务可得能力是指当客户需要运输服务时所拥有的服务能力。

(2) 作业完成能力。作业完成能力涉及物流活动对所期望的完成时间和可接受的变化所承担的义务。

(3) 完成周期。完成周期是指从一开始订货时起至货物装运实际抵达时止的这段时间。我们必须以顾客的身份来考察企业在这方面所承担的义务。因为根据物流系统的设计，完成周期有很大的不同，即使在今天高水平的通信和运输技术条件下，订货周期也可以短到几个小时，或长达几周。

当然，供应商对存货可得性和作业速度这两方面的最高承诺是顾客存货委托。在顾客存货委托安排中，产品是按照顾客预期的业务需要进行存货的。

（4）一致性。虽然服务速度至关重要，但大多数物流活动更强调一致性。一致性是指企业在众多的完成周期中按时递送的能力。一般来说，服务可得能力与一旦需要就可以进行产品装运的存货能力有关；而完成周期则与持续地按时递送特定订货所必需的作业完成能力有关；一致性是指必须随时按照递送承诺加以履行的处理能力。由此看来，一致性的问题是物流作业最基本的问题。

（5）灵活性。灵活性是指处理异常的顾客服务需求的能力。企业的物流能力直接关系到在始料不及的环境下如何妥善地处理问题。需要企业灵活作业的典型事件有：修改基本服务安排，如一次性改变装运交付的地点；支持独特的销售和营销方案；特殊市场的定制或顾客的服务层次；在物流系统中履行物流服务的修订或定制，如定价、组合或包装等。在许多情况下，物流优势的精华就存在于其灵活能力之中。企业的整体物流能力取决于在适当满足关键顾客的需求时所拥有的"随机应变"的能力。

（6）故障恢复力。不管企业的物流作业有多么完美，故障总是会发生的，而在已发生故障的作业条件下继续实现服务需求往往是十分困难的。因此，企业应制订一些有关预防或应对特殊情况的方案，以防止故障发生。企业应通过合理的论证来承担这种应付异常情况的义务；而其制订的基本服务方案应保证高水平的服务，实现无故障和无障碍计划。为此，企业要有能力预测服务过程中可能会发生的故障或服务中断，并有适当的应急计划来完成恢复任务。当有实际的服务故障发生时，服务方案中的应急计划还应包括对顾客期望恢复的确认及衡量服务一致性的方法。

广泛地讲，客户服务可以定义为：发生在买方、卖方及第三方之间的一个过程，这个过程使交易中的产品或服务实现增值，这种增值意味着双方都得到价值的增加。从过程管理的观点来说，客户服务是通过节省成本费用为整个物流交易提供重要的附加价值的过程。另外，通过客户服务不仅要注重赢得新客户，而且留住老客户也至关重要，任何企业都应该对这一点特别重视。

**6．客户服务制度**

1）客户咨询

接到客户咨询的电话时，应详细介绍企业的相关情况，并耐心回答对方的问题。

（1）面对客户来访，热情接待，提供给客户企业的相关资料，并详细介绍业务情况。

（2）根据情况，记录下客户的基本资料，交给业务员，以待开发潜在客户。

2）客户维护

（1）把客户的相关资料录入系统，并根据客户的业务变化，及时更新客户信息，以便查询。

（2）负责将各种客户提供的单据录入系统，并整理、保管、归档。

（3）对客户要求保密的信息保守秘密。

（4）对每张单据实施跟踪，记录在案，以便客户查询时提供。

（5）经常联络客户，保持与客户的良好关系，维持业务，并期待发展业务。

（6）如有特殊情况出现，并且可能给客户业务造成影响时，应及时告知客户，并妥善解决。

（7）对于客户提出的问题应及时答复，予以解决。

3）客户投诉

（1）文明礼貌、热情地接待投诉。

（2）接到投诉后，及时做好投诉时间、内容的记录，并报相关部门解决。
（3）投诉处理应及时，不得积压，并做好投诉处理记录，以便企业借鉴，不断进步。
（4）得到相关解决方案后，应及时告知投诉方，并实时跟踪客户满意度。
（5）操作和犯错人员都应该从客户投诉和相关处理中得到改进。

## 7.2 运输服务质量管理与创新

### 7.2.1 服务质量管理概述

**1. 质量与质量管理**

质量是指一组固有的特性满足要求的程度。

（1）质量不仅是指产品质量，也可以是某项活动或过程的工作质量，还可以是质量管理体系运行的质量。"固有的"指某事或某物本来就有的，尤其是那种永久的特性，而不是人为赋予的。"要求"是指明示的、通常隐含（即不言而喻）的或必须履行的需要或期望。对质量的要求除考虑满足客户的需要外，还应考虑组织自身利益、提供原材料和零部件等的供方的利益和社会的利益等多种需求，如安全性、节约能源、环境保护等外部的强制要求。

（2）要求不是固定不变的。随着技术的发展、生活水平的提高，人们对产品、过程或体系会提出新的质量要求。因此，应定期评定质量要求，修订规范，不断开发新产品、改进老产品，以满足已变化的质量要求。同时，质量具有"相对性能"，不同国家、地区因自然环境条件、技术发达程度、消费水平、风俗习惯等不同，会对产品提出不同的要求。

（3）在相对比较两个产品或体系质量的优劣时，应注意在同一"等级"的基础上进行比较。等级高并不意味着质量一定好，反之亦然。如客运一级企业服务质量可能较差，而客运个体服务质量可能很好。应注意"等级"的含义。

（4）质量要求具体反映为一组固有的"特性"，如性能、寿命、可靠性、安全性、经济性、服务态度、舒适、美观等。

质量管理是指在质量方面指挥和控制组织协调的活动。质量管理是企业围绕着使产品能满足不断更新的质量要求而开展的策划、组织、计划、实施、检查和监督、审核等所有管理活动的总和。它是企业各级职能部门领导的职责，由企业最高领导负全责。在质量方面的指挥和控制活动通常包括制订质量方针和质量目标，以及质量策划、质量控制、质量保证和质量改进。

**2. 质量管理理论的发展**

质量意识与质量管理实践源远流长，可以说自从有人类的生产活动，就有了质量管理。但是，现代质量管理理论和方法则源于产业革命后社会化大生产的出现。产业革命之后，由于制造业生产规模不断扩大，产品生产过程不断提高，许多工厂大量生产相同产品，传统手工业作坊式的质量控制方法，即主要依靠有经验的老师傅来进行控制，已经难以奏效。因而，在制造业中首先产生了系统的质量管理实践与研究。制造业产品质量管理理论和实践发展的历史可以大致分为3个阶段。

(1) 质量的事后检验阶段。从 20 世纪初到 20 世纪 40 年代，随着生产规模的扩大，生产过程的组织和控制、产品质量的控制逐渐成为社会化大生产的主要问题之一。"科学管理之父"泰勒经过大量的研究与实践，基于科学分工和制衡的思想，提出：在生产过程中，计划和执行必须严格分开，管理和生产应由不同的人操作；更为重要的是，在执行中一定要设有检查和监督，由第三者对质量进行控制，其职能主要是选出不合格的产品。这种方法基于每个人均为"经济人"的观点，也正是在这一理论指导下，产生了专职的质量管理人员。但是，这种管理方法是对生产的一种被动控制。

(2) 统计质量控制阶段。该阶段为 20 世纪 40 年代至 20 世纪 60 年代。不同于第一阶段质量管理人员位于生产过程末端的做法，在这一阶段中，质量管理人员开始试图了解和影响生产过程，积极促进质量提高。质量管理人员开始将影响工作质量波动的一切工序条件和因素分离出来，对其波动进行分析和控制。其中，分析的目的是使工作质量从一开始就获得改进，具备加工优质产品的能力。控制的目的则是使良好的工序加工状态稳定地保持下去。在这种理念和实践的发展过程中，人们逐渐形成系统控制质量的观念，信息反馈思想也逐渐成熟起来。在这一阶段，人们创造出了大量的质量管理技术和方法。

(3) 全面质量管理阶段。随着人们对质量管理和社会化大生产的认识不断深入，在 20 世纪 70 年代，终于从日本开始，发动了著名的质量革命，进入全面质量管理阶段。其特点可以概括为：第一，质量贯穿于生产经营的全过程，是一个组织中各个部门、全体员工大量相互影响的活动的结果；第二，应该从广义的角度看待质量问题，企业、员工、信息、部门设置、管理方法，直至最高领导层的思想均与质量有关；第三，从顾客方面，用户对产品的质量的关心不仅限于产品本身，而且价格、交货期、可靠性、售后服务等均可能成为质量的一部分；第四，质量管理应当以预防为主，其目的在于降低质量成本；第五，重视人才价值，从关心员工发展入手，通过培训、授权等方法提高员工的积极性，从而使员工在质量管理中处于积极主动的位置；第六，吸收了大量先进的科学理论成果，如决策论、系统工程论、信息论等。

### 3. 服务质量管理的特殊性

在服务管理中，服务质量管理是一个重要方面，其重要性是不言而喻的。但是，与有形产品的质量相比，服务质量管理有很多独特之处。服务质量管理的特殊性主要来自服务本身所具有的特点，因此可以从服务的特点来分析服务质量管理的特殊性。

(1) 从服务的无形性分析。服务的无形性使得它不像有形产品那样容易精确地用数量来描述和定义。对于制造业来说，产品的质量可以用产品符合规定要求的程度来定义，其中要求通常是企业的内部标准，可以用精确的数值来表示。例如，一台空调，其质量可以用制冷能力、耗电量、噪声水平等精确的数值指标来衡量。而对于运输服务来说，运输服务质量往往取决于顾客的评价而不是运输企业内部标准，服务场所的气氛、服务人员的态度、环境条件等都会给运输服务质量带来影响。因此，运输服务质量的好坏取决于顾客所期待的运输服务与实际所感受到的运输服务的一致性。

(2) 从服务的不可分性分析。对于制造业企业来说，产品的生产与使用是在两个不同的时间段、不同的地点发生的，生产系统与顾客相隔离，因此产品质量可以在"出厂前把关"，检验合格的产品才允许出厂；一旦不合格的产品出厂，被顾客发现了，也可以采用"三包"（包退、包换、包修）的方法来解决产品质量问题。而许多服务只能在顾客到达的同时才开始"生产",生产的同时也就被顾客消费掉了。一项服务的不可分性越强,生产和消费越同时发生。服务的这种特性使得服务质量不可能预先"把关",使得服务中发生的质量问题难以"返修",因此要求运输企业在服务过程中必须"第一次就把事情做好",这些都导致了运输服务质量的控制管理方法与制造业不同。

(3) 从服务的不同质性分析。服务的不同质性导致服务质量的评价方法也有很大不同。对于服务质量来说,只有一部分可以由服务提供者评定,其余的只能通过顾客的体验、感受来评价;好的产品会得到大家一致称赞,而对于同一服务,不同的顾客会有不同的评价;顾客对产品质量的评价可以通过"试用"等方式来确定,而顾客对服务质量的评价不完全取决于一次体验,往往需要很长一段时间,通常是在接受竞争对手的服务之后。

(4) 从顾客参与服务过程的角度分析。对于制造业企业来说,由于产品的生产过程与顾客是隔离的,因此顾客只对出厂后的最终产品的好坏进行比较和评价;而在很多服务过程中,顾客从始至终是参与其中的,顾客不仅对得到的最终服务进行评价,还对服务的"生产"过程进行评价,甚至在排队等待的过程中,还对他所观察到的对别人的服务进行评价。所有这些评价的综合,才构成一个顾客对服务质量好坏的总体评价。此外,由于顾客个人的偏好变化多端,使得运输服务质量的标准难以设定,这给运输服务质量管理人员采集质量数据、采取有效的质量控制措施带来了一定困难。

## 7.2.2 运输服务质量的内容

运输企业作为服务性企业,其运输服务质量好坏决定着运输企业的信誉和命运。谁服务好,满足客户的需求,谁就能赢得信誉,吸引客户,保持竞争力,因而服务性企业必须恪守以客户需求和欲望为导向的经营哲学,把经营活动看作是一个不断满足客户需求的服务过程。以始于客户的需求、止于客户的满足为服务宗旨做好服务工作。

**1. 运输服务质量的定义**

运输服务质量是指提供运输服务的物流企业在一定时期内为客户提供运输服务的效用及其对客户需求的满足程度的综合表现。运输服务的效用是指物流企业为客户提供运输服务的有效性和有用性,是反映物流企业提供运输服务满足客户和社会明确或隐含需要能力的特性总和,包括安全性、功能性、经济性、时间性、完整性、准确性和方便性等。客户需求的满意程度取决于客户总价值(产品价值、服务价值、人员价值、形象价值)与客户总成本(资金成本、时间成本、精力成本、体力成本)的比值。比值越大,满意程度越高,反之亦然。在总价值和总成本一定的情况下,客户需求的满意程度取决于客户的预期价值与感受价值的比值。比值越小,满意程度越高,反之亦然。

检验运输服务质量的最终标准是以客户需求的满意程度为尺码的。因此,要重视运输服务中和运输服务后的客户评定,可以通过发放调查表、开座谈会或登门向客户征求意见等不同形式来了解客户对运输服务的意见及满意程度,最终达到改善运输服务质量,提高运输服务水平,实现为客户提供优质运输服务的目标。

**2. 运输服务质量的内容**

运输服务质量好坏直接关系到运输企业的生存和发展,保证运输服务质量是运输企业适应市场竞争策略的当务之急。运输服务质量涉及方方面面，综合而言其主要内容包括服务态度、服务技术、服务设施、服务项目、服务时间等方面。

1）服务态度

服务态度是运输服务质量的重要组成部分。良好的服务态度具有感召功能，对客户具有吸引力。服务态度影响着运输服务质量的优劣和服务水平的高低。

服务态度是指服务人员在服务过程中言行举止的外部表现形式。它是由认知、情感和行为倾向三部分所构成的一个有机整体。认知是指服务人员对客户和服务工作的认识和理解；情感是指服务人员对客户和服务工作的热心程度；行为倾向是指服务人员对客户和服务工作采取的行为。这三者缺少任何一个，都会对服务态度产生决定性的影响。

服务态度主要通过服务人员在服务过程中的表情、举止、言行表现出来。受主客观因素的影响，不同服务人员的服务态度的表现各异，很难用一把尺子来衡量服务态度的好坏。但经过长期的实践证明，对服务态度的评价还是有一个较为公认的标准，即良好的服务态度主要是由"亲切、主动、耐心、诚恳、周到、热情"等方面构成，这些方面相辅相成，共同构成良好的服务态度。

2）服务技术

服务技术是评判运输服务质量的基本标准。良好的服务态度还需依赖于高超的服务技术。没有一定的服务技术，是难以满足客户的需求的。

服务技术是服务人员在服务过程中对服务知识和操作技术掌握的熟练程度。它由服务知识和操作技能两个部分构成。服务知识主要是指服务人员对运输相关知识的掌握程度；操作技能是指工作能力。服务知识和操作技术是相辅相成的，缺乏任何一种成分都会对服务技术产生根本性的影响，最终会导致服务质量的下降。

3）服务设施

完善而先进的服务设施是运输企业现代化高度发展的一个重要标志，也是为客户、货主提供高效率、高质量服务所必需的物质基础，是保证服务质量、提高服务水平的重要部分。

服务设施是运输企业为客户提供服务所必需的硬件设施，它包括运输工具、仓库、通信系统等，同生产性企业生产所需的机器、设备、原材料等在性质上是相同的，是服务性企业生产服务产品所必需的三大要素（劳动者、劳动对象、劳动工具）之一。作为运输企业，从事运输服务，只有拥有先进的现代化设施，才能为客户提供优质服务。

4）服务项目

服务项目是服务质量的重要内容之一，是指服务性企业为客户提供的服务范围或服务内容，也可以说是服务性企业的业务经营范围。一般来说，企业既有其主营项目又有兼营项目，一业为主、多种经营已是现代化企业的经营原则。运输企业的主营项目是运输服务，是其主导产业；同时，为了更好地提供运输服务，与运输相关的业务又是运输企业的兼营项目。主营和兼营项目共同构成服务项目。

服务项目的设置要以"需要"和"可能"为原则，以客户满意为度，同时兼顾协调性策略，即各个服务项目应相互配套，各行业、各专业之间一定要相互协调、相互促进，不能彼此制约、分散或抵消各项目和服务环节功能的发挥。

5）服务时间

服务时间包括两层含义：一层含义是运输企业为客户提供服务的工作时间范围；另一层

含义是运输企业为客户提供服务的时间效率。服务工作是在一定时间范围内进行的,这个范围通常是指企业的工作时间。由于运输业的特殊性要求,运输企业应根据客户的需求,适当延长服务时间或在某些服务环节或服务项目上设置 24 小时服务或专人值班服务。

服务时间效率包括及时、准时和省时三个方面。及时是指货物迅速地运达目的地而不出现任何延误。当客户需要某种服务时,能够及时地提供。准时是指服务工作在时间上准确无误,能按客户的要求准确安排各项服务工作。省时是指为客户提供的服务所消耗的时间应该越短越好,尽量减少客户等待时间。

以上所述服务态度、服务技术、服务设施、服务项目、服务时间构成运输服务质量的主要内容。因此,运输企业要想提高运输服务质量,为客户提供优质、尽善尽美的服务,必须改进服务态度,提高服务技术,完善服务设施,合理设置服务项目,强调服务效率。

**3. 提高运输服务质量的方法**

要提高运输服务质量,除满足运输服务质量内容要求外,还可以从以下几个方面入手。

(1) 树立整体质量管理思想。运输企业为客户提供产品是一个整体的运输服务产品,运输服务质量的高低取决于运输服务全过程的各个环节、各个部门及所有员工的工作质量。运输企业必须树立整体质量管理思想,让服务意识贯穿于整个服务过程,让每位员工都树立较强的服务意识,都在各自的岗位上恪尽职守,做好工作。服务质量是每位员工的工作质量的综合反映,因此必须形成人人关心服务质量的提高,人人能设身处地为顾客着想,为客户提供优质服务的企业文化氛围。

(2) 制定高标准的服务规范。服务性行业是以人为中心的产业,因此产品的质量很大程度上取决于提供服务的具体人员。服务人员既是服务的提供者,又是服务产品的一部分。客户评价服务质量不仅依据其技术质量,而且也依据其职能质量。技术质量是指服务过程的产出,即客户从服务过程中得到的东西;职能质量是指客户得到这些东西的方法。服务质量在很大程度上取决于买卖双方在服务交易过程中相互作用的质量。在产品市场营销中,产品质量很少取决于产品取得的方法。但是在服务市场营销中,服务质量既取决于服务提供者,也取决于服务提供的质量。由于服务提供者个体存在差别,因而服务质量也有较大的差别。为了最大限度地提高客户的感受价值,使客户满意,企业必须提出服务质量的规范标准。同时,由于企业所服务的对象也存在较大的个体差异,因此还要求服务人员面对不同的客户应提供不同的服务,做到因"人"而异,使不同的客户都能满意。服务规范必须是高标准的,因为现在服务性行业的竞争关键在于服务质量的竞争。企业之间的区别就在于它是仅提供"最起码"的服务,还是"有突破"的服务,即瞄准 100% 的零缺陷服务。

(3) 做好有形展示工作。客户的满意程度是个非常主观的范畴,它取决于客户对服务的预期质量同其实际感受的服务水平(感受质量)的对比。在感受质量既定的情况下,预期质量将影响客户对整体服务质量的感受。由于服务产品的无形性及生产过程和消费过程不可分离性的特点,决定了客户无法在购买之前感受到服务,或进行具体的审视,所以企业应对无形服务产品进行有形展示,变无形为有形,让客户提前感知服务,并产生合理的期望值。在服务市场营销管理的范畴内,一切可传达服务特色及优点的有形组成部分都被称作"有形展示"。运输企业有形展示的主要内容有硬件展示和软件展示两大部分,具体包括:运输工具及其设施的展示,运输企业名称、品牌和形象标志展示,对优质服务标准、具体服务措施和服务承诺的公布和展示,运输企业员工统一着装(标识)、挂牌上岗,运输企业装潢、摆设、标识等。通过有形展示工作，使客户对企业形成良好的初步印象，对企业产生信任感，提高客户感觉中的服务质量、管理水平，从而使其产生合理的预期，增加其用后的满意程度。同时，通过有形展示工作也有利于塑造本企业的形象，达到促使员工提供优质服务的目的。

（4）做好内部营销。基于现代市场营销观念，企业营销工作分为外部营销、内部营销。

外部营销是指企业为客户准备的服务、定价、分销和促销等常规工作；内部营销是指企业必须有效地培训和激励直接与客户接触的员工和所有辅助服务人员，使其通力合作，为客户提供满意的服务。要让员工为客户提供满意的服务，必须使员工对企业满意。只有员工对企业满意，他们才会提高对企业的忠诚度，关心企业的经营发展情况，对企业未来发展充满信心。正是由于对企业未来发展有信心和对经营状况的关心所形成的一种内在动力促使员工自觉担当起一定的工作责任，为企业努力地工作，高效率、高质量地为客户提供优质服务，使客户满意。因此，内部营销应置于外部营销之前。

员工对企业是否满意的主要影响因素一般包括两个方面：一是企业提供的外在服务质量，如薪金、福利、舒适的工作环境等，这一切是人们能实际看到的；二是企业提供的内在服务质量。内在服务质量体现在员工对工作及对同事所持有的态度和感情。若员工对工作本身满意，同事之间关系融洽，那么这种内在服务质量是较高的。员工对本身工作满意与否取决于其完成预定目标的能力及在这一过程中所拥有的权力。因为自我价值的实现既以能力为基础，又以权力作为保障，因此当员工具备了上述两项条件时，自然会因达到预期目标而对工作满意，对企业满意，并最终对企业忠诚。员工之间的关系也在很大程度上决定了企业内在服务质量的高低，主要表现在两方面：一方面是员工之间的人际关系，如果同事之间能维系一种和谐、平等、互相尊敬的关系，那么身心就会愉快，在这样的人际关系环境中工作，本身也是一种幸福；另一方面是员工之间的相互服务，企业应明确"内在顾客"的重要性，即各位员工所做的工作实质上都是在为企业内其他员工服务，因而在相互服务的过程中，尤其应提倡团队精神与合作态度。只有上述两方面紧密结合，才能创造出良好的员工关系。

## 7.2.3　运输服务质量监督管理

运输服务质量监督管理是指运输服务质量管理部门对运输服务质量进行检查监督等活动，其目的是促使运输经营者提供安全、及时、经济、方便的运输服务，最大限度地满足用户的运输需要。体现运输服务质量状况的指标主要有：重大质量事故次数、货运质量事故频率、货损率、货差率、货运事故赔偿率等。

**1. 运输服务质量事故的含义及分类**

运输服务质量事故是指货物在从托运方交给承运方起至承运方将货物交收货单位签字止的承运责任期内发生货物丢失、短少、变质、污染、损坏、误期、错运，以及由于工作失职、借故刁难、敲诈勒索等造成的不良影响或经济损失等的现象。

运输服务质量事故一般应由运输经营者自行处理，按国家有关规定予以赔偿。运输企业发生的运输服务质量事故要分类统计，定期上报运输行政管理机构。重大恶性事故要立即上报。承托双方对运输服务质量事故处理发生争议时，由运输行政管理机构进行调解仲裁。

**2. 运输服务质量事故的赔偿**

运输服务质量事故的赔偿按以下步骤与要求处理。

（1）赔偿提出。受损方要求赔偿时，须提出赔偿要求书，并附货物运单、货运事故记录和有关证明文件。保值运输物品还需附声明价格的物品清单，要求退还运费的还应附运杂费收据。此外，承托双方彼此之间要求赔偿的时效根据不同运输方式也有所不同，以公路为例，从签注货运事故记录次日起，不超过180天，逾期无效。责任方应在收到要求赔偿书的次日起，60日内处理完毕，特殊情况双方协商可适当延长。

（2）赔偿规定。货物损失赔偿费包括货物价值、运费和其他杂费。全部灭失（含报废，下同），全部赔偿；部分灭失，部分赔偿；能修复的，按修理费加送修运费赔偿；不能修复但尚能使用的，按损失程度所减低的价值赔偿。由于承运人责任造成货物损灭，以实物赔偿，运费照付；按价赔偿的，退还已上缴运费。属托运人责任的，运费不退；属于装卸责任，承运人委托第三者组织装卸，因装卸原因造成货物损失，由装卸人负责赔偿，但承运人先向托运人赔偿，再向装卸人追索。

（3）赔偿支付。赔偿金在明确责任后一定时期内偿付，不得用扣留货物或拒付运费来充抵。

**3. 运输服务质量管理的方法**

运输服务质量管理是一项广泛的、经常的、政策性很强的工作，运输服务质量管理部门应采取切实措施进行质量监督。

（1）建立健全运输服务质量管理的规章制度。形成质量管理体系是提高运输服务质量的重要基础。同时，要认真贯彻执行已经颁发的各项规章制度，尤其是要加强运输服务质量指标的考核，逐步实现运输服务质量的经常化、制度化、标准化、规范化、科学化。

（2）监督运输业者建立和完善质量保证体系。建立和健全运输服务质量责任制，采用包括全面质量管理在内的先进管理技术和方法，保证运输服务质量。

（3）加强运输服务质量的监督检查。

## 7.2.4 运输服务创新

运输服务创新（以下简称服务创新）是指运输企业针对客户需要，通过改变服务内涵，更好地满足客户需要。服务创新反映了运输企业对于市场变化、客户需求的了解和把握程度，是运输企业获得竞争优势的重要源泉。

**1. 服务创新过程的主要步骤**

（1）创意产生。创意的来源主要有客户、竞争对手、员工、经销商和科技人员等。

（2）创意筛选。组织有关人员对创意进行分类、选择的过程。

（3）概念发展和测试。有吸引力的创意经过提炼可以形成概念；通过寻找合适的目标客户并收集客户反映可以对概念进行测试。

（4）营销战略发展。经过测试之后，将服务概念引入到市场的初步营销战略之中，确定其定位、成本、价格、短期和长期利润等目标。

（5）商业分析。管理层对形成的概念和营销战略进行评价。

（6）市场试验。确定营销方案，在可信的客户环境中进行测试，了解客户和经销商的反响。

（7）形成完整的客户服务创新方案。

### 2. 运输企业实现服务创新的支持因素

(1) 建立相应的制度，有效地管理服务创新过程。运输企业实现服务创新，首先应建立相应的制度，有效地管理服务创新过程。一般来说，各运输企业基本上是由计划、营销、技术和管理等部门分别从事物流市场调研、战略制订、技术开发等工作，而服务创新与这些工作都存在紧密联系，因此应当设立专门负责服务创新的管理机构，并由运输企业最高管理层直接领导，以便于工作的协调。此外，应确保服务创新部门和运输企业内各部门之间的协调和配合，使运输企业内部的资源充分共享，保证服务创新部门的工作得以顺畅进行。

(2) 紧紧围绕客户进行创新，满足客户需要。服务创新的来源有客户、竞争者、经销商等，但客户始终是最重要的因素，因为谁最能满足客户需要，谁就能赢得竞争优势。因此，运输企业的服务创新应以客户需求作为切入点，详细分析客户需求的构成，要善于引导客户，创造市场需求。

(3) 争做服务创新的"领跑者"。运输企业在服务创新过程中要时刻以客户的现实需求及潜在需求为出发点，时刻走在竞争伙伴的前面，尽可能持续地占领市场份额。为实现服务创新的领跑地位，运输企业必须在起步之初聚焦在一个领域之内，找准切入点，以便准确地找到突破口，集中力量研究，确保服务创新的深度和领先水平，塑造自身的品牌。

# 思考与练习

**1. 基本概念**

客户服务　　客户服务要素　　"7R"客户服务标准　　作业完成能力
运输服务质量　　服务态度　　服务时间　　运输服务质量事故

**2. 简答题**

(1) 分析运输服务的特征。
(2) 分析客户服务基本理论。
(3) 什么是客户服务的原则？
(4) 运输服务质量的特殊性有哪些？
(5) 运输服务质量的内容有哪些？
(6) 试述运输服务质量事故的含义及分类。
(7) 运输服务创新的内容有哪些？

**3. 案例阅读与分析**

服务差距究竟在哪里？

在《欧洲货币（中国）》杂志的调查中，中外运敦豪荣膺"最受青睐的快递公司"称号。凭借卓越的服务，中外运敦豪以31%的得票率获此殊荣，值得一提的是，在本次调查中，名列前茅的快递公司无一例外全部是国际快递巨头。那么我国本土物流企业与国际快递公司的"服务差距"究竟在哪里呢?

(1) 服务承诺是否兑现。安全可靠、快捷准时已经成为快递行业达成共识的服务宗旨,而以人为本、提供个性化的解决方案,更是被各个物流企业时时挂在嘴边。早在五年以前,我国本土物流企业就提出过"高层次的服务是满足客户需求,而不仅仅是要求"的理念。专业的物流企业应该透过客户提出的要求,发现客户未曾提出、尚未意识到、却真正需要的东西。由此可见,在服务理念上我国本土物流企业并不落后,甚至在某些方面做到了超前。

(2) 完美服务是做出来的。自 2010 年以来联邦快递全面启动基于无线技术的服务升级计划,推出"掌上宝"——无线掌上快件信息处理系统。而中国是联邦快递内部首个运用此项先进技术的国家,该技术具有移动及实时追踪的能力,因此可以更好地满足客户实时查询运送信息的需求。

(3) 提供个性化的服务是服务的最高境界,而个性化的服务是怎样实现的呢?

高科技行业,如通信、电子、半导体、计算机等竞争都十分激烈,市场瞬息万变,产品寿命周期越缩越短。同时,终端用户的要求却与日俱增,期望取得供应商更迅捷的递送及维修响应。因为产品价值高,生产厂家就希望可以尽可能减少存货数量以降低成本。他们经常提出"符合最高成本效益的存货量是多少?"或者"怎样可以缩短存货天数?"等问题。

以国际物流企业 TNT 给宏碁提供的物流服务为例,正是基于对上述这些行业特点的透彻了解和对客户运作模式的熟悉,TNT 为宏碁量身设计了一套支持方案,使宏碁真正做到了产品的零库存,从而关闭了原本设在欧洲的两个销售仓库,节约了大量的运营成本。同时,TNT 的物流解决方案让宏碁计算机产品与终端用户直接见面,为宏碁大大降低了计算机产品过时的风险。

不难看出,服务的实现需要服务的提供者具有多方面的能力:对目标行业的熟悉和了解;人才和后勤服务团队的专业性;不同程序的集成能力;科技的开发和应用能力;强大的运输网络及使各种优势和能力充分发挥的机制和管理体系。

# 评析题

(1) 通过以上案例,试分析中国国内物流企业与国际物流企业的差距。
(2) 针对上述差距,中国国内物流企业该如何迎头而上,迅速弥补差距?

# 第8章 物流运输设备管理

**学习目标**
- 了解设备、设备管理、设备综合管理的概念、分类、特点。
- 熟悉设备在现代物流中的地位和作用。
- 了解设备选择的类型,熟悉设备选择类型的要素。
- 熟悉设备的技术经济评价、车辆的使用管理中在不同条件下的使用要求、车辆维护与检修的方法。
- 了解设备的磨损及其补偿,熟悉设备的改造与更新的方法。

## 8.1 设备及其管理概述

物流运输设备(以下简称设备)是物流运输企业进行运输生产的物质技术基础,是保证物流运输企业正常生产所配置的装备、仪器、仪表、试验、检测、控制设施的总称。设备是物流运输企业安全、高效、可靠、持续发展的保证,也是物流运输企业的生产性固定资产之一。加强设备管理能使物流运输企业节约成本、减低投入、提高产出,从而创造更大的社会效益和经济效益。

近几年我国物流技术装备的现代化水平在不断提高,在一些大型物流运输企业,设备的先进性与国外先进水平相差不大。具体来说,现代化设备呈现出以下特点。

(1) 社会化程度高。一是设备结构越来越复杂,零部件品种、数量越来越多,配件管理工作涉及地域面广;二是设备从研究、设计、选型、购置、安装调试、使用、维修到报废,环节多,各环节之间相互影响、相互制约。

(2) 技术含金量高。一台先进的设备(如液压、机械、电子、电器等系统)所体现的科学技术门类多而精。

(3) 呈现大型化、高速化、电子化、专业化的趋势。

现代化设备既是能源密集型，又是资金密集型的设备。现代化设备能源消耗大，投资和使用费用昂贵，迫切要求提高管理的经济效益。

## 8.1.1 设备的分类

**1. 按设备的功能分类**

主要装卸搬运机械的种类如表 8-1 所示。

表 8-1 主要装卸搬运机械的种类

| 设备类型 | 设备名称 | 工作特征 |
| --- | --- | --- |
| 装卸搬运车辆 | 1. 叉车<br>2. 人力搬运车<br>　（1）台车<br>　（2）手推车<br>　（3）手动液压托盘搬运车<br>　（4）升降式搬运车<br>3. 动力搬运车<br>　（1）轨道无人搬运车<br>　（2）牵引车、挂车、底盘车 | 底盘上装有起重、输送、牵引、承载装置，可以在设施内移动作业 |
| 连续输送机械 | 1. 带式输送机<br>2. 辊子式输送机<br>3. 悬挂输送机<br>4. 斗式提升机<br>5. 连续输送机 | 连续动作、循环运动、持续负载、线路一定 |
| 起重机械 | 1. 轻小起重设备<br>　（1）葫芦式起重机<br>　（2）绞车<br>2. 升降机<br>　（1）电梯<br>　（2）升降机<br>3. 起重机<br>　（1）桥式类型起重机<br>　（2）门式类型起重机<br>　（3）臂式类型起重机<br>　（4）梁式类型起重机 | 间歇动作、重复循环、升降运动，使货物在一定范围内上下、左右、前后移动 |
| 集装单元工具 | 1. 集装箱<br>2. 集装袋<br>3. 托盘 | 用来装载搬运货物 |

（1）装卸搬运车辆——包括各式叉车、牵引车、人力搬运车等。

（2）连续输送机械——包括各式带式输送机、辊子式输送机、悬挂输送机等。

（3）起重机械——包括各式起重机、装卸机、升降机、千斤顶、绞车等。

（4）集装单元工具——包括各类的集装箱、集装袋、托盘等。

**2. 按运输工具的技术特征及其行驶方式分类（以公路运输为例）**

（1）机动车，是指装有各种发动机，以机械动力行驶的车辆，包括汽车和其他机动车。

（2）非机动车，是指本身没有动力，需要依靠其他机动车拖带或利用人力、畜力行驶的车辆，包括挂车、货运人力车、畜力车等。

**3. 按设备的用途分类**

（1）营运车，是指属于营业运输用的车辆。

（2）非营运车，是指为物流运输企业自身服务的车辆。

**4. 按车辆车体结构分类**

（1）载客汽（挂）车，是指有专门的客运装备、用于旅客运输的汽（挂）车，包括普通载客汽（挂）车和通道式载客汽车。

（2）载货汽（挂）车，是指用于货物运输的汽（挂）车，包括栏板式、平板式、罐式、厢式等汽（挂）车，以及牵引式载货汽车等。

**5. 按车辆使用的燃料分类**

（1）汽油车，是指以汽油作为行车燃料的汽车。

（2）柴油车，是指以柴油作为行车燃料的汽车。

（3）其他燃料车，是指以其他燃料作为行车动力的汽车。

**6. 按车辆吨位的大小分类**

汽车按载重（客）量大小可分为大型汽车、中型汽车和小型汽车。

## 8.1.2　设备在现代物流中的地位与作用

（1）设备是物流系统的物质技术基础。设备是生产力发展水平与物流现代化程度的重要标志。设备作为生产力要素，对于发展现代物流，改善物流状况，促进现代化大生产、大流通，强化物流系统能力，具有十分重要的地位和作用。

（2）设备是物流系统的重要资产。在物流系统中，设备的价值所占资产的比例较大，现代化设备是技术密集型的生产资料又是资金密集型的社会财富。由于其造价昂贵，建设一个现代化的物流系统所需的设备购置投资相当可观。此外，为了维护设备正常运转、发挥设备效能，物流运输企业还需不断投入大量的资金。

（3）设备涉及物流活动的每一环节。在整个物流过程中，从物流功能来看，要创造时空效应，要经过包装、运输、储存等作业环节及附加的辅助作业，这些作业的高效完成离不开不同功能的设备。

（4）设备是物流技术水平高低的主要标志。生产力的发展、科学技术的进步在物流领域的各个环节不断提高技术水平，当然一个完善的物流系统离不开现代先进水平的物流技术的应用。例如，先进运输设备的使用极大地缩短了物流时间，提高了运输效率；以托盘、集装箱为代表的物流集装技术的应用与发展及多种运输方式组合的联运体系的发展促进了物流系统机械化、自动化水平。可以说，物流技术是提高物流生产力的决定性因素。

## 8.1.3 设备管理概述

设备管理是指以物流运输企业生产经营目标为依据,以设备运动的全过程进行计划、组织和控制,以设备寿命周期费用最经济和效能最高为目标,应用一系列理论、方法,如系统工程学、价值工程学、设备磨损及补偿理论、设备可靠性和维修理论、设备检测和诊断方法、综合管理的方法等,通过一系列技术、经济组织措施,对设备的物质运动和价值运动进行从规划、设计、制造、选型、购置、安装、使用、维修、改造、更新直至报废的技术活动管理。

设备管理也是物流运输企业管理的一个重要领域,设备管理的好坏直接影响物流运输企业的生产效率和经济效益。加强设备管理能够保证物流运输企业生产的正常秩序,有利于物流运输企业取得良好的经济效益。设备存在两种运动形态:一是设备的物质运动形态,二是设备的价值运动形态。设备管理包括对设备两种运动形态的管理,即设备的技术管理和设备的经济管理,二者的管理要相结合。技术管理是物流运输企业有关生产技术组织和管理工作的总称。经济管理是在社会物质生产活动中,用较少的人力、物力、财力和时间,获得较大成果的管理活动的总称。

在设备的寿命周期内同时存在实物运动与价值运动两种运动形态。实物运动形态的控制属于技术管理范畴,价值运动形态的控制属于经济管理范畴,加强设备技术和经济管理的目的在于获得经济的设备寿命周期费用,两者必须紧密结合在设备管理中。设备投入生产之前的阶段被称为设备规划管理,这个阶段关系到设备的先天是否有缺陷的问题。设备投入生产之后在使用设备的物流运输企业里的使用、运转、维修、改造、改装直至报废的阶段被称为设备使用管理。

由于传统的设备管理存在很多的局限性,已不能适应现代化生产的发展,在设备管理领域,相继出现了"设备综合工程学"和"全员生产维修制",使设备管理从事后维修、预防维修、生产维修、维修预防阶段进入了设备管理的新时期——设备综合管理阶段,即对设备进行全面的综合性管理。

**1. 设备综合工程学**

设备综合工程学是以设备一生为研究对象,以提高设备综合效率而结合有关的工程技术、财务经济和组织措施三个方面进行综合管理的学科。重点研究设备的可靠性、维修性,提高设备的质量和效率;它以寿命周期费用作为评价设备管理的重要经济指标,追求最经济的寿命周期费用,以达到设备的综合效率最高;强调设备设计、使用效果及费用信息反馈在设备管理中的重要性,要求建立相应的信息交流和反馈系统。

**2. 全员生产维修制**

全员生产维修制(TPM)是日本企业界在吸收欧美国家最新研究成果的基础上结合自己的管理经验创造的富有特色的设备管理制度。其管理模式是以全效率为目标,全系统为载体,员工行为全规范为过程,全员参与为基础的生产和设备维护管理体制,其中"人"的因素占很大的管理比重。其主要内容有以下几方面。

(1) TPM 的指导思想是"三全",即全效率、全系统、全体人员。

(2) TPM的目标。为提高设备的综合效率，全员生产维修制的目标可以概括为四个"零"，即停机为零、废品为零、事故为零、速度损失为零。

(3) 设备的分类管理。即对物流运输企业设备划分等级，以便区别对待，对重点设备加强管理。

(4) 在物流运输企业职工中进行工作作风教育，开展"5S"教育活动，即"整顿、整理、清洁、清扫、素养"。

TPM开展的过程如表8-2所示。

表8-2  TPM开展的过程

| 阶段 | 步骤 | 主要内容 |
| --- | --- | --- |
| 准备阶段 | 1. TPM引进宣传和人员培训 | 按不同层次进行不同的培训 |
| | 2. 建立TPM推进机构 | 成立各级TPM推进委员会和专业组织 |
| | 3. 制订TPM基本方针和目标 | 提出基准点和设定目标结果 |
| | 4. 制订TPM推进总计划 | 整体计划 |
| 引进阶段 | 5. 制订提高设备综合效率的措施 | 选定设备，由专业指导小组协助改善 |
| 实施阶段 | 6. 建立自主维修体制 | 小组自主维修 |
| | 7. 维修计划 | 维修部门的日常维修 |
| | 8. 提高操作和维修技能的培训 | 分层次进行各种技能培训 |
| | 9. 建立前期设备管理体制 | 维修预防设计，早期管理程序，设备管理成本预算 |
| 巩固提高阶段 | 10. 总结提高，全面推行TPM | 总结评估，找差距，制订更高的目标 |

**3. 设备综合管理的特点**

设备综合管理是建立在"设备综合工程学"和"全员生产维修制"基础上的一种新的设备管理模式，与传统的设备管理相比较，其表现出以下特点：

(1) 设备综合管理是一种全过程的系统管理；

(2) 设备综合管理是一种全方位的管理；

(3) 设备综合管理是一种全员参与的群众性管理。

设备综合管理可以提高企业的生产能力和生产效率，其意义在于调动涉及设备各方面的规划、研究、设计、制造、使用、维修、供应等所有部门的有关人员的积极性，从决策层到作业层都组织起来，加强设备管理，改进设备的可靠性、维修性与经济性，在提高设备效率和维修作业效率等方面取得更大成效。

## 8.1.4  设备管理的主要任务

设备管理的主要任务是对设备进行综合管理，保持设备完好，不断改善和提高物流运输企业设备装备素质，充分发挥设备效能，取得良好的投资效益。

(1) 制订设备长期规划与大修计划。组织制订设备更新改造、大修、中长期规划，报主管部门审查批准实施；组织制订提高生产设备管理水平的规划与措施；组织编写、审核有关规章制度、技术规程、技术标准；合理使用和安排设备，保持设备完好，做好设备的日常维护工作；充分发挥设备效能，取得良好的投资效益。

（2）正确选择和购置设备。要根据技术上先进、经济上合理和生产上需要的原则对设备进行全面的技术经济评价，合理选购设备。物流运输企业有关部门要紧密配合，掌握国内外技术发展动向，收集包括技术和经济两个方面的资料。技术方面的资料包括设备的规格、性能、用途、效率、动力、材料，以及对环境的污染、可靠性、维修性、运输安装条件、备品配件的供应等；经济方面的资料包括该设备生产的产品市场情况，设备的价格、运费，相应的配套工程投资、安装费用，维修人员和操作人员的培训费，以及该设备生产的运输收益、成本、资金筹集的方式、利息率、还款方式、估计设备的投资效果等。

（3）设备的更新改造。近几年，设备的更新改造在世界工业发达国家日益受到重视，其主要特点是规模越来越大，速度越来越快，效果也越加显著。设备的更新改造是提高生产技术水平的重要途径，也是设备经营决策的内容之一。设备经过长期使用，磨损严重，结构落后，必然带来生产率低、消耗高、产品质量差、各项经济指标不高的结果。有计划地进行设备的更新改造对充分发挥物流运输企业的作用、提高劳动生产率具有十分重要的意义。物流运输企业应积极推广新技术、新工艺、新材料、新装备，及时总结并与同行业者交流先进经验。

（4）设备技术资料管理。车辆技术档案的建立与车辆技术档案的管理是车辆从购置到报废全过程技术管理的系统记录。建立设备档案、积累设备技术资料、加强设备资料的管理，是做好设备管理的重要环节。

（5）设备的事故处理。因非正常损害而导致设备效能降低或不能使用，均为设备事故。物流运输企业应积极采取有效措施，预防各类事故的发生。当发生设备事故时，应积极组织抢修，分析原因，严肃处理，并采取积极措施，防止类似事故的再次发生，并按情节轻重对责任人给予处分。

## 8.2 设备的选择与评价

"工欲善其事，必先利其器"，对物流运输企业来说，设备是其生存和创收的物质基础。设备的选择与评价是设备管理的第一个环节，无论是新建物流运输企业选购设备，还是老物流运输企业填购设备，物流运输企业都必须对其做出正确的评价。合理地选购设备可以使物流运输企业有限的投资投放在生产必需的设备方面，保证设备投资产生最大的生产经济效益。设备的选择方法很多，特别是随着计算机技术和模糊数学的发展，以层次分析法、模糊综合评判法为代表的综合评价方法在设备选择与评价中的应用越来越广泛。选择设备时，首先要对选择的目的进行反复研究，选择设备的目的是为生产选择最优的技术装备，也就是选择技术上先进、经济上合理的最优设备，以便充分发挥设备的投资效益。从设备选择的目的来说，设备选择可分为以下几种类型。

（1）更新型——是指同类设备的替换，即以高效率、高性能、高精度的新设备替换落后陈旧的老设备。这类设备选择是设备更新的需要。

（2）开发型——是指用来发展新产品或改进老产品方面的设备选择。这类设备选择是物流运输企业产品开发的需要。

（3）扩张型——是指用来扩大生产规模增加的设备选择。这类设备选择是物流运输企业市场扩张的需要。

## 8.2.1　选择设备的要求

一般来说，设备的技术先进性和经济合理性应是统一的，但技术上先进的设备，往往能源消耗量大，这样从全面经济效果上衡量是不一致的。再如，高效率的专门设备虽然在技术上先进，但在生产任务不饱和的情况下，往往会带来设备的负荷不足。因此在选择设备时，必须全面考虑物流运输企业的生产技术与将来发展的需要，在技术、经济、生产上满足以下要求。

（1）生产性——设备的生产率。设备的生产率是指设备在单位时间（小时、轮班、昼夜、年）内的产品产量。设备的生产率是由功率、行程、速度、库容等一系列技术参数决定的。在其他条件不变的情况下，设备的生产率越高，物流运输企业的生产能力就越强。此外，要注意的是生产率较高的设备一般都是大型化、高速化、自动化、专业化的设备，而这些设备的价格往往很高，能源消耗也高，也要求有较强的技术力量和管理水平。因此，选购设备必须从企业的实际情况出发，不能片面追求设备的生产率。

（2）安全性——设备对生产安全的保障性能。设备的生产率的提高往往会带来新的不安全因素，如设备的自动化会由于操作者操作起来容易而发生事故；设备的高速化会使操作者容易疲劳而发生事故等。因此，选购设备必须保证操作安全和预防人身或设备事故的发生。

（3）可靠性——设备正常运转对产品质量或工程质量保证程度的性能，主要是由设备本身的稳定性、精确度的保持性、零件的耐用性等技术参数决定的。

（4）节能性——设备节约能源、原材料资源消耗的性能。节能性好的设备表现为热效率、能源利用率高，能源消耗少。能源消耗是衡量设备好坏的一个重要指标。

（5）维修性——又称可修性、易修性，是指设备便于检查、维护保养和修理的程度。维修性影响设备维修和修理的工作量和费用。维修性好的设备一般是指设备结构简单，零部件组合合理，零件互换性强，维修的零部件容易接近，可迅速拆卸，易于检查和实现通用化和标准化等。因此，在选择设备时必须考虑设备维修的难易。

（6）耐用性——设备在使用过程中，其自然寿命周期要长。随着科学技术的发展，新工艺、新材料的出现，以及摩擦学和防腐技术的发展，设备的寿命延长，从而最佳使用期也延长了，因此耐用性越强的设备每年分摊的折旧费也就越少。

（7）成套性——设备的配套水平，即设备性能、物流作业环节与生产能力等方面相互配套与衔接的程度。成套设备的匹配水平高既可加强设备安全性，还可减少投资，使物流运输企业产生最大的经济效益。只有设备成套，才能形成生产能力，给物流运输企业带来经济效益。

（8）灵活性——设备对不同工作条件，加工不同产品、零件的适应性，主要包括三方面内容：一是在工作对象固定的条件下，设备能够适应不同的工作环境和条件，操作、使用比较灵活方便；二是对于工作对象可变的加工设备，要求能够适应多种加工性能，通用性强；三是设备结构紧凑、质量轻、体积小。设备灵活性强，可以节约设备投资费用，更好地适应市场变化的需要。

（9）环保性——设备对环境保护的影响程度。有关环境污染的问题已成为社会发展的一个重要问题。因此，在选择设备时应考虑噪声和有害物质排放控制在国家规定的标准范围内的设备。

## 8.2.2 设备的技术经济评价

设备的评价包括技术评价和经济评价两部分。技术评价的目的是考核技术性能能否实现设备的整体功能及其实现的程度。经济评价是以技术和其他投入要素对物流运输企业经济的发展与增长的作用为评价对象，并以一组经济指标做出定量描述。技术的先进性将直接表现在设备的功能质量和结构工艺方面，最终将反映到设备的成本费用和收益上，即结构的合理性。

物流运输企业选购车辆应根据运输市场的需要和运行条件，对车辆的生产性、可靠性、节能性、耐用性及维修性等方面进行选型论证，避免盲目购置。设备的种类繁多，物流运输企业应根据实际需要选择合理的设备，因此有必要了解如何从技术性和经济性两方面去评价一台设备是否满意。下面以汽车的技术经济评价为例来加以说明。

1) 汽车的技术评价

（1）汽车的最高速度是指汽车在水平路面上所能达到的最高行驶速度。

（2）汽车的最大爬坡度是指汽车满载时最大的爬坡能力，一般以百分数表示，也就是用斜坡度的百分数表示。

（3）燃油经济性是指单位燃油消耗量完成运输工作的能力。汽车的燃油费用约占汽车运输成本的30%，因此提高燃油经济性可降低运输成本。

（4）汽车的加速能力可以用加速时间衡量，一项是汽车的起步加速时间，另一项是超车加速时间。

（5）可靠性是指汽车在规定的条件下和在规定的时间内完成规定功能的能力，它表示汽车顺利工作不产生损坏和故障的性能，常用以下几个衡量指标。

① 汽车每行驶1 000 km由于故障而进行修理的次数。

② 汽车每行驶1 000 km由于故障而造成停歇待修的时间。

③ 汽车的总成、部件和零件在规定使用期限内的损坏和损伤情况。

（6）安全性。汽车的安全性主要体现在汽车的制动性、汽车操纵的平稳性及可靠性、汽车各部位的防撞性及内部安全防护措施的配置。

2) 汽车的经济评价

（1）投资回收期。在选择和评价设备时，除了要考虑技术因素，还要考虑其经济效益，即汽车的经济评价指标，这是从经济的角度来评价汽车的优劣。比较常见的经济评价方法是投资回收期。投资回收期的计算公式如下。

$$投资回收期 = 设备投资费用总额 / 采用该方案后年节约额$$

式中的"采用该方案后年节约额"是指设备在提高劳动生产率、节约能源消耗、提高服务质量、增加资源回收、节省劳动力等方面的费用节约。

【例 8-1】 某物流运输企业购进一台车辆,期初投资 20 万元,该设备投入使用后由于运输能耗的减低,每年可节省燃料费用 2 万元,请问该设备的投资回收期是多少?

根据"投资回收期=设备投资费用总额/采用该方案后年节约额"可知:

$$投资回收期 = 200\,000/20\,000 = 10(年)$$

(2) 年平均寿命费用。根据不同的车辆提出备选方案,计算出年平均寿命费用,以最小年平均寿命费用的选购方案作为优选车辆设备的购置方案。它适用于不同的车辆在每年维修费用不同、使用费用不同时进行的经济评价。年平均寿命费用的计算公式如下。

$$C_y = \frac{I + \sum_{i=1}^{T_e} C_i}{T_e}$$

式中:$I$——车辆购置费用;

$T_e$——车辆的经济使用寿命;

$C_i$——为车辆在第 $i$ 年的使用费用总额。

(3) 费用换算法。这种方法是根据设备最初一次性投资费用和设备每年支付的使用费,按照设备的寿命周期和利率,换算为设备每年的总费用和设备寿命周期总费用,然后对不同方案进行比较、分析,选择费用最低的设备。根据对设备费用换算方法的不同,又可分为年费法和现值法。

(4) 设备综合效益。计算各车辆寿命周期输出和输入的经济效益,根据设备综合经济效益最大的原则,选择和评价设备。设备综合效益的计算公式如下。

$$B_{\max} = \frac{P_{\text{out}}}{P_{\text{in}}}$$

式中:$P_{\text{in}}$——车辆寿命周期输入;

$P_{\text{out}}$——车辆寿命周期输出。

车辆寿命周期输出是指保证产量、质量、价格、交货期、安全、环保等条件所创造的总收入;车辆寿命周期输入是指车辆本身的价值、运输费、安装费、维持费。其中的维持费包括驾驶员的工资、能源消耗费、维修费、保险费、固定资产税及车辆损坏停产的损失费等内容。

3) 汽车的综合性能评价

汽车的综合性能涉及汽车动力性、经济性、防污染能力、外观、舒适性等因素。在理论研究和实际调查的基础上,深入分析面临的问题后,可将所涉及的因素划分为不同层次(如目标层、准则层、指标层、方案层、措施层等)。利用美国学者提出的层次分析法为各因素建立权重值,建立汽车综合性能评价指标体系。其步骤如下所述。

(1) 确定汽车综合性能因素。汽车综合性能涉及汽车动力性、经济性、防污染能力、外观、舒适性等因素。

(2) 将汽车综合性能因素分为 $m$ 组(因素子集),组中的因素为 $n$,每个因素分为 $p$ 个等级,可得因素集如下。

$$汽车综合性能 = \{汽车动力性,经济性,汽车制动性,汽车的操作稳定性,\cdots\}$$

（3）模糊综合评价。在对汽车性能进行评价时，有些因素很难用确定的分数进行评判，这时可采用模糊综合评价的方法进行评价。可采用隶属度的概念将评语分为五级："优、良、中、可、劣"。

## 8.3　设备的维护与检修

### 8.3.1　车辆的使用管理

车辆的使用方针是指车辆使用的指导原则。一方面要防止车辆闲置不用，因为车辆长期闲置不用会承担无形磨损，负担相应支出，投资也收不回来；另一方面也要防止滥用车辆，如果车辆长时间超负荷运行，会造成车辆过度磨损，缩短车辆的使用寿命，影响物流运输企业服务质量，甚至还会带来严重的事故，造成财产损失。在车辆的使用管理中，通常要考虑车辆及经常性装备在以下不同条件下的使用要求。

**1. 车辆在使用前的准备事项**

车辆在运行使用初期是改善零件摩擦表面集合形状和表面物理力学性能的过程。因此，车辆在运行使用中应注意以下几个方面。

（1）技术培训。操作者在独立使用设备前必须经过对其结构性能、传动装置、技术规范、安全操作和维护规程等技术理论及操作技能进行培训，并经考试合格后方能独立操作使用设备。

（2）编制设备使用技术资料。根据设备所规定的技术要求性能、结构特点、操作使用规范、调整措施等，组织编制设备的安全操作规程、维护保养细则、润滑卡片、日常检查和定期检查卡片等。

（3）配备各种检查维护仪器和工具。

（4）全面检查设备的安装、精度、性能及安全装置等。

（5）明确岗位职责。对使用的设备必须设置专人负责其维护保养工作。在车辆的使用管理中，一般应当考虑车辆在不同条件下的使用要求。新车接收前的注意事项如下所述。

① 接收新车时，应按合同和说明书的规定，对照车辆清单或装箱单进行验收，清点随车工具及附件，检查车辆各部件是否完好。

② 新车在投入使用前，应根据使用说明书，对整车进行一次全面检查，并按照制造厂的规定进行清洁、润滑、紧固和必要的调整。

③ 新车在投入使用前，应组织驾驶员和维修工进行培训，学习使用说明书，了解其结构特点，待掌握车辆性能、使用与维修方法后，方可使用。

④ 新车在投入使用前，应建立车辆技术档案，并根据地区特点，配备必要的附加装备和安全防护装置。

⑤ 新车应严格执行走合期的各项规定，做好走合维护工作；车辆的走合维护必须根据作业项目和深度参照制造厂的要求进行。此外，进口汽车要按照制造厂的有关规定进行。

⑥ 新车在索赔期内，应严格按制造厂规定的技术要求使用，车辆发生损坏，应及时作

出技术鉴定,属制造厂责任的,按规定程序向制造厂索赔。

#### 2. 车辆在一般条件下的使用

这包括车辆载重量的使用、汽车挂拖总质量的使用、汽车燃润料的使用管理及车辆运载中的使用等内容。

(1) 车辆载重量的使用:车辆的额定载重量应符合制造厂规定;经过改装、改造的车辆,也应符合有关规定;所有车辆的载重量,一经核定应遵照执行,严禁超载;货运汽车载重量以车辆核定载重量为限,但载运整件货物或整批货物时,最大允许增载10%以内。

(2) 汽车拖挂总质量的使用:物流运输企业应当根据不同使用条件,经过试验后确定汽车拖挂总质量的使用范围。

(3) 汽车燃润料的使用管理:应根据车辆制造厂说明书的技术要求和有关注意事项,选用符合技术要求的汽车燃润料。

(4) 车辆运载中的使用:车辆运载危险货物及各类特种货物时,必须符合交通运输部门对运输危险货物及其他特种货物的有关规定。

#### 3. 车辆在特殊条件下的使用

公路运输地形复杂、气候复杂多变,营运车辆的流动性强,可能遇到的特殊条件很多。

(1) 车辆在低温条件下使用。车辆在低温条件下使用时,作业环境温度低,会出现发动机启动困难,各总成磨损严重、热状况不良、燃润料消耗增大等问题,所以在使用中要注意以下事项:车辆在低温条件下停放时,应采取防冻、保温措施,柴油发动机应使用低凝点柴油,各总成和轮毂轴承换用冬季润滑油和制动液;冬季,由于气温减低,使用前应进行预热;在冰雪路面上行驶时,应采取有效的防滑措施,防止气阻;注意调整发电机调节器,减少充电电流;检查调整蓄电池电解液密度,保持液面高度和通气孔畅通。

(2) 车辆在高温条件下使用。车辆在高温条件下使用时,要加强冷却系的维护,保持良好的冷却效果;在行车中,注意勿使发动机过热;汽车的各总成和轮毂轴承应换用夏季润滑油,制动系统换用夏季制动液;行车途中经常检查轮胎温度和气压,不得采取放气或用冷水浇泼的方法减低温度和气压。

(3) 车辆在山区或高原等复杂地区的使用。车辆在山区或高原等地区行驶时,由于海拔高、气压低、空气稀薄,发动机充气量少,易导致发动机动力和燃料经济性下降,在使用中应注意以下两个方面。

① 加强制动系和操纵系的检查和维护工作,确保制动和操纵装置可靠、正常地工作;

② 爬长坡、陡坡时,注意提前换挡等。

### 8.3.2 车辆的维护管理

#### 1. 车辆维护管理的目的

车辆在使用过程中,由于受各种因素的影响,各机构和零部件必然会随着行驶里程的增加而产生不同程度的自然松动、变形、磨损及机械损伤,如果不及时进行必要的技术维护,车辆的动力性能、燃油经济性能将会变坏,安全可靠性将会降低,甚至会发生意外的损失,直至最终丧失工作能力。

车辆维护管理是在计划预防的基础上提出来的，强调维护的重要性和强制性。它是以预防为主，根据各型号的车辆机件磨损和自然松动的规律及各地的使用条件进行技术维护作业。车辆维护应贯彻预防为主、强制维护的原则。保持车容整洁，及时发现和消除故障、隐患，防止车辆早期损坏。

**2. 车辆维护的分类**

车辆维护分为日常维护、一级维护和二级维护。日常维护由驾驶员实施，一级维护和二级维护由道路运输经营者组织实施，并做好记录。道路运输经营者应当依据国家有关标准和车辆维修手册、使用说明书等，结合车辆类别、车辆运行状况、行驶里程、道路条件、使用年限等因素，自行确定车辆维护周期，确保车辆正常维护。车辆维护作业项目应当按照国家关于汽车维护的技术规范要求确定。

（1）日常维护。以清洁、补给和安全性能检视为中心内容的维护作业。

（2）一级维护。除日常维护作业外，以润滑、紧固为作业中心内容，并检查有关制动、操纵等系统的安全部件的维护作业。

（3）二级维护。除一级维护以外，以检查、调整制动系、转向操纵系、悬架等安全部件，并拆检轮胎，进行轮胎换位，检查调整发动机工作状况和汽车排放相关系统等为主的维护作业。

汽车一级维护、二级维护周期的确定应以行驶里程间隔为基本依据，行驶里程间隔执行车辆维修资料等有关技术文件的规定。对不便用行驶里程间隔统计、考核的汽车，可用行驶时间间隔确定一级维护、二级维护周期。

## 8.3.3 车辆的检修

车辆的检修是指为恢复车辆规定的功能而进行的技术活动，包括汽车整车及零部件的检测、检验和修理。设备检修管理是设备全过程管理中持续时间最长、工作内容极为繁重的管理。

**1. 车辆的检测检验**

车辆的检测检验技术是检查、鉴定车辆技术状况和维修质量的重要手段，是促进维修技术发展，实现视情修理的重要保证。车辆的检测检验设备应能满足车辆在不解体情况下确定其工作能力和技术状况，以及查明故障或隐患的部位和原因。车辆的检测检验的主要内容包括：汽车的安全性（制动、侧滑、转向、前照灯等）、可靠性（异响、磨损、变形、裂纹等）、动力性（车速、加速能力、底盘输出功率、发动机功率、扭矩和供给系、点火系状况等）、经济性（燃油消耗）及噪声和废气排放状况等。

车辆技术状况等级的划分如下所述。

（1）一级，完好车：新车行驶到第一次定额大修间隔里程的三分之二和第二次定额大修间隔里程的三分之二以前，汽车各主要总成的基础件的主要零部件齐全、完好，在运行中无任何保留条件。

（2）二级，基本完好车：车辆主要技术性能和状况或行驶里程低于完好车的要求，但符合 GB 7258—2012 的规定，能随时参加运输。

（3）三级，需修车：送大修前最后一次二级维护后的车辆和正在大修或待更新尚在行驶的车辆。

（4）四级，停驶车：预计在短期内不能修复或无修复价值的车辆。

### 2. 车辆的修理

车辆的修理是指修复由于各种原因而损坏的设备，使其效能得到恢复。车辆的修理应按计划进行，实施预防性维修是最理想化的情况，是设备维修管理追求的目标。车辆的修理管理就是要坚持计划预防修理制度。设备的计划预防修理制度简称计划预修制，是物流运输企业设备技术管理的一项重要制度。它是以预防为主，防修结合，对设备进行有计划的日常维护保养、检查和修理，以保证设备经常处于良好状态的一种技术组织措施。坚持计划预防修理制度应该注意：正确地确定设备的修理类别；正确制订设备修理周期、修理工作量和修理费用；选择先进合理的设备修理方法。

车辆的修理应贯彻"视情修理"的原则，即根据车辆检测检验和技术鉴定的结果，视情况按不同作业范围和深度进行，既要防止拖延修理造成车况恶化，又要防止提前修理造成浪费。一是通过维修消除设备存在的缺陷，恢复设备规定的功能和精度，提高设备的可靠性，并充分延长零部件的有效寿命；二是力求维修费用与设备维修对生产的经济损失两者之和为最小。

（1）车辆的修理按作业范围可分为车辆大修、总成大修、车辆小修和零件修理。

① 车辆大修：是新车或经过大修后的车辆，在行驶一定里程（或时间）后，经过检测诊断和技术鉴定，用修理或更换车辆任何零部件的方法恢复车辆的完好技术状况，完全或接近完全恢复车辆寿命的恢复性修理。

② 总成大修：是汽车的总成经过一定使用里程（或时间）后，用修理或更换总成任何零部件（包括基础件）的方法，恢复其完好技术状况和寿命的恢复性修理。

③ 车辆小修：是用修理或更换个别零部件的方法，保证或恢复车辆工作能力的运行性修理，主要是消除汽车在运行过程或维修作业过程中发生或发现的故障或隐患。

④ 零件修理：是对因磨损、变形、损坏等而不能继续使用的零件进行修理。

企业在组织汽车大修时，可以运用系统工程、价值工程原理，采用网络计划技术编制汽车大修计划，还可以应用时差和关键路线法随时进行修理作业的动态调整，提高汽车的大修组织管理水平。

（2）车辆的修理方法可分为定期修理法、检查后修理法和故障修理法。

① 定期修理法。即根据车辆的实际使用情况，参照有关检修周期，制订车辆修理工作的计划日期和大致的修理工作量的方法。

② 检查后修理法。检查后修理法只规定车辆的检查计划，即根据检查的结果和以前的修理资料确定修理日期和内容的修理方法。

③ 故障修理法。故障修理法就是人们常说的"不坏不修，坏了就修"的方法。

（3）车辆的修理方法还可按修理的工艺过程分为就车修理法和总成互换修理法。

① 就车修理法。即除更换报废零件外，所有总成、组合件和零件在经过修理后，仍然装回到原车上。

② 总成互换修理法。该方法是指车辆在修理过程中，除车架外，其余需修总成或组合件换用预先修好或新的总成与组合件。换下的总成与组合件，另行组织修理后交备用

总成库,以备其他车辆修理时使用。由于采用了备用零件和周转总成,其拆装过程的连续性与同步性好,可大大缩短大修时间。该方法适用于生产规模较大、车型单一、具有一定总成周转量的企业。

设备大修后,在任何时候使用设备完成单位工作的运行成本均不能超过使用新设备完成同样工作量的成本支出。

### 8.3.4 设备维护管理的评价指标

**1. 反映设备技术状态的指标**

设备完好率＝完好设备总台数/设备总台数
设备故障率＝设备故障停机时间/设备生产运转时间
设备待修率＝平均待修设备台数/平均实有设备台数

**2. 反映设备维修与管理的经济性指标**

设备维修费用率＝物流作业总工作量/维修费用总额
单位物流工作量（产值）＝维修费用总额/物流作业总工作量（产值）
万元产值维修费＝维修费用总额/总产值（以万元计）

**3. 反映设备利用情况的指标**

设备台数利用率＝使用设备台数/设备总台数
设备时间利用率＝设备实际工作台数/设备日历总台时数
设备能力利用率＝单位台时的实际工作量/单位台时额定工作量

## 8.4 设备的更新与技术改造

### 8.4.1 设备的磨损及其补偿

**1. 设备的磨损**

1）设备的磨损类型

广义上,磨损除了指随着时间的推移逐渐发生的磨损外,还包括设备在使用过程中零部件的老化、贬值、陈旧等。设备的磨损一般分为有形磨损和无形磨损。

（1）有形磨损。有形磨损是指设备在使用过程中降低了原有性能,致使设备的实体发生磨损,又称物质磨损。有形磨损表示设备原始价值的部分损失。有形磨损有两种形式。设备在使用过程中,在外力的作用下,零部件发生摩擦、振动和疲劳等现象致使设备的实体发生磨损,这种磨损被称为第一类有形磨损。第一类有形磨损具体表现为:零部件原有尺寸的改变,甚至形状也发生改变;公差配合性质的改变,以及精度的减低;零件损坏等。该类有形磨损可使其加工精度减低，表面粗糙度增加，生产率下降，能耗增加。设备在闲置或封存中，由于受自然因素的作用而产生金属件生锈、腐蚀及橡胶件和塑料件老化或因管理不善、缺乏必要的维护而自然丧失设备精度和工作能力，也会使设备发生实体磨损，这种磨损被称为第二类有形磨损。第一种有形磨损和使用时间、使用强度有关，而第二种有形磨损在一定程度上与设备闲置时间的长短及保养条件有关。当磨损造成设备不能作为劳动工具继续使用时，可以视为达到了完全磨损的程度，这时就要用同样用途的新设备来取代了。

（2）无形磨损。无形磨损是指由于科技进步、技术创新而不断出现性能更加完善、生产效率更高、价格明显降低的设备时，使原有的设备价值降低，或是生产同样结构设备的价值已不再取决于其最初的生产消耗，而是取决于再生产时的耗费，而且这种耗费也是不断下降的。无形磨损是设备实体看不见的磨损，又称技术磨损。无形磨损也包含两种形式。一种是设备生产厂家劳动效率提高，原材料、动力消耗减少，相同结构设备再生产成本的降低而产生的原有设备贬值，这种磨损被称为第一类无形磨损。在第一类无形磨损情况下，设备的技术结构和经济性能并未改变，但由于技术进步的影响，生产工艺不断改进，成本不断降低，从而使原有设备发生贬值。另一种无形磨损是由于不断出现技术性能更完善、具有更高生产效率和经济性的设备而使原有设备显得陈旧和落后所产生的经济磨损，设备要提前报废，这类磨损被称为第二类无形磨损。在第二类无形磨损情况下，由于出现结构更新、技术性能更完善、具有更高生产效率和经济性的设备，不仅原始设备的价值相对贬值，而且如果继续使用旧设备还会相对地减低生产的经济效果。经济效果的减低，反映了原设备使用价值的局部或全部丧失，这使新设备代替现有陈旧设备成为可能。

（3）设备的综合磨损。设备的综合磨损（或设备综合老化）是指将设备有形磨损和无形磨损对设备的影响综合到一起，用价值形态表现出来。设备的综合磨损程度可用设备有形磨损和无形磨损来表示。

2）设备的磨损程度

在设备的运转过程中，它们的磨损速度和程度是不同的，设备的磨损程度大致可分为3种。

（1）初期磨损程度是指设备在初始使用阶段，设备各部件之间会发生表面上的高低不平及脱氧层、氧化层互相被磨平等现象。这一阶段磨损的速度较快，但时间较短，如企业购置的新车应注意磨合期，前两个月行驶速度应不超过60 km/h。

（2）正常磨损程度是指设备零件磨损随时间的增加而呈现出匀速和设备缓慢磨损等特征。这一阶段磨损的速度比较平稳，磨损量的增长也缓慢。这时，设备进入最佳的技术状态，设备的生产率、产品质量最有保证。

（3）剧烈磨损程度是指设备在使用阶段非正常的磨损和破坏，设备和机具经常停止，性能及生产效率明显降低，机件磨损严重。设备的性能、精度迅速降低是磨损从量变到质变的过程，如不及时进行修理，就会产生生产事故和设备事故。

3）设备故障的规律

（1）初期故障期。在初期故障期，故障主要是由设计、制造中的缺陷引起。在这个时期，要对设备进行严格筛选、认真检查、验收试验等及时调整。

（2）偶发故障期。在偶发故障期，发生故障的原因主要是由于操作失误，因此主要对策是在设备的正常磨损阶段要加强对设备的合理使用，做好日常维护和保养，尽量延长设备的最佳技术状态的延续时间,以保证优质、高产,提高经济效益。

(3)磨损故障期。在磨损故障期,由于设备的某些零件已达到使用寿命,因此主要对策是加强对设备的日常检查和定期检查,掌握磨损情况的发展变化。在设备进入剧烈磨损阶段以前,故障率会不断上升,要加强检查、检测和计划维修,减低设备的淘汰率和淘汰速度;要进行预防性维修,在适当时期进行设备的技术改造。

#### 2. 磨损的补偿

磨损的补偿是为了恢复设备在使用过程中应有的技术性能和生产效率,延长使用寿命,保证生产正常进行的一项基础技术管理工作。为保证设备的正常运行,使其处于良好的技术状态,必须对设备的磨损及时补偿。设备的磨损形式不同,采取的补偿方法也不同。补偿分为局部补偿和完全补偿。设备有形磨损的局部补偿方式是修理,设备无形磨损的局部补偿方式是技术改造,有形磨损和无形磨损的完全补偿方式则是更新。有形磨损和无形磨损都同时引起设备原值的减低,不同之处是有形磨损的设备,特别是有形磨损严重的设备,在大修之前经常不能进行生产,而无形磨损的设备却不影响其继续使用。

### 8.4.2 设备的改造与更新

#### 1. 设备的寿命

设备的寿命是指设备在规定的使用条件下,从开始使用到无法修复而报废所经历的时间。设备被淘汰可能是因磨损而不能正常工作,或由于技术改进使得设备功能落后,或者经济性差等。因此,设备的寿命可分为物理寿命、技术寿命、经济寿命和折旧寿命。

(1)物理寿命是指设备从投入使用开始到被淘汰的整个过程所经历的时间,又称自然寿命。对设备的正确使用、维护和修理,可以延长其物理寿命,反之会缩短其物理寿命。

(2)技术寿命是指设备从投入使用到因技术功能落后而被淘汰所经历的时间。应从设备技术角度确定最合理的使用年限。考虑到设备的技术先进性、技术更新和淘汰等因素,其技术寿命一般低于物理寿命。

(3)经济寿命是指设备从投入使用到因继续使用不经济而退出使用所经历的时间。应从设备经济效益角度来确定设备的最合理使用年限。设备到了物理寿命的后期,由于不断老化,维持费用越来越高,依据设备的维持费用来决定设备的更新周期即为设备的经济寿命。

(4)折旧寿命是指使用部门预计提取设备折旧费的年限,表示设备要在规定的折旧年限内折旧完毕。折旧寿命的期限一般介于技术寿命和物理寿命或经济寿命之间。

#### 2. 设备的更新

一台设备随着使用时间的不断增加,有形磨损加剧,其效率不断减低,运行和维修费用不断增加,使用性能不断下降,日益不能满足生产的要求,这时原有设备就需要更新。另外,随着科学技术的迅速发展,多功能、高效率的高性价比设备不断出现,使得继续使用原有设备不够经济,这时也需要更新。

设备的更新是指用新设备代替原有的旧设备完成相同的工作(服务),是设备综合管理系统中的重要环节。其方法包括两种:设备原型更新——使用相同的设备去更换有形磨损严重、不能继续使用的旧设备,这类更新不考虑无形磨损,具有更新技术的性质;新型设备更新——使用效率高、功能多、经济效益好的新型设备来更换技术上不能继续使用或经济上不宜继续使用的旧设备,这种更新能够真正解决设备的损坏和技术落后的问题。在技术进步加快的今天,设备的更新主要是新型设备更新。

1) 设备的更新对象

由于企业用于设备的更新的资金有限,企业在选择设备的更新对象时,应着重考虑以下因素:

(1) 役龄长的设备;
(2) 性能、制造质量不良的设备;
(3) 经过多次大修已无修复价值的设备;
(4) 技术落后的设备;
(5) 更新后可能满足新产品开发要求的设备;
(6) 浪费能源的设备。

2) 设备的更新决策

(1) 设备的最佳更新时机。广义上,设备的最佳更新时机既涉及设备的全部更新,也涉及设备的局部更新(局部修复和局部现代化改装)。设备的更新也要考虑经济效益且具体更新时机应视具体条件而定。一般来说,在制定设备的更新决策时,应从技术和经济两个方面进行分析。在技术性分析时应考虑的因素有:新设备的规格和参数能否满足生产要求;新设备的技术性能是否有所改进;新设备在结构和装置上是否符合技术进步的要求;新设备是否有利于劳动条件和环境保护的改善。在经济性评价时,应着重分析新设备的投资回收情况、新旧设备的经济性指标对比等内容。

(2) 按经济寿命来确定设备的更新决策。设备的报废界限是其综合效益低劣又有新设备可更新。研究设备更新问题应该从经济效益出发来寻求设备的合理使用年限,即设备的经济寿命。当设备使用到经济寿命年限时,设备的折旧和运营费用会急剧增长,如再继续使用,其在经济上已不划算。因此,设备更新时机应以其到达经济寿命年限时为最佳时期,此时继续使用旧设备还不如再购置原型新设备更划算,应及时更新。但在设备到达经济寿命年限以前,该设备技术上仍然先进,因此不存在提前技术上报废的问题。计算设备经济寿命的方法有低劣化数值法和面值法等。

① 低劣化数值法。假设设备经过使用后的残值为 0,并以 $k_0$ 代表设备原值,$T$ 代表使用的年数,则每一年的设备费用为 $k_0/T$。随着使用年数 $T$ 的增加,$k_0/T$ 按反比例减小,但是设备使用的时间越长,设备的综合磨损损失越大,设备的维护费及燃料、动力消耗增加,设备性能不断下降,这被称为低劣化。若设备第一年的经营费用为 $Q$,这种低劣化每年以数值 $\lambda$ 增加,则第 $T$ 年的低劣化数值为 $\lambda T$,它随着使用年数 $T$ 的增加按正比例增加,则经过 $T$ 年使用后,平均低劣化值为 $\lambda/2$。低劣化数值法的计算公式为:

$$T_{\min} = \sqrt{\frac{2k_0}{\lambda}}$$

【例 8-2】物流运输企业购进一台新设备,初始投资为 8 000 元,假设其残值为 0,经营费用为第一年 4 000 元,每年低劣化增加值为 1 000 元,试计算该设备的经济寿命。

$$T_{\min} = \sqrt{\frac{2k_0}{\lambda}} = \sqrt{\frac{2 \times 8\,000}{1\,000}} = 4\,(年)$$

② 面值法。如果设备残值不能被视为常数，这时可以根据物流运输企业的记录或以同类型设备的统计资料为依据，既不考虑大修，也不考虑经营的经济效益，而是通过列表法分析计算年度使用费用来判断设备的经济寿命。

需要指出的是，上述低劣化数值法与面值法对设备的经济寿命的计算忽略了资金的时间价值。

3. 设备的技术改造

设备的技术改造也称设备的现代化改造，是指应用现代科学技术成就和先进经验，改变现有设备的结构，安装或更换新部件、新装置、新附件，补偿设备的无形磨损和有形磨损。通过技术改造，可以改善原有设备的技术性能，增加设备的功能，使之达到或局部达到新设备的技术水平。

设备的技术改造一般是由设备使用单位与设备管理部门协同配合，确定技术方案，进行设计、改造的。这种方法有利于充分发挥他们熟悉生产要求和设备实际情况的优势，使设备技术改造密切结合企业生产的实际需要，这样所获得的技术性能往往比选用同类新设备具有更强的针对性和适用性。设备的技术改造的内容一般包括以下几方面。

① 提高设备的自动化程度；
② 改善设备的工艺，提高和扩大设备功率、速度、刚度；
③ 提高设备零部件的可靠性、维修性；
④ 改装设备监测、监控装置；
⑤ 改进滑润、冷却系统；
⑥ 改进安全、保持装置及环境污染系统；
⑦ 降低设备原材料及能源消耗；
⑧ 使零部件通用化、系列化、标准化，提高"三化"水平。

## 8.4.3 车辆更新与技术改造

车辆更新是对物流运输企业车辆配置的活动。车辆更新不仅是以新换旧和原有车型的重复，更重要的是保持和提高物流运输企业的生产能力，减低运行消耗。至于更新的车辆是原车型还是新车型，要根据物流运输企业发展与市场情况来决定；同时，还要考虑管理人员、驾驶员、修理工的培训，以及维修设备更换等相关因素的变化情况。车辆更新还应与改装、改造相结合，使原有车辆具有不曾有的高效率、低消耗和先进性，这样做有时能够比购置新车辆更廉价地实现高效、低耗。另外，通过租赁车辆对原有车辆更新，在现代经营中也是可以尝试的一种新办法。

1. 车辆更新

1) 车辆更新的含义

车辆更新是物流运输企业设备管理的重要内容。车辆更新是指以高效率、低耗能、性能先进的车辆更换在用车辆。车辆更新应以提高运输经济效益和社会效益为原则。此外，车辆的更新还要合理地把握设备的大修、技术改造和更新的界限，做到三者之间的有机结合。

2) 影响车辆更新的因素

效能衰退是指现有设备与其全新状态相比较，在运作效率上有所降低；技术陈旧是指由于新技术的出现和应用，产生了新型设备，现有设备与全新设备相比较，运作效率低，生产费用高，因而需要对设备进行更新；资金成本是指购置新设备所支出的资金或投资的成本。

3) 我国规定的车辆更新的技术条件

我国规定的车辆更新的技术条件为：燃料的消耗高于原厂规定的20%者；累计行驶里程高于50万km者，经三次大修者；一次大修费达车辆原值1/2者；车辆老旧，无配件来源者。

尽管国家规定的更新时间不完全等同于车辆的经济使用寿命。但是，按国家关于车辆更新的规定对车辆进行更新分析是制止陈旧车辆无限期使用的最有效措施。

4) 车辆更新时机

车辆更新时机应考虑以下因素。

(1) 宏观环境给予的机会与限制。例如，国家鼓励技术更新，出台相应的政策或制裁继续使用陈旧落后设备的政策；国家鼓励或限制某一行业的发展，使物流运输企业有很好的投资机会，或被迫减低消耗而更新改造设备。

(2) 物流运输企业生产经营的迫切需要。由于保障安全、环保及降低能耗等需要，在科学技术高速发展的今天，物流运输企业应该更多地以效能高、结构更加完善的先进车型代替物理上不能使用和经济上不宜使用的陈旧车辆。更换的车辆规模越大，时间越快，物流运输企业的劳动生产率的提高程度也就越大。

(3) 车辆的经济使用寿命。确定车辆更新期是物流运输企业决策中的重要问题之一。当一辆车辆已损耗到不能使用且不宜大修时，则换用另一辆相同性能的车辆，这是一种简单的替换。我国物流运输企业长期以来采用这种简单的替换方法，这种替换没有明确的技术经济分析作依据，无所谓"最佳更新期"。汽车使用寿命和更新时刻通常是以年限作为计量指标，以使用里程作为参考性指标。确定车辆的经济使用寿命，即选择更新它们的最佳时机是设备管理中的一个重要问题。这里所用的方法与前面提到的设备经济寿命的计算方法相同。车辆的最佳更新时机是车辆使用费用中的最小值，以行驶里程为量标，计算得出最佳使用年限，即得出经济使用寿命。

## 2. 车辆技术改造

车辆技术改造是指为改善车辆或延长其使用寿命，经过设计、计算、试验，改变原车辆的零部件或总成。车辆技术改造必须满足两个条件：一是必须改变车辆的部分结构以达到改善其技术性能或技术状况的目的。二是必须有设计、计算、试验等程序。车辆的技术改造是在车辆的原有基本功能保持不变的情况下，对设备的薄弱环节进行改造，以提高设备的可靠性和耐用性，其主要内容包括以下几个方面。

① 改造或更新车辆的动力装置，提高车辆的技术性能和作业效率。

② 改善耗能装置或加装节能装置，以降低能源消耗，从而降低使用费用。

③ 增加安全装置或改造原车结构，提高设备的安全性和环保性，保证设备的运行安全，并防止或减少污染。

④ 改造或增加必要装置，扩充设备的功能，做到一车多用。

车辆改装或改造必须事前进行技术经济论证，符合技术上可靠、经济上合理的原则。车辆经改装、改造后,应通过道路"运行性、可靠性和经济性"试验和技术测定,必要时物流运输企业可组织有关专家进行评议或鉴定认可,通过后方可投入批量改装、改造。

# 思 考 与 练 习

1. 基本概念

    设备　　　设备管理　　费用换算法　　车辆的检测检验　　有形磨损
    设备的寿命　　设备的更新　　经济寿命　　车辆技术改造

2. 简答题

    (1) 设备综合管理的特点是什么?
    (2) 设备选择的经济评价方法有哪些?
    (3) 车辆的使用方针是什么?
    (4) 车辆的修理分类有哪些?
    (5) 我国规定的车辆更新的技术条件有哪些?

3. 案例阅读与分析

    ### 使用设备的基本功和操作纪律

    设备在使用过程中,操作者要根据设备的有关技术文件、资料规定的操作使用程序和设备的特性、技术要求、性能,正确合理地使用设备;主要要求操作者做到:"三好""四会""四项要求"和"五项纪律"。

    (1) "三好"。

    ① 管好——使用单位领导必须管好本单位所拥有的设备,保持其实物完好,严格执行设备的移装、封存、借用、调拨等管理制度;操作者必须管好自己使用的设备,未经领导批准和本人同意不准他人使用。

    ② 用好——使用单位领导应教育相关部门工人正确使用和精心维护设备,安排生产时应根据设备的能力,不得有超性能和拼设备之类的短期化行为;操作者必须严格遵守操作维护规程,不超负荷使用及不用不文明的操作方法。

    ③ 修好——车间安排生产时应考虑和预留计划维修时间,防止带病运行;操作者要配合维修人员维修好设备,及时排除故障。

    (2) "四会"。

    ① 会使用——操作者应熟悉设备结构性能及传动装置,学习设备操作规程、加工工艺和工件工具在设备上的正确使用。

    ② 会维护——能正确执行设备维护和润滑规定,按时清扫,保持设备清洁完好。

    ③ 会检查——了解设备易损零件部位,掌握完好检查项目、标准和方法,并能按规定进行日常检查。

    ④ 会排除故障——熟悉设备特点,能鉴别设备正常与异常现象,懂得其零部件拆装的

注意事项，会做一般故障调整或协同维修人员进行排除。

（3）"四项要求"。

① 整齐——工具、工件、附件摆放整齐，设备零部件及安全防护装置及油路管道完整。

② 清洁——设备内外清洁，无"黄袍"；各滑动杆、齿条、齿轮无油污，无损伤；各部位不漏油、漏水、漏气；铁屑清扫干净。

③ 润滑——按时加油、换油，油质要符合要求；油枪、油壶、油杯、油嘴齐全；油毡、油线清洁，油窗明亮，油路畅通。

④ 安全——实行定人定机制度，遵守操作维护规程，合理使用，注意观察运行情况，不出安全事故。

（4）"五项纪律"。

① 凭操作证设备使用，遵守安全操作维护规程。

② 经常保持设备整洁，按规定加油，保证合理润滑。

③ 遵守交接班制度。

④ 管好工具、附件，不得遗失。

⑤ 发现异常立即通知有关人员检查处理。

要求学生根据设备使用的基本要求，结合现场设备进行练习，并遵守设备操作者的"五项纪律"。

# 第 9 章

# 国际物流

> **学习目标**
> - 了解国际物流的概念、特点、现状及发展趋势,熟悉国际物流的系统组成。
> - 了解我国国际货运代理业的特点、现状及发展趋势,熟悉国际货运代理业务范围。
> - 了解国际货物运输的业务流程,掌握国际航空货物运输业务流程。
> - 了解国际物流中报关与报检的业务常识。

## 9.1 国际物流概述

### 9.1.1 国际物流的概念及发展阶段

**1. 国际物流的概念**

随着国际一体化进程的加速,以及国际贸易和对外交流范围的扩展,企业同国外的贸易交往日益频繁。由于供需在时空上存在矛盾,企业商务活动是跨越不同国家进行的,不同国家之间跨越国境物流活动的内容和范围也扩大了,这种物流活动是相对于国内物流而言的,是国内物流的延伸及进一步的扩展。

国际物流(international logistics,IL)就是组织货物在国际的合理流动,也就是发生在不同国家之间的物流。国际物流是伴随着国际贸易的发展而产生的,并已成为国际贸易的重要基础,国际贸易的实现必须通过国际物流来实现。因此,国际物流的总目标是为国际贸易和跨国经营服务,即选择最佳的路径与方式,以最低的费用和最小的风险,保质、保量、按时地将货物从某国的供方运到另一国的需方。国际物流的实质是按国际分工协作的原则,依照国际惯例,利用国际化的物流网络、物流设施和物流技术,实现货物的流动与交换,以促进区域经济的发展和世界资源的优化配置。

### 2. 国际物流的发展阶段

国际物流的概念及重要性已得到广泛的重视，随着国际贸易的发展，世界各国广泛开展国际物流理论方面的研究，并在实践方面进行大胆探索。人们已经深刻认识到，只有广泛开展国际物流合作，才能促进世界经济的繁荣。国际物流活动的发展经历了以下几个阶段。

（1）第一阶段：20世纪50年代至20世纪70年代初。20世纪60年代开始形成了国际大数量物流，在物流技术上出现了大型物流工具，如20万吨的油轮，10万吨的矿石船等。尤其是20世纪70年代的石油危机之后，国际贸易从数量上讲已达到了非常巨大的数字，对物流服务水平和质量要求也越来越高。在这种新情况下，原有为满足运送必要货物的运输观念已不能适应新的要求，系统物流就是在这个时期进入国际领域的。

物流系统的改善促进了国际贸易的发展，使国际物流的活动范围扩大，但物流国际化的趋势还没有得到人们的重视。由于受到20世纪70年代石油危机的影响，国际物流数量激增，船舶出现了大型化、自动化、高速化、专业化的趋势。大规模、高质量服务型物流从石油、矿石等物流领域向物流难度较大的中、小件杂货领域深入，提高了国际物流服务水平，其标志是国际集装箱及国际集装箱船的发展。国际各主要航线的定期班轮都投入了集装箱船，运输散杂货的物流能力提高了，物流服务水平也获得了较大的提升。这个阶段国际航空运输和国际多式联运也得到了迅速发展。

（2）第二阶段：20世纪70年代中期至20世纪80年代初。生产技术的巨大进步、生产方式的改变、管理科学的发展使国际经济技术往来日益扩大，物流国际化趋势开始成为世界性的共同课题，国际物流出现了"精细物流"，各国企业也越来越强调改善国际物流管理，降低产品成本，改善服务，扩大销售，以求在激烈的国际竞争中获得胜利。这一阶段的物流设施与物流技术机械化、自动化水平大幅度提高，出现了许多新技术和新方法，企业广泛运用电子计算机进行物流管理，建立了配送中心，出现了立体无人仓库，一些国家还建立了本国的物流标准化体系等。随着新时期市场需求观念的改变，国际物流重点解决"小批量、高频度、多品种"物流，物流服务基本涵盖了所有物流对象，解决了所有物流对象的现代物流问题。

（3）第三阶段：20世纪80年代中期至20世纪90年代初。20世纪80年代经济全球化的趋势使得世界市场竞争加剧，第三方物流活动成为物流发展趋势。要实现与对外贸易相适应的物流国际化，企业应重视整合物流全过程，"综合物流"的概念始具雏形，许多重要的物流技术都是依靠信息才能得以实现，"物流质量取决于信息，物流服务依靠信息"的观点已深入人心。这个阶段强调采取建立物流信息网络，加强物流全面质量管理等一系列措施，提高物流国际化的效率。国际物流领域另一重大发展是伴随着国际物流的发展，出现了一些新型的物流技术，尤其是20世纪80年代以来飞速发展的信息应用技术，如电子数据交换系统（EDI）使国际物流向更低成本、更高服务、更精细化方向发展。20世纪90年代国际物流已进入物流信息时代。

（4）第四阶段：20世纪90年代初至今。东西方冷战结束后，贸易国际化的势头越来越盛，随着国际贸易壁垒的拆除，新的国际贸易组织的建立，若干地区已突破国界的限制，形成统一的全球化市场，这又使国际物流出现了新的情况，国际物流的形式也随之不断变化。物流新的观念及方法随着物流的国际化步伐不断扩展。这一阶段国际物流的"物流无国界"概念和重要性已为各国政府和外贸部门所普遍接受。经济全球化必然要求物流国际化，即物流设施国际化、物流技术国际化、物流服务国际化、货物运输国际化、包装国际化和流通加工国际化，等等。

## 9.1.2 国际物流的特点

国际物流是国际贸易和跨国经营的重要组成部分，其最大的特点是物流跨越国境，物流活动是在不同国家之间进行的，这使得各国物流系统相互"接轨"，成为一个完整的物流系统，因而与国内物流系统相比，存在不少差异，具有国际性、复杂性、风险性、先进性的特点。

### 1. 国际性

近十几年企业积极推行国际化战略，在全世界寻找贸易机会，寻找最理想的市场和最好的生产基地，企业分别在不同国家生产零配件，然后进行组配、销售。企业的这种经济活动的领域必然由一个地区、一个国家扩展到国际上，企业的这种生产环节之间的衔接需要依靠国际物流。国际物流的活动是在不同国家之间进行，涉及多个国家，物流渠道长，物流环节多。国际物流跨越海洋和大陆，跨越不同国家和地区，所涉及地理范围广。这一特点又被称为国际物流系统的地理特征。运输距离长、运输方式多样要求合理选择运输路线和运送方式，尽量缩短运输距离，缩短货物在途时间，加速货物的周转并降低物流成本。

### 2. 复杂性

在国际经济活动中，生产、流通、消费三个环节之间存在密切的联系。各国社会制度、自然环境、科技水平、法律法规环境、经营管理方法、商业习惯不同，这些因素错综复杂，不断变动，造成物流环境存在极大的差异，尤其是物流软环境的差异，使国际物流的复杂性远高于一国的国内物流。例如，对于处于不同科技条件支撑下的国际物流，有些地区根本无法应用某些技术而迫使国际物流系统整体水平下降；不同国家有不同物流标准，这也造成国际"接轨"的困难，因而使国际物流系统难以建立，使国际物流受到很大的局限，甚至会阻断国际物流。因此，有效组织国际货物从生产到消费的流动就迫使一个国际物流系统需要在若干不同的科技、设施、法律、管理、人文、习俗等环境下运行，这无疑会大大增加物流的难度和系统的复杂性。

### 3. 风险性

国际物流是一个复杂的系统，所涉及的因素来自方方面面，国际物流复杂性带来的直接后果是实施国际物流活动难度的增加。此外，国际物流系统上增加了不同国家的要素，气候条件较为复杂，风险增大。国际物流的风险性主要分为政治风险、经济风险和自然风险。

### 4. 先进性

国际物流在融入现代物流管理思想和系统技术之后，其主要的特征是管理现代化、科学化，与国内物流系统相比，具有明显的先进性。

(1) 国际物流必须有信息系统的支持。国际化信息系统是国际物流，尤其是国际联运非常重要的支持手段。国际物流企业为提高国际竞争能力，一是在管理上重视国际信息系统的作用，二是技术上更先进，与国内物流系统相比，国际物流信息系统水平更高。如在物流信息传递技术方面，欧洲各国不仅实现企业内部的标准化，而且实现了企业之间的物流及欧洲统一市场的标准化,这就使欧洲各国之间的交流比其与亚、非洲国家交流更简单、更有效。

(2) 国际物流的标准化程度高。国际物流的标准化是实现国际物流管理现代化、科学化的重要基础。要使国际物流畅通起来,统一标准是非常重要的。目前,美国、欧洲基本实现了物流工具、设施的统一标准,如托盘采用 1 000 mm×1 200 mm,集装箱采用几种统一规格及条码技术的应用等,大大降低了物流费用,降低了转运的难度。可以说,如果没有统一的标准,必然在转运、越库等许多方面要多耗费时间和费用,国际物流水平无法得到提升。同时,国际物流的标准化起着协调各国贸易壁垒,促进物流技术合作,促进国际贸易发展的作用。

### 9.1.3 国际物流系统

国际物流系统是由商品的包装、储存、运输、信息、流通加工与检验、装卸搬运和其前后的整理、再包装及国际配送等子系统组成。储存和运输子系统是国际物流系统的主要组成部分。国际物流主要通过商品的储存和运输实现其自身的时间和空间效益,满足国际贸易和跨国公司经营的要求。

**1. 包装子系统**

杜邦定律(由美国杜邦公司提出)认为:63%的消费者是根据商品的包装装潢进行购买的,国际市场和消费者是通过商品来认识企业的,而商品的商标和包装反映了企业文化与经营水平,也是一个国家的综合科技文化水平的直接反映。在国际物流系统中,商品包装的主要作用是保护商品、便利流通、促进销售。包装是国际物流的起点,是国际物流系统中的重要组成部分。为提高商品包装子系统的功能和效率,在设计商品包装方法和包装作业过程中,应充分考虑仓储、运输、装卸搬运等物流各环节,使之系统化,以加速物流,减少物流的费用,以符合现代物流系统提倡的"包、储、运"一体化的设计目标。包装应符合科学、经济、坚固、美观、适销等作用。

**2. 储存子系统**

储存子系统是国际物流主要的子系统,它通过商品储存、保管克服商品使用价值在时间上的差异,创造商品的时间价值。外贸商品流通是一个由分散到集中,再由集中到分散的源源不断的流通过程,外贸商品储存地点是物流网络系统收发货节点,包括进、出口国内外的各个仓库,如制造厂仓库、中间商仓库、口岸仓库、国内外中转点仓库及流通加工配送中心和保税区仓库。保税制度的出现,为国际物流的仓储提供了既经济又便利的条件,国际商品转运、储存可以设在各国的保税区和保税仓库,外贸商品主要是通过这些仓库的收、发、保管来克服生产时间和消费时间上的分离,实现国际物流系统的时间效益,促进国际贸易系统的顺利运行。

商品在其流通过程中在一段时间内可能处于一种或长或短的相对停滞状态,这种停滞是完全必要的。因为,外贸商品从生产厂或供应部门被集中运送到装运港口,有时须临时存放一段时间,再装运出口,这是一个集和散的过程。从物流学角度看,我们应缩短进出口商品的在途积压时间,包括进货在途(如进货、到货的待验和待进等)、销售在途(如销售待运、进出口口岸待运)、结算在途(如托收承付中的拖延等),减少商品的流通储存时间,加速货物和资金周转,实现国际物流的高效率运转。

### 3. 运输子系统

国际货物运输是国际物流系统的关键和核心。通过国际货物运输使商品使用价值克服生产地点和消费地点上的分离,创造物流的空间效益。国际货物运输是国内运输的延伸和扩展,是衔接对外贸易国内运输段的桥梁和纽带。与国内运输相比,由于国际物流的运作环境相对比较复杂,时间和空间距离较大,气候条件较为复杂,商品在不同国家之间的流动和转移往往需要不同运输方式承运人的参与和相互协作,经过多次转运或转载才能完成,因而国际货物运输具有路线长、环节多、涉及面广、手续繁杂、风险性大、时间性强等特点。其中海洋运输方式、航空运输方式和集装箱多式联运方式是国际货物运输最为主要的方式。综合物流管理、系统化管理、总成本分析方法对国际货物运输经营者而言具有特别重要的意义。

### 4. 信息子系统

国际物流是一个复杂的跨越国境的大系统,信息子系统的主要功能是采集、处理和传递国际物流和商流的信息情报。在对外贸易活动中,信息是控制生产和销售系统的相结合的物流作业系统的组成部分。因此,信息子系统是现代物流系统化及提高物流效率必不可少的条件,是国际物流正常运转的基础和保障。没有功能完善的信息子系统,国际贸易和跨国经营将寸步难行。国际物流信息的主要内容包括进出口单证的作业过程信息、支付方式信息、客户资料信息、市场行情信息和供求信息等。

国际物流信息子系统的特点是:信息量大,交换频繁;传递量大,时间性强;环节多,点多,线长。21世纪的现代物流向信息化、自动化、网络化、智能化、柔性化、标准化方向发展,特别是信息网络技术在物流领域的应用得到空前发展,建立技术先进的信息网络系统将成为发展现代国际物流的关键。当前国际物流信息子系统一个较好的建立办法是和各国政府公共信息系统联机,以及时掌握有关各国的对外贸易管制政策(海关、商品检验、外汇、文化等)及港口、机场和联运线路、站场的信息,为供应或销售物流决策提供支持。国际物流信息技术 EDI 的发展是一个重要趋势,我国应该在国际物流中加强推广 EDI 的应用,建设国际贸易和跨国经营的信息高速公路。

### 5. 流通加工与检验子系统

流通加工是在商品从生产领域向消费领域流动的过程中,为促进销售、维护产品质量和提高资源利用率和物流效率,对商品进行加工的活动。国际物流系统中的流通加工是随着生产力发展,特别是随着物流业的发展而不断发展的。流通加工的兴起是企业为了更好地满足客户的需求,通过流通加工保证在商品质量基础上增加商品的附加价值,扩大商品销售。流通加工既包括定量包装、刷唛、分装、配装等出口贸易商品服务,也包括改装、挑扣、组装、配套等生产性外延加工。这些流通加工活动减低了生产和物流总成本,增加了外汇收入。

由于国际贸易和跨国经营具有投资大、风险高、周期长等特点,商品检验因此成为国际物流系统中重要的子系统。进出口商品检验就是确定交货品质、数量和包装条件是否符合合同规定。如发现问题,可分清责任,向有关方面索赔。在国际贸易合同中,一般都订有商品检验条款,其主要内容包括检验时间与地点、检验机构与检验证明、检验标准与检验方法等。

#### 6. 装卸搬运子系统

相对于运输来讲，装卸搬运作业主要是指垂直运输和短距离运输，其主要作用是衔接物流其他各环节的作业，实现物流的空间效应。它是保证商品运输和保管连续性的一种物流活动，是仓库作业和运输作业的纽带和桥梁。货物的装卸船、商品进出库及在库内搬运、清点、查库、装运装载等都是装卸搬运的重要内容。提高装卸搬运作业质量与作业效率可以有效地减少物流各环节之间的摩擦，充分发挥物流效率。

国际贸易和经营的竞争要求国际物流系统的物流费用低，但同时要求顾客服务水平要高。为实现这一目标，上述各主要子系统应有机联系起来，统筹考虑，全面规划，以降低物流费用，提高顾客服务水平，从而最终达到国际物流系统整体最优的目标。21世纪国际物流向信息化、自动化、网络化、智能化、柔性化、标准化方向发展，我国国际物流系统应在国际信息系统的支撑下，与国际物流标准体系接轨，建设综合国际运输枢纽，大力开展国际多式联运，建立和完善国际物流系统网络，促进国际物流合理化，以达到上述目标。

## 9.1.4 国际货物运输的任务及其要求

#### 1. 国际货物运输的任务

国际货物运输的基本任务就是根据客户要求，合理地运用各种运输方式和运输工具，多、快、好、省地完成进出口货物的运输任务，具体包括以下两方面内容。

（1）按时、按质、按量地完成进出口货物运输。

（2）节省运杂费用，创造"第三利润源"。

#### 2. 国际货物运输的要求

（1）选择最佳的运输路线和最优的运输方案，合理组织运输。每种运输方式有着各自较合理的适用范围和不同的技术经济特征，选择时必须进行比较和综合分析。首先要考虑商品的性质、数量的大小、运输距离的远近、市场需求的缓急、风险的程度等因素。比如鲜活、季节性商品，要求交货及时、运输速度快，以免贻误市场销售；贵重货物因其价值高，要求严格地保证运输质量等；另外，要考虑运输成本的高低和运行速度的快慢。比如，价值较低的大宗商品则要求低廉的运输费用，海运可选择班轮或不定期船，以降低商品成本，增加市场竞争能力。对于同一运输方式，如铁路或公路运输，可根据不同商品特性选择不同类型的车辆，以及充分利用运输工具回空来运输货物等。同时，应正确选择运输路线和装卸、中转港口。一般来说，应安排直达运输，以减少运输装卸、转运环节，缩短运输时间，节省运输费用；对于必须中转的进出口货物，也应选择合理的中转港、中转站，以减少国内运输距离，节省运力。总之，国际货物运输就是要根据运输商品的特定要求，综合考虑速度、价格、质量等因素，求得其最佳效益。

（2）树立系统观念，加强与有关部门的协调，努力实现系统效益和社会效益。在国际货物运输的过程中，要切实加强客户、商检、海关、银行、港口、船代和货代等部门与企业之间的联系，相互配合，密切协作，充分调动各方面的积极性，形成全局系统观念，共同完成国际货物运输任务。除了努力争取本企业的经济利益以外，更重要的是考虑系统效益和社会效益。

(3) 树立为客户服务的观点，实现"安全、迅速、准确、节省、方便"的要求。根据国际货物运输的性质和特点，针对国际货物运输的任务，经过多年的实践，中国外运长航集团有限公司提出的国际货物运输要"安全、迅速、准确、节省、方便"的"十字方针"已被广大物流运输企业所认可。

综上所述，国际货物运输的任务及其要求是相互制约、相辅相成的，要想成为有竞争力的、一流的物流运输企业，必须按照这一方针要求去做，这是一个有机联系的整体。物流运输企业可以根据市场供求的缓急、商品特性，以及运输路线与运力的不同情况，全面考虑，适当安排，必要时可以有所侧重。

## 9.2 国际货运代理

### 9.2.1 国际货运代理业概述

20世纪50年代以来，随着世界经济一体化的快速发展，国际经贸往来的日益频繁，国际货运代理业在世界范围内迅速发展，国际货运代理公司不断壮大，已成为促进国际经贸发展，繁荣运输经济，满足国际贸易服务需求的一支重要力量，并成为现代第三方物流的主要形式。

国际货运代理业是从国际商业和国际运输这两个关系密切的行业里分离出来而独立存在的，这是商业和运输高度社会化和国际化的必然结果。目前，世界上80%左右的航空运输业务，70%以上的集装箱运输业务，75%的杂货运输业务，均由国际货运代理企业完成。我国国际货运代理业虽然起步较晚，但是已经迅速成为第三方物流的重要力量。现在，我国国际货运代理企业承担了80%的进出口贸易货物运输和中转业务、90%的国际航空运输业务，对我国国际物流业和对外贸易的发展，乃至整个国民经济的发展做出了巨大的贡献。

目前，货运代理业已经发展成为世界性的行业，国际货运代理协会联合会——FIATA（菲亚塔）是本行业在世界范围内最具权威性的组织，也是世界贸易运输领域内最大的非政府和非营利性的组织，对国际货运代理业务的协调、整合、改进起着积极的促进作用。该组织对国际货运代理人（国际货运代理企业，或简称国际货运代理）所下的定义是："国际货运代理是根据客户的指示，并为客户的利益而揽取货物运输的人，其本身并不是承运人，可以依这些条件，从事与运输合同有关的活动，如储货（也含寄存）、报关、验收、收款等事项。"

### 9.2.2 我国国际货运代理业的现状及发展趋势

**1. 我国国际货运代理业的现状**

我国国际货运代理业的发展并不平衡。总的来讲，沿海国际货运代理企业数量较多，业务发展较迅速；内陆国际货运代理企业数量较少，业务发展较缓慢。同发达国家的国际货运代理业发展水平相比，我国的国际货运代理企业多数规模较小，服务网络少，缺乏专业人才，业务限制在国内，市场竞争能力较差。综观我国国际货运代理业的发展历程和现实状况，不难看出其至少存在以下几个特点。

（1）由于客观原因，绝大多数国际货运代理企业隶属于进出口贸易公司和交通运输企业。这些国际货运代理企业由于体制模糊，产权不清，无法与外商投资企业在国际货运代理市场上竞争。

（2）我国绝大多数国际货运代理企业成立时间较短，长期以来独家经营，很难提供物流一体化服务。这些国际货运代理企业大多资产规模小，服务项目单一，网络不完善，专业人才匮乏，因此我国缺少大型、集团型国际货运代理企业。

（3）由于资金、市场、信息网络等方面的原因，国际货运代理市场竞争能力弱，体现在国际货运代理企业服务网络不够健全，几乎没有一家国际货运代理企业拥有完善的全球业务网络。此外，客服意识不强，经营秩序有待规范。大部分物流企业是从原来的储运业转型而来，未形成核心竞争力。

**2. 我国国际货运代理业的发展趋势**

随着经济全球化带来的挑战及加入世界贸易组织后国际货运代理市场的进一步开放，我国国际货运代理业必将重组。在这种大背景下，我国国际货运代理企业的发展方向就必然要定位于经营的规模化、服务的专业化、系统的网络化和物流的信息化。

1) 经营的规模化

我国的国际货运代理企业存在"小、少、散、弱"的缺陷。加入世界贸易组织后，随着国际货运代理市场的进一步开放，实力超群的外资国际货运代理企业将踏进我国，一大批势单力薄的国际货运代理企业将被淘汰。进行规模化经营是国际货运代理业的必然趋势。国际货运代理企业必须具备开放的观念，通过整合跨部门、跨行业及跨区域的中小国际货运代理企业资源，最大限度地进行国际货运代理企业战略联盟。从货源、资金、网络的规模化入手，有了规模，就可以有效地实施供应链、配送等先进的物流系统，进一步保障物流服务水平的提高。实现物流供应链全过程的有机融合，通过多家国际货运代理企业的共同努力来形成强大的力量，抵御国外大型物流企业的入侵，共进退、同荣辱，才有可能立于不败之地。

2) 服务的专业化

第三方物流的核心竞争能力来自于信息优势和专业优势，应该说专业优势实际上是其他优势的综合表现。服务专业能力指在物流方面具有高水平的运作技能，专业化运作是降低成本、提高物流水平的运作方式。国际货运代理企业的专业化就是要在空运、集装箱运输、租船、快递、仓储分拨、物流配送等业务中选择其中的一两项作为主业，在市场开发、战略策划、人才选用、业务管理等方面采用密集型的策略，拓展核心专长，是国际货运代理企业具备竞争能力的根本保证。

随着市场竞争的加剧和客户需求的提高，国际货运代理企业应当完成向第三方物流的角色转换，为此就必须提升服务档次，在战略、成本、质量、营销、文化等方面按专业化服务的标准规范企业行为，提高企业的管理水平。

3) 系统的网络化

现代物流发展要求国际货运代理企业不仅以较低的成本提供高质量的物流服务，而且还要求物流服务朝着差异化、综合化、网络化方向发展。为了实现物流增值性服务，国际货运代理企业必须设计适合其自身发展的物流网络，提高物流服务系统的快速反应性能，实现物流服务网络系统的优化。

系统的网络化有三层递进含意：第一层含意是国际货运代理企业首先建立国内外物流服务网络，扩大物流服务的范围、规模，建立全球化服务网络战略，这是国际货运代理企业未来竞争力的根本保证；第二层含意是国际货运代理企业对物流网点的资源能统一调配，通过网络运作追求规模效益，以形成和实现"一个利润中心，多个成本中心"的组织运作模式，形成真正意义上的网络资源；第三层含意是通过全球商务信息交换网络，如 Internet、EDI 等信息传输方式，解决国际货运代理企业网点间的连接问题，通过电子商务实现内部资源网络化运作。

4）物流的信息化

预见能力是国际货运代理企业持续发展的关键。在国际货运代理企业活动中，信息是控制生产和销售系统的相结合的物流作业系统的重要组成部分，信息化发展的最高境界是有价值信息的有条件地高度共享。国际货运代理企业内部的各个子系统、功能模块之间的有效集成便构成了一个国际货运代理企业的神经中枢网络。物流系统的信息化、效率化是现代物流必不可少的条件。

## 9.2.3　国际货物运输组织

（1）承运人（carrier）是指专门经营水路、铁路、公路、航空等客货运输业务的交通运输部门，如班轮公司、铁路或公路运输公司、航空公司等。它们一般都拥有大量的运输工具，为社会提供运输服务。

（2）货主（cargo owner）是指专门经营进出口商品业务的外贸部门或进出口商。它们为履行贸易合同，必须组织办理进出口商品的运输，是国际货物运输工作中的托运人（shipper）或收货人（consignee）。

（3）运输代理的种类。

① 租船代理。租船代理又称租船经纪人（shipping broker），指以船舶为商业活动对象而进行船舶租赁业务的人。其主要业务是在市场上为租船人寻找合适的运输船舶或为船东寻找货运对象，以中间人身份使租船人和船东双方达成租赁交易，从中赚取佣金。因此，根据它所代表的委托人身份的不同又分为租船代理人和船东代理人。

② 船务代理（shipping agent）。船务代理指接受承运人的委托，代办与船舶有关的业务的人。其主要业务有船舶进出港、货运、供应及其他服务性工作等。船方的委托和代理人的接受以每船一次为限，称航次代理；船方和代理人之间签订有长期代理协议，称长期代理。

③ 货运代理（freight forwarder）。货运代理指接受货主的委托，代表货主办理有关货物报关、交接、仓储、调拨、检验、包装、转运、订舱等业务的人，主要有订舱揽货代理、货物装卸代理、货物报关代理、转运代理、理货代理、储存代理、集装箱代理等。

④ 咨询代理（consultative agent）。咨询代理指专门从事咨询工作，按委托人的需要，以提供有关物流各个环节情报、资料、数据、和信息服务而收取一定报酬的人。

以上所列运输代理的类别仅仅是从其各自的业务侧重方面加以区别，实际上各类运输代理之间的业务往往互相交错，如不少船务代理也兼营货运代理，有些货运代理也兼营船务代理等。

## 9.2.4　国际货运代理业务范围

（1）订舱、仓储代理。订舱是指国际货运代理企业向班轮公司申请货物运输，班轮公司对这种申请给予确认的行为。国际货运代理企业应认真调查有关承运人的资信与经营作风，研究其服务能力，了解客户运输需求的内容，满足客户的要求，主要要涉及以下几个方面。

① 运输服务的定期性。若货物以固定间隔时间发运，则选择挂靠固定港口、固定运费、严格按船期表航行的班轮。

② 运输速度。当托运人要求赶船期，货物运输时间短，应注重考虑运输时间，满足其要求，选择航线速度快的公司。

③ 运输费用。当运输服务的定期性和运输速度不是托运人考虑的主要因素时，运输费用就成为最重要的了。

④ 运输的可靠性。这是选择承运人时所考虑的又一重要因素。在选择一家船公司之前，独立地考察一下承运人的资信与经营作风是可取的做法，这会减少海事欺诈。

仓储包括货物保管、整理及简单再包装等业务。

（2）货物的监装、监卸，集装箱拼装、拆箱代理。为确保货物安全及时发运，国际货运代理企业安排专人在港口负责货物的监装、监卸，核对每票件数，再次检查货物破损情况，确有接货时未发现的问题，可向责任单位提出交涉，双方应及时处理出现的问题。国际货运代理企业现场监装、监卸的主要职责是：熟悉货物积载图，掌握货物的情况，注意装货质量和装船进度，充分利用舱容；对急运货物应争取优先装船；对装船中的货损，应及时取得责任方的签证，并联系有关单位做好货物的调换或修理、包装等工作；如发生货物退关和溢短装应做好现场记录，及时通知有关单位处理；现场监装还应做好工作交接，提交单船小结留档备存；卸货过程中，国际货运代理企业应和理货、仓库单位密切配合，把好卸货质量关，防止漏卸。

（3）国际多式联运代理。即多式联运经营人或无船承运人与客户签订多式联运合同，负责管理和控制国际货物全程运输过程。由于国际多式联运与单一运输方式不同，办理货物运输的单证和手续也有所区别，在制单和单证流转等方面，应从信用证开始，注意是否与多式联运条件相符，及时、正确地膳制和递送单证，避免因这一环节脱节而造成失误。

（4）国际快递代理。国际快递的形式有航空速递、公路快递。目前，国际货运代理企业主要是代理国际快递公司市场销售及细分市场的门到门配送服务。

（5）报关、报检、报验、保险代理。根据我国政策、国际惯例、客户委托服务的范围，货物订妥舱位后，代办进出口货物报关、报检、报验、保险。这类业务是国际货运代理企业的传统经营业务。

（6）缮制有关单证，交付运费，结算、交付杂费代理。一流的国际货运代理企业除应熟知航运法规、港口操作习惯等，还应熟练操作货物运输的单证，并确保其制作正确、清晰和及时。主要单证包括提单、海运单、舱单、发货单、提货单、装箱单、港站收据、大副收据、航空货运单等。

按照具体业务情况，交付运费、杂费，结算等。

（7）其他国际货运代理。租船市场的咨询、调查，物流企业经营战略策划等。

## 9.2.5　国际货运代理市场准入资格

从事国际货运代理业务的企业应当遵守中华人民共和国的法律、行政法规，接受相关行业主管机关依照有关法律、行政法规规定实施的监督管理。

(1) 根据其行业特点，国际货运代理企业的设立，应具备下列条件：

① 有与其所从事的国际货运代理业务相适应的专业人员；

② 有固定的营业场所和必要的营业设施；

③ 有稳定的进出口货源市场。

(2) 国际货运代理企业的注册资本最低限额应当符合下列要求：

① 经营海上国际货运代理业务的，注册资本最低限额为 500 万元人民币；

② 经营航空国际货运代理业务的，注册资本最低限额为 300 万元人民币；

③ 经营陆路国际货运代理业务或者国际快递业务的，注册资本最低限额为 200 万元人民币。

经营上述两项以上业务的，注册资本最低限额为其中最高一项的限额。国际货运代理企业每设立一个从事国际货运代理业务的分支机构，应当增加注册资本 50 万元。

## 9.2.6　国际货运代理企业的基本业务

海上货物运输是国际货物运输的主要方式，国际贸易中约有 90% 的货物是以海上运输方式承运的。海上货物运输不仅包括业务流程和一系列单证手续办理等内容，而且还涉及与运输法律有关系的当事方，国际货运代理企业便是其中一方。国际货运代理企业要能够辨别有关航运业务的各种手续，以提供给货主良好的航运服务。

(1) 国际物流运输网络遍及全球各地，国际货运代理企业须熟知国际货物运输地理方面的常识。首先，作为国际货运代理企业，应熟悉包括海运、空运和陆运系统的世界贸易通道的地理分布和特点。以海运为例，由于海运航线连接不同国家，因此须熟知世界地理及航线网络、船舶进出港口转运地及其内陆集散地名称和位置。其次，国际货运代理企业还应了解国际贸易的模式及客户货物的贸易形式及流向等，以便于组织货物运输。

(2) 国际货运代理企业应熟知不同类型运输方式的特点，选择合理的运输方式。

(3) 作为国际货运代理企业，为更好地服务客户，还必须了解船舶规范和技术性能，如总载重吨、载重线、船级、吃水、船舶登记国和吨位、总登记吨、净登记吨、航速与耗油等方面的常识。对于运输工具的类型及运输能力，国际货运代理企业也应有所了解。

(4) 国际货运代理企业应熟练制作货物运输的单证，并确保单证的合法、准确、有效。

(5) 一流的国际货运代理企业应熟知各国的运输法规，了解《统一提单的若干法律规定的国际公约》(以下简称《海牙规则》)、《修改统一提单的若干法律规定的国际公约议定书》(以下简称《威斯比规则》)、《联合海上货物运输公约》(《汉堡规则》)、《国际公路货物运输合同公约》《国际铁路货物联运协定》、《统一国际航空运输某些规则的公约》(以下简称《华沙公约》)，以及国际货物运输实践中形成的国际惯例、货物装卸港口国家的海运法规、港口操作习惯等。此外，国际货运代理企业应熟知有关国家的对外贸易管制法律、法规、政策等。

# 9.3 国际货物运输的业务流程

国际货物运输的业务流程指的是为了满足货物运输消费者的需求而进行的从托运人发货到收货人收货的整个过程的物流、信息流实现和控制管理的过程。国际货物运输的业务流程主要包含两大环节：国际货物运输的出口业务流程和进口业务流程。本节主要以国际航空货物运输的业务流程为例来加以说明。

### 1. 国际航空货物运输的出口业务流程

1) 航空货物出口运输代理的业务程序

航空货物出口运输代理的业务程序主要包含以下几个环节：市场营销、委托运输、审核单证、预配舱、预订舱、接单、制单、接货、标记和标签、配舱、订舱、出口报关、出仓单、提板箱、装货、签单、交接发运、航班跟踪、信息服务、费用结算。

（1）市场营销。作为航空货运代理公司，其销售的产品是航空公司的舱位，因此承揽货物是航空货运代理公司的核心业务，并且这项工作是其生存的基础条件。从营销战略角度来说，航空货运代理公司必须重视市场战略，充分分析市场的情况，适应市场的变化需求。航空货运代理公司必须及时向客户介绍本公司的业务范围、服务项目、各项收费标准，特别是向客户介绍本公司的优惠运价及服务优势等。

（2）委托运输。货主委托代理承办航空运输出口货物，航空货运代理公司根据托运书要求办理出口手续，并据以结算费用。

（3）审核单证。单证应包括：发票、装箱单、托运书、报关单、外汇核销单、许可证件、商检证、进料/来料加工核销本、索赔/返修协议、到付保函、关封等。

（4）预配舱。代理人汇总所接受的委托和客户的预报并输入电脑，计算出各航线的件数、重量、体积，按照客户的要求和货物重、泡情况，根据各航空公司不同机型对不同板箱的重量和高度要求，制订预配舱方案，并对每票货配上运单号。

（5）预订舱。代理人根据所制订的预配舱方案，按航班、日期打印出总运单号、件数、重量、体积，向航空公司预订舱。

（6）接单。接受托运人或其代理人提交的已经审核确认的托运书及报关单证和收货凭证，将电脑中的收货记录与收货凭证核对。制作操作交接单，填上所收到的报关单证份数，给每份交接单配一份总运单或分运单，将制作好的单证移交制单。

（7）制单。航空货运单包括总运单和分运单，填制航空货运单的主要依据是托运人提供的国际货物运输委托书（托运书）。填制航空货运单是国际航空货物运输的出口业务最重要的环节，其填写准确与否直接关系到货物运输的时效性，航空货运单也是发货人收结汇的主要有效凭证。因此，航空货运单的填制必须符合单货一致、单单一致的要求。

（8）接货。接货是指航空货运代理公司把即将发运的货物从发货人交接过来并运送到自己的仓库。接货一般与接单同时进行。接货时应对货物进行过磅和丈量，并根据发票、装箱或送货单清点货物，检查货物的数量、品名、合同号或唛头等是否与航空货运单上所列一致。

(9) 标记和标签。标记：包括托运人、收货人的姓名、地址、联系电话、传真，合同号等，操作（运输）注意事项。标签：航空公司标签前三位阿拉伯数字代表承运航空公司的代号，后八位数字是总运单号码。分标签是航空货运代理公司对出具分标签的标识，分标签上应有分运单号码和货物到达城市或机场的三字代码。一件货物贴一张航空公司标签，有分运单的货物，再贴一张分标签。在货物外包装上有托运人书写的有关事项和记号。

(10) 配舱。核对货物的实际件数、重量、体积与托运书上货物预报情况的差别。对预订舱位、板箱进行有效利用、合理搭配，按照各航班机型、板箱型号、高度、数量进行配载。

(11) 订舱。接到发货人的发货预报后，向航空公司正式提出运输申请并订妥舱位，并从航空公司吨控部门领取并填写订舱单，同时提供货物相应的信息。航空公司根据实际情况安排舱位和航班。订舱后，航空公司签发舱位确认书（舱单），同时给予装货集装器领取凭证，以表示舱位订妥。空运货物订舱需根据发货人的要求和货物标识的特点而定。一般来说，大宗货物、紧急物资、鲜货易腐品、危险品、贵重品等，必须预订舱位；非紧急零散货物，可以不预订舱位。

(12) 出口报关。出口报关是指发货人或其代理人在货物发运前，向出境地海关办理货物出境手续。

(13) 出仓单。配舱方案制订后就可着手编制出仓单：应载明出仓单的日期、承运航班的日期、装载板箱形式及数量、货物进仓顺序编号、总运单号、件数、重量、体积、目的地三字代码和备注。出仓单交给出口仓库，是向出口仓库提货的依据，也是制作"国际货物交接清单"（以下简称交接清单）的依据。

(14) 提板箱、装货。根据订舱计划向航空公司申领板箱并办理相应的手续。提板箱时，应领取相应的塑料薄膜和网。

注意事项包括：不要用错集装箱、集装板，不要用错板型、箱型；不要超装箱板尺寸；要垫衬，封盖好塑料纸，防潮、防雨淋；集装箱板内货物尽可能配装整齐，结构稳定，并接紧网索，防止运输途中倒塌；对于大宗货物、集中托运货物，尽可能将整票货物装一个或几个板箱内运输；对所使用的板箱要登记、销号。

(15) 签单。航空货运单在盖好海关放行章后还需到航空公司签单，主要审核运价使用是否正确及货物的性质是否适合空运，如危险品等是否已办理了相应的证明和手续。

(16) 交接发运。交接是向航空公司交单交货，由航空公司安排航空运输。交单就是将随机单据和应由承运人留存的单据交给航空公司。随机单据包括第二联航空货运单正本、发票、装箱单、产地证明、品质鉴定证书。交货即把与单据相符的货物交给航空公司。

(17) 航班跟踪、信息服务和费用结算。航班跟踪、信息服务包括：向客户提供订舱信息、审单及报关信息、仓库收货信息、交运称重信息、一程二程航班信息、单证信息。航空货运代理公司应及时将上述信息反馈给客户，以便遇到有不正常情况及时处理。费用结算包括两部分费用：一是向发货人收取航空运费、地面运输费、各种服务费和手续费；二是同承运人结算的费用，向承运人支付航空运费，同时收取代理佣金，国外代理结算主要涉及支付运费和利润分成。

2) 航空公司出港货物的操作流程

(1) 预审国际货物订舱单，作为配载人员进行配载工作的依据，估算本航班最大可利用货邮业载和舱位。

(2) 整理单据,包括已入库的大货单据、现场收运的货物单据、中转的散货单据;检查入库通知单、交接清单是否清楚完整,航空货运单是否和交接清单一致,核对CBA,做好货物实际到达情况记录。

(3) 整理航空货运单,询问货物到达情况。

(4) 寻找并清点货物,决定组装方式。将货物运至电子磅,记录重量,并悬挂吊牌;对装有轻泡货物的板箱,在电脑中输入货物板箱号码,航班日期等,将货物码放在货架上。

(5) 出港。配载工作全部完成后,制作平衡交接单;鲜活、快件、邮件及特殊物品做出标识,标明高、中、低板;对航班所配货物的航空货运单整理核对并输入电脑制作舱单。

2. 国际航空货物运输的进口业务流程

1) 航空货物进口运输代理的业务程序

航空货物进口运输代理的业务程序指的是对于货物从入境到提取或转运整个流程的各个环节办理所需手续及准备相关单证的全过程。航空货物进口运输代理的业务程序主要包括代理预报、交接单货、理货与仓储、理单与到货通知、制单与报关、收费与发货、送货与转运、费用结算。

(1) 代理预报。国外航空货运代理公司在国外发货之前,将航空货运单、航班、件数、重量、品名、实际收货人及其地址、联系电话等内容通过传真或电子邮件发给目的地航空货运代理公司,这一过程被称为代理预报。

(2) 交接单货。航空货物入境时,与货物相关的单据也随机到达,运输工具及货物处于海关监管之下。货物存入航空公司或机场的监管仓库后,进行进口货物舱单录入,将舱单上信息通过电脑传输给海关留存,供报关用;同时根据航空货运单上的收货人地址寄发取单、提货通知。

(3) 理货与仓储。理货注意事项:逐一核对每票件数,堆存,进仓,登记每票货物储存区号并输入电脑。同时,再次检查货物破损情况,确有接货时未发现的问题,可向民航部门提出交涉。仓储注意事项:防雨、防潮、防重压、防变形、防温升变质、防暴晒;独立设危险品仓库及贵重品仓库。

(4) 理单与到货通知。理单:集中托运,总运单项下拆单;分类理单、编号;编制各类单证。到货通知:尽早、尽快、尽妥地通知货主到货情况,提请货主配齐全套单证,使之符合报关条件。

(5) 制单与报关。

(6) 收费与发货。航空货运代理公司仓库在发放货物前,一般先将费用收妥。办完报关、报检等手续后,货主须凭进口提货单到监管仓库付费提货。

(7) 送货与转运。目前,国际货物运输提倡一体化全程运输,一般条件下,根据客户需求,国际航空货运代理公司采取送货或转运业务。

(8) 费用结算。发货人在运费预付的情况下,应支付航空运费、地面运输费、各种服务费和手续费;向承运人支付航空运费,同时收取代理佣金;国外代理结算主要涉及支付运费和利润分成。

2) 航空公司进港货物的操作程序

航空公司进港货物的操作程序指的是从飞机到达目的地机场,承运人把货物卸下飞机直到交给代理人的整个操作流程。

(1) 进港航班预报。填写航班预报记录本,以当日航班进港预报为依据,在航班预报册中逐项填写航班号、机号、预计到达时间。预先了解货物情况,在每个航班到达之前,从查询部门拿取电报,了解到达航班货物的装机情况及特殊货物的处理情况。

(2) 办理货物海关监管。业务袋收到后,首先检查业务袋的文件是否完备,业务袋中通常包括航空货运单、货邮舱单、邮件路单等运输文件。检查后,将航空货运单送到海关办公室,由海关人员在航空货运单上加盖海关监管章。

(3) 分单业务。在每份航空货运单的正本上加盖或书写到达航班的航班号和日期。认真审核航空货运单,注意航空货运单上所列目的港、航空货运代理公司、品名和运输保管注意事项。

(4) 核对航空货运单和舱单。若舱单上载明是分批货,则应把分批货的总件数标在运单号之后,并注明分批标志,把舱单上列出的特种货物、联程货物圈出。

根据分单情况,在整理出的舱单上标明每票航空货运单的去向。核对航空货运单份数与舱单份数是否一致,做好多单、少单记录,将多单运单号码加在舱单上,多单运单交查询部门。

(5) 电脑输入。根据标好的一套舱单,将航班号、日期、运单号、数量、重量、特种货物、代理商、分批货、不正常等信息输入电脑,打印出国际进口货物航班交接单。

(6) 交接。中转货物和中转运单、舱单交出港操作部门;邮件和邮件路单交邮局。

## 9.4 报关与报检业务

随着经济全球化趋势的增强,以及国际物流、信息技术的飞速发展,国与国的交流日益频繁。这种国际上贸易、人员的交流活动不可避免地会对一国的政治、经济、法律体系带来一定的影响。因此,一国政府为了国家的宏观经济利益、国内外政策的需要及履行所缔结或加入国际条约的义务,会确立实行各种对外贸易管制制度,规范对外贸易及交流活动。

海关是国家主权的象征,体现着国家的权利。根据《中华人民共和国海关法》(以下简称《海关法》)的规定,中华人民共和国海关是国家的进出境监督管理机关,进出境运输工具、货物、物品必须通过设立海关的地点进境或者出境。海关监管是国家对外贸易管制目标实现的重要手段,是政府的一种强制性行政管理行为,报关是海关确认进出口货物合法性的先决条件。

报关是指进出口货物的收发货人、进出境运输工具负责人、进出境物品的所有人或者他们的代理人依法向海关办理货物、物品、运输工具进出境手续及相关海关事务的全过程。国际物流服务商是报关的主体,作为报关单位,报关是其一项基本的义务。报关是国际物流接口管理中重要的环节,也是国际物流跨越国境流动的基本条件及前提,是国际物流创造时空效应及物流效率的重要因素。进出境运输工具负责人、国际物流服务商、进出境物品的所有人或者他们的代理人应按照《海关法》的规定依法办理海关注册登记并取得报关权资格才能为进出口收发货人服务。同时,报关也是一项十分复杂的系统工作,遵守各国海关的法律法规及报关程序,配备优秀的专职人员(报关员)依法办理进出关境的所有手续是报关工作的核心环节。

## 9.4.1 报关的分类及报关对象

**1. 报关的分类**

（1）按报关的目的分类，可分为进境报关和出境报关。

（2）按代理方式分类。

① 直接代理。直接代理是受委托人委托，报关企业以委托人的名义进行报关，所产生的法律后果直接作用于委托人。

② 间接代理。间接代理是报关企业在进行报关的时候以自己的名义进行报关，所产生的法律后果直接作用于报关企业。

**2. 报关对象**

国际物流的报关对象包括三个部分：进出境运输工具、进出境货物、进出境物品。

（1）进出境运输工具：主要包括载运人员、货物、物品进出境，并在国际运营的各种境内或境外船舶、车辆、航空器、驮畜等。

（2）进出境货物：主要包括一般进出口货物，保税货物，暂准进出境货物，特定减免税进出口货物，过境、转运和通运货物及其他进出境货物。

（3）进出境物品：进出境的行李物品、邮递物品指进出境人员携带、托运、邮寄行李物品；其他物品包括享有外交特权和豁免权的外国机构、人员的公务用品或自用物品及国际速递进出境的快件。

## 9.4.2 报关的基本内容

由于进出境运输工具、货物、物品三个方面的性质不同，海关对三者的监管要求不一样，其报关程序与要求也有所区别。

**1. 进出境运输工具报关的基本内容**

进出境运输工具是指载运人员、货物、物品进出境的各种船舶、车辆、航空器和驮畜。根据《海关法》的规定，经营进出境运输工具的物流服务商必须向海关申报，申报内容包括：进出口货物数量、装卸时间、运输工具进出境时间和地点、航次、运输工具所载旅客人数、运输工具进出境运输的合法证明文件及其他需要向海关申报的情况。

进出境国际航行船舶是指进出我国关境在国际上运营的境内船舶和境外船舶。进出境国际航行船舶（以下简称船舶）报关的注意事项如下所述。

（1）船舶应当在设有海关的港口进境或出境，在设有海关的港口停泊、装卸货物、物品和上下人员，并接受海关监管。

（2）船舶的负责人或者其代理人应当在船舶到港和离港的时间前24小时通知海关。

（3）船舶进境时，船舶负责人应当向海关如实申报，并递交下列单证："船舶进口报告书"一份、"进口载货清单"二份（无进口货物的交"无货清单"）、"进境旅客清单"一份（包括通运旅客，无旅客的免交）、"船员清单"一份、"船员自用和船舶备用物品、货币、金银清单"一份、"船员自用和船舶备用烟、酒加封清单"一份、"船舶进出境（港）海关监管簿"（境外船舶免交）、海关监管需要的其他单证。

（4）船舶出境时，应当向海关如实申报。船舶负责人或其他代理人应当向海关递交下列单证："出口载货清单"一份（无出口货物的交"无货清单"）、"出境旅客清单"一份（无变动的免交）、"船员清单"一份（无变动的免交）、"船舶进出境（港）海关监管簿"（境外船舶免交）。

（5）海关检查船舶时，船舶负责人应当到场，并应当按照海关的要求指派人员开启船上的舱室、房间、储存的处所。

2. 进出境货物报关的基本内容

与进出境运输工具申报不同，进出境货物报关是以海关监管货物类别为条件的。进出口收发货人或报关企业（代理报关）在货物实际进出关境时，需要办理海关清关手续。这个阶段是所有进出境货物必经的阶段，具有普遍的适用性。报关工作的基本程序分为申报、查验、征税、放行，共4个阶段。

（1）申报。报关单位在货物进出口时，应在海关规定的期限内，按海关规定的格式填写进出口货物报关单，同时按海关监管要求提供"全套、合法、有效、准确"的报关单证，向海关申报。报关单证包括进出口货物报关单、货物发票、货物装箱单、进出口收汇核销单，此外凡按国家规定应申领进出口货物许可证的商品，报关时都必须交验由对外贸易管理部门签发的进出口货物许可证，并经海关查验合格无误后才能放行。报关单位应重视货物报关的时效性。进出口货物的报关期限在《海关法》中有明确的规定：出口货物的发货人或其代理人应当在装货的24小时前向海关申报；进口货物的收货人或其代理人应当自运输工具申报进境之日起14天内向海关申报。逾期罚款，征收滞报金。值得注意的是，如自运输工具申报进境之日起超过3个月未向海关申报，其货可由海关提取变卖，如确因特殊情况未能按期报关，收货人或其代理人应向海关提供有关证明，海关可视情况酌情处理。如果在这一规定的期限之前没有向海关申报，海关可以拒绝接受通关申报，这样，出口货物就得不到海关的检验、征税和放行，无法装货运输，从而影响运输单据的取得，甚至导致延迟装运、违反合同。因此，应该及早地向海关办理申报手续，做到准时装运。

（2）查验。除海关总署特准查验的货物以外，都应接受海关查验。查验的目的是核对报关单证所报内容与实际到货是否相符，有无错报、漏报、瞒报、伪报等情况，审查货物的进出口是否合法。进出口货物报关及海关查验货物时，报关单位应配合海关查验进出口货物，报关员必须到场，并按海关的要求负责办理货物的搬移、拆装箱和查验货物的包装等工作。

（3）征税。属于应纳税、应缴费范围的进出口货物，报关单位应在海关规定的期限内缴纳税费。

（4）放行。海关对进出口货物的报关，经过审核报关单据、查验实际货物，并依法办理了征收货物税费手续或减免税手续后，在有关单据上签盖放行章，国际物流服务商才能提取或装运货物。此时，海关对进出口货物的监管才算结束。

3. 进出境物品报关的基本内容

进出境物品包括进出境的行李物品、邮递物品、其他物品。世界大多数国家都规定旅客进出境采用"红绿通道制度"，我国也采用"红绿通道制度"。带有绿色标志的通道适用于携运物品在数量上和价值上都没有超过免税限额，而且所携运物品没有国家限制或禁止进出境物品的旅客。带有红色标志的通道则适用于携运有上述"绿色通道"适用物品以外的其他物品的旅客。

根据国际贸易惯例，商品检验时间与地点的规定可概括为3种做法：在出口国检验；在进口国检验；在出口国检验、进口国复验。在国际贸易中，进出口商品检验是必不可少和十分必要的，法律法规规定须经检验检疫机构检验的进出口商品应在规定地点和期限向检验检疫机构报验。规定进口商品应检验未检验的，不准销售、使用；出口商品未经检验合格的，不准出口。进出口商品检验包括品质检验、安全卫生、数量鉴定、重量鉴定等。

报验是指对外贸易经营人按照法律、行政法规的规定或根据需要，申请商品检验机构（以下简称商检机构）对进出口商品进行检验的行为。通常情况下，对外贸易经营人委托国际物流服务商代理报验。国际物流服务商在向商检机构报验时，应按照商检机构的要求，真实、准确地填写申请单并签名盖章，它是报请商检机构检验的正式文件，也是商检机构进行检验的一种原始凭证。报验时除了提交申请单外，还应根据下列不同的情况分别提供各种单证。申请委托检验时，报验人应填写"委托检验申请单"并提交检验样品、检验标准和方法。报关时，对进出口商品，海关凭商检机构签发的"入境货物通关单"和"出境货物通关单"验放。

（1）进口报检。

① 属于法定检验范围内的进口商品，在到货后，国际物流服务商必须向卸货口岸或者报关地的商检机构办理登记，由商检机构在报关单上加盖"已接受登记的印章"，海关凭此验放。同时，收货人还必须在规定的检验地点和期限内，向商检机构报验。

② 属于法定检验范围以外的进口商品，如果对外经济贸易合同或者运输合同约定由商检机构检验，在进口到货后应按合同所约定的检验地点向商检机构报验，如果合同没有约定检验的地点，则在卸货口岸、到达地或者商检机构指定的地点向商检机构报验。

③ 属于大宗散装商品、易腐变质商品及卸货时发现残损或者数量、重量短缺的商品，必须在卸货口岸或者到达地向当地商检机构报验。

④ 属于需要结合安装调试进行检验的成套设备、机电仪器产品及在口岸打开包装检验后难以恢复的商品，可在收、用货人所在地向商检机构报验。

进口报检时，一般应提供外贸合同、国外发票、提单、装箱单、进口货物到货通知单（也称"货物流向单"）等有关单证；申请品质、规格、安全检验的，还应提供国外的检验证书、使用说明书及有关标准和技术资料。凭样成交的，应提交成交样品。

（2）出口报检。

① 属于法定检验范围的出口商品，发货人应当在接到合同或信用证后备货出口前，在商检机构规定的地点和期限内向商检机构报验。属于法定检验范围以外的出口商品，如果外贸合同约定由商检机构检验的，也应按上述要求办理。

② 属于在产地检验后需要在口岸换证出口的商品，发货人应在商检机构所规定的期限内向口岸商检机构报请查验换证。

③ 属于盛装危险货物出口的包装容器及属于法定检验范围内的出口商品包装容器，包装生产企业应在将包装容器交付有关商品生产企业使用之前向商检机构申报性能检验；在装货出口前，出口经营单位应向商检机构申报使用鉴定。

④ 对装运出口易腐烂变质的食品、冷冻品的船舱、集装箱等运载工具，承运人、装箱

单位或代理人必须在装运前向商检机构申请清洁、卫生、冷藏、密固等适载检验。

⑤ 经商检机构检验合格的出口商品或其运载工具，逾期报运出口的，发货人或承运人必须向商检机构报验。

出口商品在报验时，一般还应提供外贸合同（或售货确认书及函电）、信用证原本的复印件或副本，必要时提供原本。凡属危险或法定检验范围内的商品，在申请品质、规格、数量、重量、安全、卫生检验时，必须提交商检机构签发的出口商品包装性能检验合格单证，商检机构凭此受理上述各种报验手续。

# 思考与练习

1. **基本概念**

    国际物流　　　　国际货运代理　　船务代理　　租船代理
    国际货物运输的任务　预配舱　　　　报关　　　　报验

2. **简答题**

    （1）简述国际物流系统的组成。
    （2）国际物流的特点有哪些？
    （3）简述国际货运代理的分类及业务范围。
    （4）报关与报检的程序是什么？

3. **案例阅读与分析**

    ### 国际快递业的本土化运作

    国际物流公司在引进海外模式的同时，在中国进行着本土化管理。目前联邦快递大约65％的总监和管理人员是本地人。长期以来，联邦快递通过招聘"文化匹配"的管理人员到合适的位置来降低文化差异的影响。目前联邦快递在中国范围内拥有11家分公司，在2005年内，大田联邦快递还按计划在中山、江门、杭州、宁波和武汉等地相继成立分公司。UPS在全国14个城市设有办公室。UPS亚太区总裁肯托罗说："UPS在亚洲的长期发展策略是继续进行业务整合和扩大网络，在帮助客户管理和运营复杂的跨国供应链的同时，加强包裹运输的选择多样性。"

    虽然中国快递市场巨大，但几大国际快递企业要在这块颇具潜力的市场上获得自己的优势，仍需要进行差异化竞争。敦豪依然尽力发展其国内快递业务；天地快运因与中国邮政的长期合作关系而亦有相关举措，如正式启动直复营销计划，并且可能在不久的将来与中国邮政建立合资公司；UPS依靠其完整的业务结构，在物流、供应链服务上加强力量；联邦快递在中国快递业务发展中投入很大，也因而保持了比较稳定的利润增长。2005年3月，UPS下属的子公司——UPS供应链解决方案集团在上海、苏州和福田设立了3个仓库和配送中心，并且还计划两年内在中国的主要城市再建立20个这样的业务基地。和快递公司提供的服务不同，UPS供应链解决方案集团主要针对每个不同地方的具体企业，解决他们提出的特定物流服务。

毋庸置疑，国际快递巨头为中国快递业无论是在运作模式还是管理模式的现代化中都注入了一股强大的推动力量。由商务部、中国物流与采购联合会和中国物流信息中心共同发布的一份研究报告显示，2004年中国社会物流总成本达到2.9万亿元，社会物流总成本占GDP的比重为21％，远高于发达国家水平。中国物流业与发达国家物流业的差距主要表现为物流规模小，经济运行中物流含量偏低。除此之外，大多数企业尚未意识到物流真正能够带给企业的优势。这些企业的观念仍停留在依靠自己备有的仓库、车队来完成储存、运输任务的阶段。如果企业本身规模转小，这种运作必然导致物流成本居高不下。

评析题

(1) 分析中国国内物流企业与国际物流企业之间的差距，谈谈作为中国国内物流企业应该采取怎样的策略提高自身的竞争力？

(2) 试分析国际物流企业在中国开拓市场的策略。

# 第 10 章

# 运输合同

> **学习目标**
> - 了解运输合同的概念、特征。
> - 熟悉运输合同的种类。
> - 掌握各种货物运输单证和货物运输合同的内容。
> - 明确各种货物运输合同中托运人、收货人、承运人的权利与义务。
> - 能运用相关理论知识正确填写运输合同。

## 10.1 运输合同概述

### 10.1.1 运输合同的概念

运输合同是承运人将旅客或者货物从起运地点运输到约定地点,向旅客、托运人或者收货人收取票款或者运输费用的合同。运输合同是一种提供服务的合同,提供服务的标的是运输这一特定的行为,而不是劳务行为所产生的结果,即运输合同的标的不是被运送的旅客或货物,而是运输行为本身。

### 10.1.2 运输合同的特征

**1. 运输合同主体的复杂性**

所谓运输合同的主体,就是运输合同权利的享有者和义务的承担者。运输合同的主体与一般合同主体不同,具有其特殊性和复杂性,这是由运输合同的特点所决定的。运输合同的主体包括承运人、旅客、托运人和收货人。

① 承运人是指提供运输服务的当事人。凡是取得运输服务资格的企业和个人都可以在

批准的经营范围内从事运输生产活动。承运人可以是法人、运输专业户、其他组织，也可以是公民个人。承运人提供运输服务的基本条件是其应具备相应的运输工具。

② 旅客是指乘坐交通工具旅行的自然人。旅客作为运输合同的主体，既包括中国人，也包括外国人；未成年人或不具备完全民事行为能力的人也可以作为运输合同的主体，但必须与其法定代理人、监护人一起旅行，或者按照规定委托承运人照顾。

③ 托运人是指提供行李、包裹和货物运输的人。行李运输的托运人就是旅客，包裹运输的托运人可以是旅客，也可以是其他货主。托运人可以是自然人，也可以是法人或其他组织；可以是货物的所有人，也可以是货物所有人委托的运输代理人或者货物的保管人。运输合同的订立是由托运人向承运人提出，经过承运人确认后成立的，因此托运人作为合同的主体具有积极主动的地位。

④ 收货人是指托运人指定的领取货物的人，收货人可以是个人，也可以是法人或其他组织。在运输合同中，托运人有时就是收货人，但是在多数情况下，另有收货人。收货人作为运输合同的受益人，也是运输合同的利害关系人。承运人在目的地点有通知收货人并向其交付货物的义务。收货人有权请求提取货物，同时也负有及时提货的义务。

### 2. 运输合同标的的特殊性

运输合同的客体是承运人运送旅客或者货物的劳务行为而不是旅客和货物。旅客或者托运人与承运人签订运输合同，其目的是要利用承运人的运输工具完成旅客或者货物的位移，承运人的运输劳务行为是双方权利和义务共同指向的目标。因此，只有运输劳务的行为才是运输合同的标的。运输合同的履行结果是旅客或货物发生了位移，并没有创造新的使用价值。

### 3. 运输合同当事人的权利和义务

运输合同当事人的权利和义务大多数是由法律、法规、规章所规定的，当事人按照有关规定办理相关手续后，运输合同即告成立。但当事人对运输合同的内容也可以依法进行修改。对于法律规定的强制性条款，当事人不能协商。选择性的条款和提示性的条款当事人可以协商，当事人协商的补充条款，也具有法律效力。随着市场经济的不断发展，当事人自由协商订立运输合同的情况越来越多，因此《中华人民共和国合同法》（以下简称《合同法》）特别强调当事人的约定的作用。

### 4. 运输合同格式的标准性

运输合同一般采取标准合同形式订立。标准合同，也称格式合同，是指由合同一方提供的具有合同全部内容和条件的格式，另一方当事人予以确认后合同即告成立。由于格式条款是由当事人一方提供格式条款文本，对另一方来说，很可能会侵害其合法权益，因此法律对制定标准格式合同的一方规定了很严格的义务，目的是要保护对方的权益。运输合同涉及的范围比较广，为简化手续，各国基本上都采取标准格式合同。

### 5. 运输合同为有偿、双务合同

承运人履行将旅客或者货物从一地运送到另一地的义务，从而给旅客或者托运人带来"位移"的利益，其本人也取得了要求旅客或者托运人（收货人）支付报酬即运费的权利。承运人以运输为业，以收取运费为营利手段，旅客或者托运人须向承运人支付运费。因此，运输合同只能是有偿合同。运输合同一经成立，当事人双方均负有义务，承运人须将旅客或者货物从一地运到另一地，旅客或者托运人（收货人）须向承运人支付运费，双方的权利义务是相互对应、相互依赖的。因此,运输合同是双务合同。

## 10.1.3 运输合同的种类

**1. 客运合同**

1) 旅客的权利和义务

(1) 旅客持有效客票搭乘运输工具。

(2) 旅客可以自行决定解除客运合同。

(3) 旅客在运输中应当按照约定的限量携带行李。超过限量携带行李的,应当办理托运手续。

(4) 旅客不得携带或者在行李中夹带易燃、易爆、有毒、有放射性、有腐蚀性及有可能危及运输工具上人身和财产安全的危险物品或其他违禁物品。

2) 承运人的权利和义务

(1) 承运人应当向旅客及时告知有关不能正常运输的重要事由和安全运输应当注意的事项。

(2) 承运人应当按客票载明的事项或正常约定的内容提供运输服务。

(3) 承运人擅自变更运输工具而降低服务标准的,应当根据旅客的要求退票或者减收票款;提高服务标准时,不应加收票款。

**2. 货运合同**

1) 托运人的权利和义务

(1) 托运人办理货物运输的,应当向承运人准确表明收货人的姓名、名称或凭指示的收货人名称,货物的名称、性质、重量、数量,收货人地点等有关货物运输的必要情况。因托运人申报不实或遗漏重要情况造成损失的,托运人应当承担损害赔偿责任,承运人则不负有对货物损害赔偿责任。

(2) 对需要办理审批、检验手续的货物应当提交批准文件。我国对某些物品运输有一些限制规定,确需运输的,要到有关部门办理审批、检验等手续,取得批准文件。批准文件是办理运输的前置程序,托运人办理完有关手续之后将批准文件提交承运人。托运人负有保证其真实性和合法性的责任,而承运人没有检查批准文件真实性的义务。托运人提交的批准文件不全或者不符合规定,造成承运人损害的应负赔偿责任。当然,承运人也可以解除运输合同。

(3) 托运人应当按照运输包装要求或约定方式包装货物。必要的包装是保护货物品质安全及方便装卸、保管、清点的重要保障。运输过程中经常会发生因包装造成货损货差等质量问题,引起不必要的质量纠纷。托运人交付的货物不符合运输包装要求的,承运人可以拒绝运输。

(4) 托运人托运易燃、易爆、有毒、有放射性、有腐蚀性等的危险物品时,应当按照国家有关危险物品运输的规定对危险物品妥善包装,粘贴危险物标志和标签,并将有关危险物品的名称、性质和防范措施的书面材料提交承运人。

(5) 托运人享有运输合同变更与解除的权利,但对于因变更、中止运输造成的承运人的损失也有赔偿义务。对于已交付收货人货物未结清运费的,视同已履行完毕运输行为,托运人不得再提出变更运输合同。

2) 承运人的权利和义务

(1) 保证安全正点将货物运送至目的地。安全运输是首要条件,也是承运人的重要责任。承运人应当按法律法规的规定，改善运输条件，完善安全保障设施，确保货物的运输安全，否则应承担相应的违约责任。正点，就是按照规定的运到期限将货物运到目的地。运输合同的运到期限是指运输合同约定或者法律规定或者按照惯例确定的承运人将货物运送到约定的目的地的时间。运到期限一般有以下3种表现形式。

① 约定期限。承运人应当在约定期限履行运输义务。约定期限应在运输合同或一切明示的法律文件中表现出来。约定期限可以是一个固定的日期，也可以是一定的时间范围。

② 法定期限。法定期限指有关运输法律、行政法规直接规定的运到期限。运到期限的法律规定一般为任意性规范，允许运输合同当事人另行约定。

③ 合理期限。合理期限应理解为法律、法规有规定，按法律、法规规定的时间为合理期限；若法律、法规没有规定，则可把运输行业的习惯规定视为合理期限；如都未做规定，但承运人和托运人都明确认可的时间，也可作为合理期限。所谓合理期限，是一个事实问题，需要根据具体的情况确定。运输距离、运输路线、运载工具和速度是需要考虑的重要因素。

承运人与旅客、托运人约定的运到期限是运输合同的重要内容，承运人应当保证在运输合同约定或者法律、行政法规规定或者合理的期间内及时将货物运到目的地，逾期运到的要承担相应的违约责任。

（2）货物运输到达后，应当及时通知收货人，收货人应当及时提货。承运人在将货物交付收货人之后，其运输合同中的义务才履行完毕，因此承运人在将货物运送到目的地之后，应当及时通知收货人提货或运送到约定地点办理验货交付手续。

（3）收货人提货时应当按照约定的期限检验货物。

（4）承运人对运输过程中货物的毁损、灭失承担损害赔偿责任。但当承运人可以证明货物的毁损、灭失是因不可抗力、货物本身的自然性质或者合理损耗及托运人、收货人的过错造成时，不承担损害赔偿责任。承运人对运输过程中货物的毁损、灭失承担的损害赔偿责任是"无过错责任"，即不论承运人在运输、保管过程中有无过错，只要是在承运人保管期间发生的毁损、灭失，承运人均应承担损害赔偿责任。

（5）两个以上承运人以同一运输方式联运的，与托运人订立运输合同的承运人应当对全程运输承担责任。

3）收货人的义务

（1）收货人在接到承运人发出的到货通知或货物运到指定地点时，收货人应及时验货提货。对于超出宽限期提货的，收货人应当支付保管费用。

（2）收货人提货时应按约定的期限检验货物。

（3）运输合同中约定由收货人支付相关费用的，收货人应支付运费、保管费用及其他费用。

## 10.1.4 货物运输单证的种类

### 1. 提单

1）提单的概念及作用

（1）提单的概念：提单是一种用以证明海上货物运输合同及货物由承运人接管或装船且承运人保证据以交付货物的单证。

(2) 提单的作用：提单是托运人与承运人之间订立的运输合同的证明；提单是承运人向托运人出具的货物收据；提单是货物所有权的凭证。

2) 提单的分类

按不同的分类标准，提单可以划分为许多种类。这里主要介绍以下几种分类方法。

(1) 按提单收货人的抬头分为记名提单、指示提单和不记名提单。

① 记名提单也称收货人抬头提单，是指提单上的收货人栏中已具体填写收货人名称的提单。记名提单虽然安全，但不能转让，对贸易各方的交易不便，用得不多。

② 指示提单是按记名人指示或非记名人指示交货的提单。指示提单是一种可转让提单，在国际海运业务中使用较广泛。

③ 不记名提单也称空白提单，是指托运人不具体指定收货人，而注明"提单持有人"字样或将收货人栏空白，不填写任何人的名称的提单。不记名提单无须背书即可转让，任何人持有提单便可要求承运人放货，对贸易各方不够安全，风险较大，较少采用。

(2) 按货物是否已装船分为已装船提单和备运提单。

① 已装船提单是指货物装船后由承运人或其授权代理人根据大副收据签发给托运人的提单。如果承运人签发了已装船提单，就是确认他已将货物装在船上。

② 备运提单是承运人在收到托运人交来的货物但还没有装船时，应托运人的要求而签发的提单。

(3) 按提单对货物的表面状况有无批注分为清洁提单和不清洁提单。

① 清洁提单是指在装船时，货物外表状况良好，承运人在签发提单时，未在提单上加注任何有关货物残损、包装不良、件数、重量和体积或其他妨碍结汇的批注的提单。

② 不清洁提单是指在装船时，货物外表状况不良，承运人在签发提单时，在提单上对货物或其包装的外表状况加有不良的批注的提单。

3) 提单的主要内容

关于提单的内容各国一般并无强制性规定，各国船运公司制定的提单格式虽不尽相同，但其主要条款却大同小异。提单一般由两部分组成：正面条款和背面条款。电子提单没有背面条款。

(1) 正面条款。正面条款的主要内容包括：货物的品名、标志、包数或件数、重量或体积，对危险货物的危险性质的说明；承运人的名称和主营业所；船舶名称；托运人名称；收货人名称；装货港和在装货港接收货物的日期；卸货港；提单签发的日期、地点、份数；运费的支付；承运人或代理人签字。提单的正面条款的内容并无固定格式，只要符合提单的性质和作用，某些事项的有无并不影响提单的性质。

(2) 背面条款。背面条款的主要内容包括：名词定义、法律适用、承运人的责任和豁免、共同海损、双方有责碰撞等。提单的背面条款及其依据如下所述。

在全式（long term）正本提单的背面，列有许多条款，其中主要有以下几项。

① 定义条款（definition clause）——主要对"承运人""托运人"等关系人加以限定。

② 管辖权条款（jurisdiction clause）——指出当提单发生争执时，依据法律，某法院有审理和解决案件的权利。

③ 责任期限条款（duration of liability）——一般海运提单规定承运人的责任期限从货物装上船舶起至卸离船舶止。集装箱提单则从承运人接受货物起至交付指定收货人止。

④ 包装和标志（packages and marks）——要求托运人对货物提供妥善包装和正确清晰的标志。因标志不清或包装不良所产生的一切费用由货方负责。

⑤ 运费和其他费用（freight and other charges）——运费规定为预付的，应在装船时一并支付，到付的应在交货时一并支付。当船舶和货物遭受任何灭失或损失时，运费仍应照付，否则承运人可对货物及单证行使留置权。

⑥ 自由转船条款（transhipment clause）——承运人虽然签发了直达提单，但是由于客观需要仍可自由转船，并不须经托运人的同意。转船费由承运人负担，但风险由托运人承担，而承运人的责任也仅限于其本身经营的船舶所完成的那段运输。

⑦ 错误申报（inaccuracy in particulars furnished by shipper）——承运人有权在装运港和目的港查核托运人申报的货物数量、重量、尺码与内容，如发现与实际不符，承运人可收取运费罚款。

⑧ 承运人责任限额（limit of liability）——规定承运人对货物灭失或损坏所造成的损失所负的赔偿限额，即每一件或每计算单位货物赔偿金额最多不超过若干金额。

⑨ 共同海损（general average，GA）——规定若发生共同海损，按照怎样的规则理算。国际上一般采用2016年《约克—安特卫普规则》理算。在我国，一些提单常规定按照1975年《北京理算规则》理算。

⑩ 美国条款——规定来往美国港口的货物运输只能适用《美国海上货物运输法》，运费按联邦海事委员会（FMC）登记的费率本执行，如提单条款与上述法则有抵触时，则以美国法为准。此条款也称"地区条款"（local clause）。

⑪ 舱面货、活动物和植物（on deck cargo, live animals and plants）——对这三种货物的接受、搬运、运输、保管和卸货规定，由托运人承担风险，承运人对其灭失或损坏不负责任。

4）电子提单

电子提单是指承运人与托运人通过EDI系统传送有关海上货物运输合同数据的提单。电子提单与传统提单不同，它不再是纸质单证，其缮制、修改、签发、转让等全部过程都在计算机内部进行，具有数据传递速度快、单证处理成本低、差错率低等优点。

**2. 航空货运单**

1）航空货运单的种类

（1）航空主运单：由航空公司签发的航空货运单称航空主运单。它是航空公司据以办理货物运输和交付的依据，是航空公司和托运人订立的运输合同，每一批航空运输的货物都有自己相对应的航空主运单。

（2）航空分运单：集中托运人在办理集中托运业务时签发的航空货运单称航空分运单。在集中托运的情况下，除了航空公司签发的航空主运单外，集中托运人还要签发航空分运单。

2）航空货运单的主要内容

航空货运单的主要内容包括：① 航空货运单的填写时间、地点，而《海牙议定书》则删除了这一要求；② 起运地、目的地及约定的经停地点；③ 托运人、承运人或第一承运人及必要时收货人的名称、地点；④ 货物名称、性质、包装件数、包装方式与标志、重量、数量、体积或尺寸及货物和包装的外观状况；⑤ 运费金额，支付时间、地点、付费人；⑥ 货物价值；⑦ 航空货运单份数及随附单证；⑧ 运输期限及航线；⑨ 注明该航空货运单受《华沙公约》或《海牙议定书》约束。

根据《华沙公约》的规定，如果承运人接受了货物但未填写航空货运单，则承运人无权援引《华沙公约》关于免除或限制承运人责任的规定。

3. 公路货运单

1）公路货运单的作用

在每车次或每日多次货物运输中，公路货运单被视为运输合同，是承运人收到货物的初步证据和交货凭证，同时也是记录车辆运行和行业统计的原始凭证。在发生纠纷时，公路货运单是承运人与发货人、收货人之间解决纠纷的依据。但公路货运单不是物权凭证，不能转让。

2）公路货运单的主要内容

公路货运单的主要内容有：① 托运人、收货人和承运人的名称、地址、电话、邮政编码；② 货物的种类、名称、性质、重量、数量、体积及包装方式；③ 装、卸货地点；④ 运输质量；⑤ 装卸责任；⑥ 承运日期；⑦ 货物价值及是否保价、保险；⑧ 运输费用的结算方式；⑨ 违约责任及争议解决方式。

4. 铁路运输单据

铁路运输可分为国际铁路联运和国内铁路运输两种形式，前者使用国际铁路联运运单，后者使用国内铁路运单。通过铁路对港、澳出口的货物，由于国内铁路运单不能作为对外结汇的凭证，故使用承运货物收据这种特定性质和格式的单据。

（1）国际铁路联运运单。国际铁路联运运单是发送国铁路和发货人之间缔结的运输合同。国际铁路联运运单签发即表示承运人已收到货物并受理托运，装车后加盖承运日戳即为承运。国际铁路联运运单正本随同货物送至终点站交收货人，是铁路和收货人交接货物、核收运杂费用的依据。国际铁路联运运单副本加盖日戳后是卖方办理银行结算的凭证之一。

（2）承运货物收据。内地通过国内铁路运往港、澳地区出口货物，一般都委托中国外运长航集团有限公司承办。货物装车发运后，由中国外运长航集团有限公司签发一份承运货物收据给托运人，托运人以此作为结汇凭证。承运货物收据既是承运人出具的货物收据，也是承运人与托运人签署的运输合同。

5. 多式联运单据

多式联运单据是证明多式联运合同及多式联运经营人接管货物并按多式联运合同条款提交货物的证据。根据有关规定，多式联运单据依发货人的选择可做成可转让单据或不可转让单据。

多式联运单据应当载明的主要事项包括：①货物品类、识别货物所必需的主要标志、如属危险货物，其危险特性的明确声明、包数或件数、货物的毛重或其他方式表示的数量等，所有这些事项均由发货人提供；②货物外表状况；③多式联运经营人的名称和主要营业场所；④发货人名称；⑤如经发货人指定收货人，收货人的名称；⑥多式联运经营人接管货物的地点和日期；⑦交货地点；⑧如经双方明确协议，在交付地点交货的日期或期间；⑨表示该多式联运单据为可转让或不可转让的声明；⑩多式联运单据的签发地点和日期；⑪多式联运经营人或经其授权的人的签字；⑫如经双方明确协议，每种运输方式的运费，或者应由收货人支付的运费，包括用以支付的货币，或者关于运费由收货人支付的其他说明；⑬在签发多式联运单据时已经确知的预期经过的路线、运输方式和转运地点;⑭如不违背签发多式联运单据所在国的法律,双方同意列入多式联运单据的任何其他事项。

#### 6. 国际集装箱运输单证

"集装箱运输提单"(以下简称提单)是海上承运人签发的接管货物的收据,货物的物权凭证及运输合同的证明。在订舱签单后,由托运人根据配舱回单填制提单,提单内栏目要正确填写,特别是箱号、封志号、箱数、交接方式、通知人、收货人、卸货港和交货地等内容应如实申报。一票提单上不得出现两种交接方式。

"场站收据"是承运人签发的证明托运货物已经收到并对货物开始负有责任的单证。场站收据共十联,各栏目要正确填写。特别是收货方式和交货方式应如实申报,一票场站收据上不得出现两种收货方式或两种交货方式。

"设备交接单"是管箱人与用箱人、内陆承运人相互之间交接集装箱等设备的证书。

"提货单"是收货人凭正本提单向承运人或其代理人换取的可向场站提取货物的凭证,也是承运人或其代理人对场站和放箱交货的通知。

内陆段运单包括集装箱水路运输运单、集装箱公路运输运单,是内陆运输单位向托运人提供的申请集装箱运输的单证。

## 10.2 货物运输合同

### 10.2.1 货物运输合同的概念与特征

货物运输合同(简称货运合同)是承运人和托运人之间达成的明确货物运输权利义务关系的协议。根据该协议,承运人有义务将货物安全、及时、完整地运到托运人指定的目的地,并交付给托运人指定的收货人,托运人或收货人应当支付相应的运输费用。

货物运输合同的当事人为托运人和承运人。托运人是请求运送货物的人,承运人是实施运输行为的人。托运人既可以为自己的利益托运货物,又可以为第三人利益托运货物,这里的第三人被称为收货人,即提取货物之人。因此,在货物运输合同中,托运人可以自己为收货人,此时合同当事人为两方,也可以第三人为收货人,此时收货人虽未参与货物运输合同的签订,但却是货物运输合同的利害关系人。托运方可以是任何单位、组织、农村承包经营户、个体工商户及公民个人,承运方则必须是具有运输能力、经营运输业务的经济实体或个人。货物运输合同中的货物包含原材料、在制品、产成品等各种动产,不动产和无形财产不能作为货物运输合同中的货物。

(1) 货物运输合同的标的是运输劳务行为。货物运输合同属于提供劳务的合同,其标的是承运人为将托运人托运的货物运送到指定地点所提供的劳务。它不同于其他以物或者物化过程为标的的合同。在货物运输合同履行过程中,货物从甲地运到乙地,当事人之间的权利和义务关系不是围绕货物本身产生的,而是围绕着为运送货物的劳务行为产生的。

(2) 货物运输合同往往有第三人参加。在多数情况下,托运人往往是为第三人即收货人办理托运货物,托运人和收货人不是同一当事人。在这种情况下,收货人虽然没有直接参与签订货物运输合同,但他作为货物运输合同的关系人在货物运输合同依法成立后就享有货物运输合同规定的一定的权利并承担相应的义务。第三方成为货物运输合同的收货人,则货物运输合同就是为第三方利益而签订的合同。这时,虽然收货人不参与签订货物运输合同,但货物运输合同产生的领取货物的权利就自然转由收货人享有,承运人必须按照货物运输合同规定向收货人交付货物。因此,收货人是货物运输合同的关系人,其身份要根据货物运输合同履行的情况而定。

(3) 货物运输合同格式的标准性。货物运输合同绝大多数具有格式条款的性质。承运人作为运输企业,一般都要向托运人提供统一的表格,其主要内容按照国家有关部门的规定制定。这类合同一般由承运部门预先拟订,并未与托运人协商。托运人托运货物,要按照表格上规定的项目逐项填写,经承运人确认后货物运输合同即告成立。如铁路货物运输及航空货物运输中广泛采用的货运单就是标准货物运输合同的形式。

(4) 货物运输合同的运费由国家统一规定。货物运输合同的运费一般由国家运输部门根据国家行政法规规定的标准确定,承运方和托运方无权改变国家规定的标准。

(5) 货物运输合同履行的特殊性。货物运输合同履行以承运人交付货物给收货人为终结。承运人将货物运至目的地,交付给托运人指定的收货人后,货物运输合同的当事人的权利和义务即告终结,其义务才算最终履行完成。如果承运人不能按时交付,则要承担相应的法律责任。

(6) 货物运输合同为诺成性合同。货物运输合同一般以托运人提出运输货物的请求为要约,以承运人同意运输为承诺,二者具备货物运输合同即告成立。

## 10.2.2 货物运输合同的种类

### 1. 铁路货物运输合同

铁路货物运输合同是承运人将货物从起运地点通过铁路运输到约定地点,由托运人或者收货人支付运费的合同。托运人利用铁路运输货物,应与承运人签订铁路货物运输合同。铁路货物运输合同中的承运人是铁路运输企业。铁路运输企业主要是指国家铁路运输企业和地方铁路运输企业。国家铁路运输企业是指铁路局和铁路分局。铁路站段不是铁路运输企业,而是铁路运输企业的基层组织,它只能以铁路局或者铁路分局的名义进行运输生产活动。铁路货物运输合同中的托运人就是把货物交付铁路运输企业运输的人,它可以是自然人、法人或者其他社会组织。铁路货物运输合同中的收货人是指在到站领取托运货物的人。收货人可以是自然人、法人或者其他社会组织。收货人虽然不参加订立铁路货物运输合同,但他们与所订立的铁路货物运输合同密切相关,享受铁路货物运输合同中的某些经济权利,同时也要承担由铁路货物运输合同带来的某些经济义务。

根据货物运输组织方式的不同,铁路货物运输合同可分为整车货物运输合同、零担货物运输合同和集装箱货物运输合同3种。铁路货物运输合同除具有一般货物运输合同的特点外,还具有计划性强的特点。铁路货物运输合同受国家计划的制约;大宗货物运输受年度、季度和月度运输计划的制约;其他货物运输受运力和其他条件的限制,应有计划地进行安排。

铁路货物运输合同有预约合同和承运合同两种，都属于书面形式的合同。

(1) 预约合同。预约合同是以"铁路货物运输服务订单"作为合同书，预约合同签订过程就是该订单提报与批准的过程。铁路货物运输服务订单（以下简称订单，其具体格式见图10-1）是托运人和承运人双方关于铁路货物运输的要约和承诺。它主要包括货物运输的时限、发站、到站、托运人、收货人、货物品名、车种、车数、货物重量及相关的服务内容等。订单取代了传统的要车计划表，使承、托运人双方的权利、义务和责任更加明确，使用更加方便。

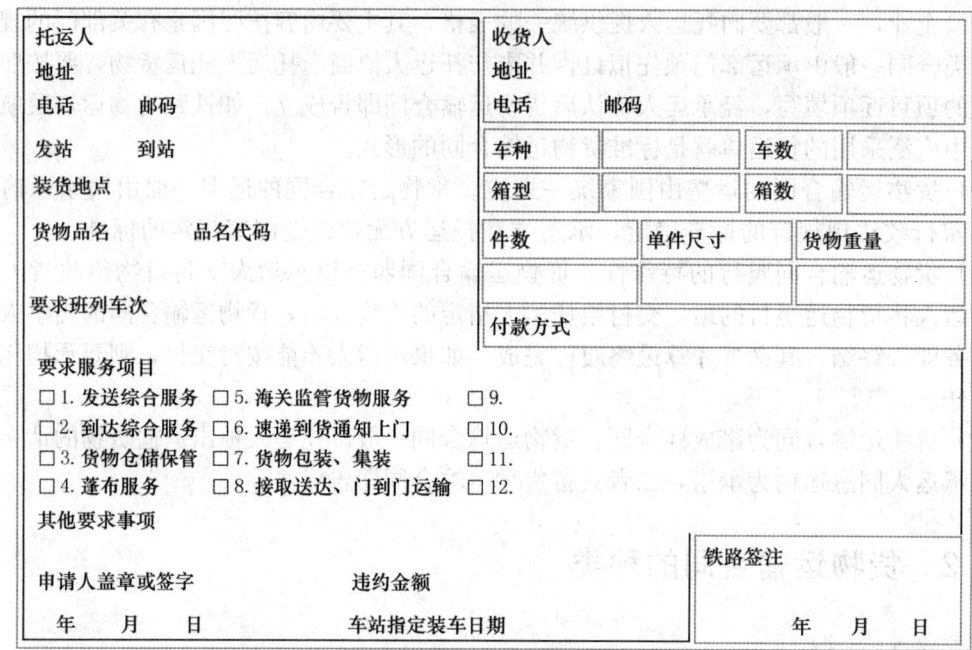

图10-1 铁路货物运输服务订单

托运人按要求填写订单并提报或通过网络提报，一旦被审定并通知，预约合同成立，预约合同当事人必须承担预约合同的义务和责任。

① 订单提报。托运人应于每月19日前向铁路提报次月集中审定的订单，其他订单可以随时提报；托运人办理整车货物（包括以整车形式运输的集装箱）运输应提报订单一式两份，与铁路联网的托运人，可以通过网络向铁路提报。

② 订单审定。订单审定方式有集中审定、随时审定、立即审定等。集中审定是指编制次月月编计划，对每月19日前提报的次月订单进行定期审定；随时审定是指对未列入月编计划的订单进行随时受理随时审定；立即审定是指对抢险救灾等必须迅速运输的物资审定的方式。

(2) 承运合同。承运合同是以"货物运单"作为合同书，货物运单简称运单，其具体格式见图10-2。托运人按要求填写运单提交承运人，经承运人审核同意并承运后，承运合同成立，从承运人接收货物（车）后，对货物的不完整，除免责范围外，负赔偿责任。

货物指定于 月 日搬入 ××铁路局

| 承运人/托运人装车 |
|---|
| 承运人/托运人施封 |

货位： **货物运单**

计划号码或运输号码： 货票第 号

运到期限 日 托运人→发站→到站→收货人

| 托运人填写 | | | | | | | | 承运人填写 | | | | |
|---|---|---|---|---|---|---|---|---|---|---|---|---|
| 发站 | | | 到站（局） | | | | | 车种车号 | | 货车标重 | | |
| 到站所属省（市）自治区 | | | | | | | | 施封号码 | | | | |
| 托运人 | 名称 | | | | | | | 经由 | 铁路货车篷布号码 | | | |
| | 住址 | | | 电话 | | | | 集装箱号码 | | | | |
| 收货人 | 名称 | | | | | | | 运价里程 | | | | |
| | 住址 | | | 电话 | | | | | | | | |
| 货物名称 | 件数 | 包装 | 货物价格 | 托运人确定重量/kg | | | | 承运人确定重量/kg | 计费重量 | 运价号 | 运价率 | 运费 |
| | | | | | | | | | | | | |
| | | | | | | | | | | | | |
| | | | | | | | | | | | | |
| | | | | | | | | | | | | |
| 合计 | | | | | | | | | | | | |
| 托运人记载事项： | 保险： | | | | | | | 承运人记载事项： | | | | |

领货凭证

车种及车号

货票第 号

运到期限 日

| 发站 | | |
|---|---|---|
| 到站 | | |
| 托运人 | | |
| 收货人 | | |
| 货物名称 | 件数 | 重量 |
| | | |
| | | |
| | | |
| 托运人盖章或签字 | | |
| 发站承运日期戳 | | |

注：本单不作为收款凭证，托运人签约须知见背面。

规格：350 mm×185 mm

托运人盖章或签字

年 月 日

到站交付日期戳

发站承运日期戳

注：收货人、领货须知见背面

领货凭证（背面） 货物运单（背面）

| 收货人领货须知 | 托运人须知 |
|---|---|
| 1. 收货人接到托运人寄交的领货凭证后，应及时向到站联系领取货物。<br>2. 收货人领取货物已超过免费暂存期限时，应按规定支付货物暂存费。<br>3. 收货人在到站领取货物，如遇货物未到时，应要求到站在本证背面加盖车站日期戳证明货物未到。 | 1. 托运人持本货物运单向铁路托运货物，证明并确认和愿意遵守铁路货物运输的有关规定。<br>2. 货物运单所记载的货物名称、重量与货物的实际完全相符，托运人对其真实性负责。<br>3. 货物的内容、品质和价值是托运人提供的，承运人在接收和承运货物时并未全部核对。<br>4. 托运人应及时将领货凭证寄交收货人，凭以联系到站领取货物。 |

（注：本须知排印时，应放在领货凭证背面下端） （注：本须知排印时，应放在货物运单背面右下端）

图 10-2 货物运单

### 2. 公路货物运输合同

公路货物运输合同是明确公路货物运输的承运人与托运人之间权利和义务关系的协议。在公路货物运输合同中，除了承、托运双方外，一般还涉及收货人。收货人是指公路货物运输合同中托运人指定提取货物的单位和个人，即在目的地接收货物的人。因此，在一个完整的公路货物运输合同中，往往要涉及承运人、托运人和收货人三方当事人。但在实践中，在不少情况下，托运人和收货人是同一个人。

1）签订公路货物运输合同的基本要求

公路货物运输分为整车货物（3 t 以上）运输、零担货物运输、特种货物运输及集装箱货物运输。承托双方可订立年度、季度、月度公路货物运输合同，也可按货物批量订立公路货物运输合同。年度、季度、月度公路货物运输合同签订后，托运方应在公路货物运输合同商定期限内，向承运方提出月、旬、日运输计划，运输计划是货物运输合同的组成部分；托运人应在每月前 10 天内、每季前 15 天内、每年前 1 个月内向承运人提送"汽车货物托运计划表"，如图 10-3 所示。承运人对托运人提送的运输计划安排落实后，应在每月前 5 天内通知托运人。托运人变更运输计划，应在运输计划落实前向承运人提出。汽车货物运单如图 10-4 所示。

2）签订公路货物运输合同的主要内容

签订公路货物运输合同的主要内容包括：货物的名称、性质、体积、数量及包装标准；货物起运和到达地点、运距、收发货人名称及详细地址；运输质量及安全要求；货物装卸责任和方法；货物的交接手续；批量货物运输起止日期；年度、季度、月度公路货物运输合同的运输计划（包括书面文书、口头表示、电报）、提送期限和运输计划的最大限量；运杂费计算标准及结算方式；变更、解除公路货物运输合同的期限；违约责任；双方商定的其他条款。

年 月（季度）汽车货物托运计划表

编号_____

| 货物名称及规格 | 起运地 | 到达地 | 件 数 | 重量/kg | 核定意见 | 备 注 |
|---|---|---|---|---|---|---|
|  |  |  |  |  |  |  |
|  |  |  |  |  |  |  |
|  |  |  |  |  |  |  |
|  |  |  |  |  |  |  |
|  |  |  |  |  |  |  |
| 特约事项 |  |  |  |  | 托运人签章<br>年 月 日 | 承运人签章<br>年 月 日 |

托运人_____ 电话_____ 地址_____

说明：
应列入本表的主要货物是：
(1) 重点工程及重点厂矿企业需运输的货物及重点港、站集散的货物；
(2) 大宗货物及一级易燃、易爆、剧毒、放射性物品及长大、笨重物品；
(3) 季节性货物和节日市场供应的主要商品。
本表一式三份：①承运人存查；②托运人回执；③调度留存。

图 10-3 汽车货物托运计划表

**3. 水路货物运输合同**

国内沿海与内河货物运输统称国内水路货物运输。水路货物运输合同是指承运人收取运费，负责将托运人托运的货物经水路由一港（站、点）运至另一港（站、点）的合同。

## ××省汽车货物运单

| 托运人（单位）： | | 经办人： | | 电话： | | 地址： | | 运单编号： | |
|---|---|---|---|---|---|---|---|---|---|
| 发货人 | 地址 | | 电话 | | 装货地点 | | | 厂休日 | |
| 收货人 | 地址 | | 电话 | | 卸货地点 | | | 厂休日 | |
| 付款人 | 地址 | | 电话 | | 约定起运时间 | 月 日 | 约定到达时间 | 月 日 | 需要车种 |
| 货物名称及规格 | 包装形式 | 件数 | 体积/cm³ 长×宽×高 cm³ | 件重/kg | 重量/t | 保险、保价价格 | 货物等级 | 计费项目 | 计费重量 | 单价 |
| | | | | | | | | 运费 | | |
| | | | | | | | | 装卸费 | | |
| | | | | | | | | | | |
| | | | | | | | | | | |
| 合 计 | | | | | | | | 计费里程 | | |
| 托运人记载事项 | | | 付款人银行账号 | | 承运人记载事项 | | | 承运人银行账号 | | |
| 注意事项 | 1. 托运人请勿填写粗线栏内的项目。<br>2. 货物名称应填写具体品名，如货物品名过多，不能在运单内逐一填写，须另附物品清单。<br>3. 保险或保价货物，在相应价格栏中填写货物声明价格。 | | | | | | 托运人签章<br><br>年 月 日 | | 承运人签章<br><br>年 月 日 | |

说明：
(1) 填在一张货物运单内的货物必须属同一托运人。对拼装分卸货物，应将每一拼装或分卸情况在运单记事栏内注明。易腐蚀、易碎货物，易溢漏的液体，危险货物与普通货物，以及性质相抵触、运输条件不同的货物，不得用同一张运单托运。托运人、承运人修改运单时，须签字盖章。
(2) 本运单一式两份：①受理存根；②托运回执。

图 10-4 汽车货物运单

几十年来，我国一直把国际海上货物运输与国内沿海与内河货物运输区别对待，国内水路货物运输采用不同于国际海上货物运输的管理体制，主要表现在国内水路货物运输实行运费统一定价，船舶和货物按计划调配，运输单证采用不可转让的运单制，运单随船而行，不可转让，不能作为跟单信用证的单证，承运人实行完全过失责任制，对船长、船员在驾驶和管理船舶上的过失所引起的货物损失承担赔偿责任等。

水路货物运输合同形式有两种：一种是月度水路货物运输合同；另一种是水路货物运单，水路货物运单是国内水路货物运输最基本的合同形式。前者适用于计划内大宗物资运输，后者适用于零星货物运输和计划外货物运输。在按月签订水路货物运输合同的情况下，也必须签发水路货物运单，作为水路货物运输合同的组成部分。在实践中，还有按季度、半年、一年签订的水路货物运输合同，也存在航次租船合同形式。

以水路货物运单作为水路货物运输合同，托运人只需根据货物的基本情况及承托双方商定的运输条件填写水路货物运单，承运人在水路货物运单上加盖承运日期戳，水路货物运输合同即告成立。水路货物运单首先是水路货物运输合同，用以确定承托双方的权利和义务关系。其次，水路货物运单也是承运人接收货物的收据。水路货物运单记载的货物数量或重量是承运人接收货物的初步证据,至卸货港发生货物灭失、短少或损坏,承运人应承担赔偿责任,除非承运人能够证明货物的灭失、短少或损坏是由于承运人可以免责的事由造成的。最后,水路货物运单还是承运人据以交付货物的主要凭证。承运人在目的港必须核对收货人的身份,将货物交给运单记载的收货人。

水路货物运输合同的基本特征包括两方面。①货物重量和体积的计算有其特有的方式。整批货物的重量由托运人确定,承运人也可以进行抽查。对于散装货物的重量,承运人可以通过船舶水尺计算。货物按体积计量收取运费的,托运人应提出重量和体积。②合同履行期限受自然条件(气候、水情等)的影响。合同履行期限通常包括起运港发运时间、每一换装港时间和运输时间。由于自然条件因素所造成的误时,不计算在内。

水路货物运输合同,除短途驳运、摆渡零星货物、双方当事人可以即时清结者外,应当采用书面的形式。大宗物资运输,可按月签订水路货物运输合同,对其他按规定必须提送月度托运计划的货物,经托运人和承运人协商同意,可以按月台票签订水路货物运输合同或以水路货物运单作为水路货物运输合同。零星货物运输和计划外的整批货物运输,以水路货物运单作为水路货物运输合同。

水路货物运输合同一般无固定格式,根据需要承托双方可以签订长期合同或航次租船合同。在实际操作中,承托双方可就水路货物运输合同的主要条款达成一致意见,未尽事宜由双方协商解决。水路货物运输合同如图10-5所示。以水路货物运单作为水路货物运输合同的,经承、托运双方商定货物的集中时间、地点,由双方认真验收、交接,并经承运人在托运人提出的水路货物运单上加盖承运日期戳后,水路运输货物合同即告成立。对于水路货物运单的格式,江海干线和跨省运输的由交通运输部统一规定;省(自治区、直辖市)内运输的由省(自治区、直辖市)交通主管部门统一规定。水路货物运单如图10-6所示。

甲方:_____
地址:_____ 邮码:_____ 电话:_____
法定代表人:_____ 职务:_____
乙方:_____
地址:_____ 邮码:_____ 电话:_____
法定代表人:_____ 职务:_____

根据《中华人民共和国合同法》和海上运输管理规定的要求,_____(简称甲方)向_____交通海运局(简称乙方),计划托运_____货物,乙方同意承运,特签订本合同,共同遵守,互相制约,具体条款经双方协商如下:

一、运输方法:乙方调派_____吨位船舶一艘(船舶吊装设备),应甲方要求由_____港运至_____港,按现行包船运输规定办理。

二、货物集中:甲方应按乙方指定时间,将_____货物于_____天内集中于_____港,货物集齐后,乙方应在5天内派船装运。

三、装船时间:甲方联系到达港同意安排卸装后,经乙方落实并准备接收集货(开集日期由乙方指定)。装船作业时间,自船舶抵港已靠好码头时起于_____小时内装完货物。

四、运到期限:船舶自装货完毕办好手续时起于_____小时内将货物运到目的港。否则按有关规定承担滞延费用。

五、启航联系:乙方在船舶装货完毕启航后,即发报通知甲方做好卸货准备。如需领航时亦通知甲方按时派引航员领航，费用由_____方负担。

六、卸船时间：甲方保证乙方船舶抵达_____港锚地，自下锚时起于_____小时内将货卸完。否则甲方按超过时间向乙方交付滞延金每吨时_____元，在装卸货过程中，因天气影响装卸作业的时间，经甲方与乙方船舶签证，可按实际影响时间扣除。

七、运输质量：乙方装船时，甲方应派员监装，指导工作照章操作，装完船封好舱，甲方可派押运员（免费一人）随船押运。乙方保证原装原运，除因船舶安全条件所发生的损失外，对于运送货物的数量和质量均由甲方自行负责。

八、运输费用：按国家规定水运货物一级运价率以船舶载重吨位计货物运费_____元，空驶费按运费的50%计_____，全船运费为_____元，一次计收。

九、费用结算：本合同经双方签字后，甲方应先付给乙方预付运输费用_____元。乙方在船舶卸完后，以运输费用凭据与甲方一次结算，多退少补。

十、附则：
本合同甲乙双方各执正本一份，副本　　份。并向工商行政管理局登记备案，如有未尽事宜，按照《中华人民共和国合同法》及国家的有关规定处理。

甲方：_____　　　　　乙方：_____
代表人：_____　　　　　　　　代表人：_____
____年____月____日　　　　　　　　____年____月____日

图 10-5　水路货物运输合同

### 4. 航空货物运输合同

航空货物运输合同是指承运人使用民用航空器将托运人托运的货物运到指定地点并交付给收货人，托运人支付货物运输费用的合同。航空货物运输的承运人是指使用民用航空器实施货物运送的人，主要是公共航空运输企业及其代理人。公共航空运输企业是指以营利为目的，使用民用航空器运送旅客、行李、邮件或货物的企业法人。托运人是指要求使用民用航空器运送具备托运条件的货物的人，包括法人、其他经济组织、个体工商户、农村承包经营户和公民个人。收货人是指货物通过民用航空器被运送到指定地点后提取货物的人。收货人可以是托运人，也可以是托运人以外的第三人。

1）签订航空货物运输合同的基本要求

（1）托运人托运不足包机的零星货物时，应向承运人填交托运单，并根据国家主管部门的规定随附必要的有效证明文件，托运人应对托运单填写内容的真实性和正确性负责。托运单经承运人审查接受并填发货运单后，航空货物运输合同即成立。

（2）托运人对托运的货物填交了包机申请书，经承运人同意接受并依照民航局有关包机运输规定，签订包机运输协议后，航空货物包机运输合同即成立。

（3）托运货物中不得夹带国家禁止或限制运输的物品和危险品。

（4）对运输条件要求不同或因为货物性质不能在一起运输的货物，应分别托运。

（5）托运人对托运的货物应当按照国家主管部门规定的标准包装；没有统一包装标准的，应当在保证空运安全的前提下，按照货物的性质和搭装飞机等具体条件进行包装。

2）签订航空货物运输合同的基本内容

航空货物运输合同的基本内容有：发货人（托运人）、收货人名称和详细地址；发站和到站；货物品名；件数和包装；重量；违约责任；注意事项；双方约定的其他事项。

**水路货物运单**

交接清单号码_____    运单号码_____

| 船名 航次 | | 起运港 | | | 到达港 | | 到达日期(承运人章) | 收货人(章) |
|---|---|---|---|---|---|---|---|---|
| 托运人 | 全称 | | | 收货人 | 全称 | | | |
| | 地址、电话 | | | | 地址、电话 | | | |
| | 银行、账号 | | | | 银行、账号 | | | |
| 发货符号 | 货名 | 件数 | 包装 | 价值 | 托运人确定 重量/t 体积/m³ 长×宽×高 | 计费重量 重量/t 体积/m³ | 等级 费率 金额 | 应收费用 项目 费率 金额 运费 装船费 |

| 合 计 | | | |
|---|---|---|---|
| 运到期限（或约定） | 托运人(公章) 月 日 | | 总 计 |
| 特约事项 | 承运日期 | | 核算员 |
| | 起运港承运人章 | | 复核员 |

说明：(1) 此水路货物运单主要适用于江、海干线和跨省运输的水路货物运输。
(2) 水路货物运单、货票一式6份，顺序如下：
第一份：货票（起运港存查联）。
第二份：货票（解缴联）起运港—航运企业。
第三份：货票（托运人收据联）起运港—托运人。
第四份：货票（船舶存查联）起运港—船舶。
第五份：货票（收货人存查联）起运港—船舶—到达港—收货人。
第六份：水路货物运单（提货凭证）起运港—船舶—到达港—收货人—到达港存。
(3) 除另有规定者外，属于港航分管的水路运输企业，由航运企业自行与托运人签订水路货物运输合同的，均使用航运企业抬头的水路货物运单。
(4) 水路货物运单联需用厚纸印刷，货票各联用薄纸印刷，印刷墨色应有区别：解缴联为红色，托运人收据联为绿色，其他各联为黑色。
(5) 要印控制号码或固定号码。
(6) 到达港收费，另开据。
(7) 规格：长19 cm，宽27 cm。

图10-6 水路货物运单

航空货物包机运输合同的基本内容是：包机单位名称、地址、联系人；包机飞行日期；航程起飞站、途经站、到达站；货物名称；货物单件重量、体积；货物总件数、总重量；包机原因；储运注意事项；违约责任；双方约定的其他事项。

航空货运单、包机申请书、包机运输协议书分别见图10-7、图10-8、图10-9。

## 中国民用航空货运单

① 财务联

内业-5
(133×190)

| 出发站 | | 到达站 | |
|---|---|---|---|
| 收货人名称 | | 电话 | |
| 收货人地址 | | | |
| 发货人名称 | | | |
| 发货人地址 | | | |
| 空陆转运 | 自    至 | 运输方式 | |

| 货物品名 | 件数及包装 | 重量 | | 价值 |
|---|---|---|---|---|
| | | 计费 | 实际 | |
| | | | | |

| 航空运费： | | 储运注意事项 | |
|---|---|---|---|
| 地面运输费： | | | |
| 空陆转运费： | | | 收运站 |
| 中转费： | | | 日　期 |
| 其他费用： | | | 经手人 |
| 合计： | | | |

图 10-7　航空货运单

## 包机申请书

_____年_____月_____日

| 包机单位名称 | |
|---|---|
| 联系人 | |
| 本市地址 | |
| 包机事宜 | |
| 包机飞行日期 | |
| 包机航程 | 从____ 经____ 经____ 到____ |
| 旅客团体名称或货物品名 | |
| 旅客人数或货物总件数、总重量 | |
| 包机其他有关事项：<br>1. 客运包机填写旅客姓名，要求如实填写。<br>2. 货运包机填写包机原因、货物单件重量、体积及储运注意事项等。 | |

申请单位经手人 _____

| 包机处理记录（由民航工作人员填写） | | | | |
|---|---|---|---|---|
| 上报及批准文电记录 | | | | |
| 包机运输协议书编号 | | 运输凭证号码 | | |
| 座位数或载重量 | | 飞行日期及机号 | | |
| 包机费用 | 费率 | 里程 | 费用 | 留机费 | 合计 |
| 1. 包机 | | | | | |
| 2. 调机 | | | | | |

经手人 _____

图 10-8　包机申请书

```
                          包机运输协议书
                                                       编号：_____
   _____（以下简称包机人）为包用飞机与中国民用航空_____售票服务处（以下简称承运人）
签订本协议书，双方同意遵守下列条款：
     （一）包机人于____月____日起包用____型飞机____架次，其航程如下：
     ____月____日    自____至____，停留____日
     ____月____日    自____至____，停留____日
     ____月____日    自____至____，停留____日
     包机费用总共_____元。
     （二）根据包机航程及经停站，可供包机人使用的最大载量为_____kg（内____座位）。
如因气象原因或其他特殊原因需要增加空勤人员或燃料时，载量照减。
     （三）包机吨位如包机人未充分利用时，空余吨位由民航利用，包机人不得利用空余吨位，自行
载运非本单位的客货。
     （四）承运人除因气象、政府禁令等原因外，应依期飞行。
     （五）包机人签订本协议书后，要求取消包机，应交付退包费每架次____元。如在包机人退包前，
承运人为执行协议书已发生调机等费用时，应由包机人负责交付此项费用。
     （六）在执行协议书的飞行途中，包机人要求停留，按规定收取留机费。
     （七）其他未尽事项，按承运人旅客、货物运输规则办理。
                    包机人                          承运人
     银行账号_____
     开 户 行_____             签订日期____年____月____日
```

图 10-9　包机运输协议书

#### 5. 管道货物运输合同

管道货物运输合同是指从事管道运输业务的承运人和托运人签订的明确运送货物权利和义务关系的协议。在管道货物运输合同中，承运人具有单一性，并且管道货物运输合同的货物种类也比较少，主要限于气体和液体类货物，如石油、天然气等。

#### 6. 多式联运合同

《中华人民共和国海商法》（以下简称《海商法》）所称的多式联运合同是指多式联运经营人以两种以上的不同运输方式，其中一种是海上货物运输方式，负责将货物从接收地运至目的地交付收货人，并收取全程运费的合同。多式联运是在集装箱运输的基础上发展起来的，这种运输方式并没有新的通道和工具，而是利用现代化的组织手段，将各种单一运输方式有机地结合起来，打破了各个运输区域的界限，是现代管理在运输业中运用的结果。多式联运合同具有以下特点。

（1）它必须包括两种以上的运输方式，而且其中必须有海上货物运输方式。在我国由于国际海上货物运输和国内沿海与内河货物运输分别适用不同的法律，所以国际海上货物运输和国内沿海与内河货物运输可以被视为不同的运输方式。

（2）多式联运虽涉及两种以上不同的运输方式，但托运人只和多式联运经营人订立一份合同，只从多式联运经营人处取得一种多式联运单证，只向多式联运经营人按一种费率交纳运费。这就避免了单一运输方式多程运输手续多、易出错的缺点，为货主确定运输成本和货物在途时间提供了方便。

## 10.2.3　海上货物运输合同

海上货物运输合同是指承运人用船舶将货物经由海路从一港运至另一港并向托运人或承租人收取约定运费的合同。海上货物运输合同的当事人是托运人和承运人。在运输过程中，船、货双方互相合作，共同完成运输任务。由于承运人经营海上货物运输的方式不同，因而海上货物运输合同的形式及双方当事人的地位也就不同。

**1. 海上货物运输合同的类型**

海上货物运输的经营方式或船舶营运方式主要有两类。一类是杂货运输，也称零担运输，这种方式是按照货物的数量单位托运，承运人采取班轮运输方式，按规定的船期和航线完成货物运输。采用这种方式，承运人应按规定为不同的货主托运的货物签发提单，提单是作为海上货物运输合同的证明，因而这种方式也称提单运输。提单运输适用于成交量少、批量少、交接港口分散的货物运输。另一类是租船运输。凡大宗货物的运输，货主向船东租船或订舱，即在一定时间内租用船舱的全部、部分或指定舱位进行运输。租船运输一般适用于批量大、货种单一、交货地集中的大宗货物运输。由于租船运输一般没有固定的船期、航次和停靠港口，因而也称不定期船运输。

海上货物运输合同主要有海上货物运输协议或总合同、班轮运输合同和航次租船合同3类。

（1）海上货物运输协议或总合同是指承运人和托运人就在一定时间内运输的货物总吨位、使用的船舶、运价、装运条件、起运港和目的港等达成的协议或订立的总合同。为了保证总合同的实施，通常在分批装运时另签发提单，如双方当事人同意，也可以另行订立航次租船合同。此类合同适用于大宗货物运输，相应地在合同项下能保证托运人对舱位的需要，并享受优惠运价。

（2）班轮运输合同，又称件杂货运输合同，往往是承运人接受多个托运人的货物，将属于不同托运人的多批货物装载于同一船舶，按规定的船期，在一定的航线上，以规定的港口顺序运输，负责将件杂货由一港运至另一港，而托运人支付运费的协议。这种合同大多是以提单的形式表现和证明的，因此件杂货运输又被称作提单运输。目前，海运单作为件杂货运输的特别形式在国际海运实践中已开始为人们所接受。

（3）航次租船合同，又称航程租船合同或程租合同，即由船舶出租人向承租人提供船舶或者船舶的部分舱位，装运约定的货物，从一港运至另一港，由承租人支付约定的运费的合同。航次租船合同主要用于不定期船运输，船舶出租人和承租人仅为某一特定航次使用船舶签订协议；承租人只要求出租人把货物运至目的港，并不希望占有和控制船舶。

另一种租船合同是按一定期间由船舶出租人租给承租人使用的定期租船合同。如果承租人以租用的船舶运输自己的货物，或者租期仅为一个航次，或者如果以租用的船舶作为承运人经营班轮，则也是一种货物运输合同。由于以下几个原因，我们这里不讨论定期租船合同：第一，除上述情况外，定期租船合同属于财产租赁性质，而不属于货物运输合同；第二，若货运代理人作为承租人以期租船舶承运货物，他就成为承运人，而不再是货运代理人；第三，货主若以期租船舶进行货物运输，需要具备航海知识和货物配载技术，对船舶需要有专人管理等。所以，一般情况下，货主不愿采用期租方式租船，货运代理人涉及期租的机会不多。

**2. 海上货物运输合同的形式**

由于海上货物运输的营运方式不同，货主与船东之间的法律关系也有所不同，因而双方之间的货物运输合同的形式也就不同。在班轮运输中，承运人运载货物的船舶是按照预先公告确定的航线航行，定期停靠规定的港口，并且按照规定的费率为公众提供运输服务。这种承运人为货主提供的服务是较为规范的，并且服务条件也较为严格和具有普遍性与公开性，因此班轮运输合同具有合同的性质。与这种性质相适应，班轮运输合同通常也就是以承运人签发的提单加以证明的，因此对班轮运输合同的研究主要就是对提单的研究。

**3. 海上货物运输合同的成立方式**

1）海上货物运输合同的当事人

在件货运输合同中，合同的当事人除承运人与托运人之外，还有收货人。在租船合同中，船东与租船人为合同当事人。这里所指船东包括船舶所有人及租船船东。现代许多船公司的提单中，"收货方"一词代表合同的一方，包括托运人、发货人、收货人、货主及提单持有人。他们本来应属于合同当事人以外的第三者，不受合同的约束，但根据 FOB、CIF 等买卖合同中的规定，货物在出港越过船舷后，其危险即转给收货人或其他有关的第三者，如果发生货损事故，应该由第三者与承运人交涉。因此，他们仅为运输合同的关系人。但承运人为保护自己的利益，当然希望将第三者也视为合同当事人。

2）海上货物运输合同的成立

海上货物运输合同的订立，一般都采用合同自由原则，但是租船合同和件货运输合同受到此原则影响的程度不同。租船合同的订立完全遵循合同自由原则，只要当事人在租船合同中明确表示一致，法律即予以承认。而件货运输合同则要有客观存在的有关法律的强制约束，如各国的国内法（即海商法）及《海牙规则》。各国的海商法一般都为承运人设立了最大限度的免责和最低限度的责任。承运人必须以此为基础，与托运人订立海上货物运输合同，不得违反。

3）海上货物运输合同的订立

海上货物运输合同和其他合同一样，其订立也可分为要约和承诺两个阶段，但各种海上货物运输合同订立的具体方式、程序又具有一定的特点，其内容也不尽相同。

班轮公司为了从事正常经营，往往就自己经营的班轮航线和班轮离抵港时间做出船期公告，这种宣传属于要约邀请，货物托运人或其代理人向班轮公司或其代理人申请货物运输的行为才是要约。这种申请一般表现为缮制和递交托运单或订舱委托单，载明货物的品类、数量、装船期限、卸货港等项内容。承运人根据上述内容并结合自己的情况决定是否接受。如果接受托运，即在订舱单或托运单上指定船名并签字，通常是在装货单上签章，至此表示双方协商一致，即为承诺，班轮运输合同即告成立。

航次租船合同与班轮运输合同不同，它除了由船舶出租人直接洽谈协商外，通常还要通过租船经纪人或租船代理而达成。船舶经纪人受出租人或承租人的委托，代表出租人或承租人磋商租船事宜。在航运实践中，一些航运组织、船公司、货主组织、货代组织或大货主，为了省时省力和满足自身利益的需要，事先根据不同航线或货种的需要，拟订船次租船合同标准格式,以供订约时参考。这些标准合同条款比较齐备,当事人只需按自己的需要适当修改便可使用。实际上,几乎所有的租船合同都是双方当事人在协议选用的标准合同基础上,订立附加条款,对原有条款进行修改、删减和补充而达成的。根据《中华人民共和国合同法》的原则,如果附加条款与原格式合同的印刷条款内容相抵触,则应以附加条款为准。

《海商法》第四十三条规定:"承运人或者托运人可以要求书面确认海上货物运输合同的成立。但是,航次租船合同应当书面订立。电报、电传和传真具有书面效力。"

4) 海上货物运输合同的格式

海上货物运输合同如图10-10所示;国际海洋货物运输合同如图10-11所示。

## 海上货物运输合同

订立合同双方:

_____(简称甲方)委托_____交通厅海运局(简称乙方)计划外托运_____(货物)、乙方同意承运。根据《中华人民共和国合同法》和_____海上运输管理规定的要求,经双方协商,特订立本合同,以便双方共同遵守。

**第一条 运输方法**

乙方调派_____吨位船舶一艘(船舶_____吊货设备),应甲方要求由_____港运至_____港,按现行包船运输规定办理。

**第二条 货物集中**

甲方应按乙方指定时间,将_____货物于_____天内集中于_____港,货物集齐后,乙方应在五天内派船装运。

**第三条 装船时间**

甲方联系到达港同意安排卸货后,经乙方落实并准备接收集货(开集日期由乙方指定)。装船作业时间,自船舶抵港已靠好码头时起于_____小时内装完货物。

**第四条 运到期限**

船舶自装货完毕办好手续时起于_____小时内将货物运到目的港。

**第五条 启航联系**

乙方在船舶装货完毕启航后,即发报通知甲方做好卸货准备,如需领航时也通知甲方按时派引航员领航。费用由_____方负担。

**第六条 卸船时间**

甲方保证乙方船舶抵达_____港锚地。自下锚时起于_____小时内将货卸完。否则甲方按超过时间向乙方交付滞延金每吨时0.075元,在装卸货过程中,因天气影响装卸作业时间,经甲方与乙方船舶签证,可按实际影响时间扣除。

**第七条 运输质量**

乙方装船时,甲方应派员监装,指导工人按章操作,装完船封好舱,甲方可派押运员(免费一人)随船押运。乙方保证原装原运,除因船舶安全条件所发生的损失外,对于运送_____货物的数量和质量均由甲方自行负责。

**第八条 运输费用**

按_____水运货物一级运价率以船舶载重吨位计货物运费_____元,空驶费按运费的50%计,全船运费为_____元,一次计收。

港口装船费用,按_____港口收费规则有关费率计收。卸船等费用,由甲方直接与到达港办理。

**第九条 费用结算**

本合同经双方签章后,甲方应先付给乙方预付运输费用_____元。乙方在船舶卸完后,以运输费用凭据与甲方一次结算,多退少补。

**第十条** 本合同正本一式两份,甲乙双方各执一份,副本一式_____份,交_____等部门各存一份备案。本合同如有未尽事宜,由双方按照_____交通厅海上货物运输管理的有关规定充分协商,作出补充规定。补充规定与本合同具有同等效力。本合同提交_____公证处公证(或工商行政管理机关鉴证)。

甲方:_____(盖章)  乙方:_____(盖章)
代表人:_____(签章)  代表人:_____(签章)
开户银行:_____          开户银行:_____
账号:_____          账号:_____
_____年_____月_____日订立

图 10-10 海上货物运输合同

---

合同号码:
签约日期:
买方:
卖方:
本合同由买卖双方缔结,用中、英文字写成,两种文体具有同等效力,按照下述条款,卖方同意售出买方同意购进以下商品。

**第一部分**

1. 商品名称及规格
2. 生产国别及制造厂商
3. 单价(包装费用包括在内)
4. 数量
5. 总值
6. 包装(适合海洋运输)
7. 保险(除非另有协议,保险均由买方负责)
8. 装船时间
9. 装运口岸
10. 目的口岸
11. 装运唛头,卖方负责在每件货物上用牢固的不褪色的颜料明显地刷印或标明下述唛头,以及目的口岸、件号、毛重和净重、尺码和其他买方要求的标记。如系危险及/或有毒货物,卖方负责保证在每件货物上明显地标明货物的性质说明及习惯上被接受的标记。
12. 付款条件:买方于货物装船时间前一个月通过_____银行开出以卖方为抬头的不可撤销信用证,卖方在货物装船起运后凭本合同交货条款第18条A款所列单据在开证银行议付贷款。上述信用证有效期将在装船后15天截止。
13. 其他条件:除非经买方同意和接受,本合同其他一切有关事项均按第二部分交货条款之规定办理,该交货条款为本合同不可分的部分,本合同如有任何附加条款将自动地优先执行附加条款,如附加条款与本合同条款有抵触,则以附加条款为准。

**第二部分**

14. FOB/FAS 条件

14.1. 本合同项下货物的装运舱位由买方或买方的运输代理人＿＿＿＿＿＿租订。

14.2. 在 FOB 条件下，卖方应负责将所订货物在本合同第 8 条所规定的装船时间内按买方所通知的任何日期装上买方所指定的船只。

14.3. 在 FAS 条件下，卖方应负责将所订货物在本合同第 8 条所规定的装船时间内按买方所通知的任何日期交到买方所指定船只的吊杆下。

14.4. 货物装运日前 10～15 天，买方应以电报或电传通知卖方合同号、船只预计到港日期、装运数量及船运代理人的名称。以便卖方与该船运代理人联系及安排货物的装运。卖方应将联系结果通过电报或电传及时报告买方。如买方因故需要变更船只或者船只比预先通知卖方的日期提前或推迟到达装运港口，买方或其船运代理人应及时通知卖方。卖方亦应与买方的运输代理或买方保持密切联系。

14.5. 如买方所订船只到达装运港后，卖方不能在买方所通知的装船时间内将货物装上船只或将货物交到吊杆之下，卖方应负担买方的一切费用和损失，如空舱费、滞期费及由此而引起的及/或遭受的买方的一切损失。

14.6. 如船只撤换或延期或退关等而未及时通知卖方停止交货，在装港发生的栈租及保险费损失的计算，应以代理通知之装船日期（如货物晚于代理通知之装船日期抵达装港，应以货物抵港日期）为准，在港口免费堆存期满后第 16 天起由买方负担，人力不可抗拒的情况除外。上述费用均凭原始单据经买方核实后支付。但卖方仍应在装载货船到达装港后立即将货物装船，交负担费用及风险。

15. C&F 条件

15.1. 卖方在本合同第 8 条规定的装船时间之内应将货物装上由装运港到中国口岸的直达船。未经买方事先许可，不得转船。货物不得由悬挂中国港口当局所不能接受的国家旗帜的船装载。

15.2. 卖方所租船只应适航和适货。卖方租船时应慎重和认真地选择承运人及船只。买方不接受非保赔协会成员的船只。

15.3. 卖方所租载货船只应在正常合理时间内驶达目的港。不得无故绕行或迟延。

15.4. 卖方所租载货船只船龄不得超过 15 年。对超过 15 年船龄的船只其超船龄额外保险费应由卖方负担。买方不接受船龄超过 20 年的船只。

15.5. 一次装运数量超过 1 000 t 的货载或其他少于 1 000 t 但买方指明的货载，卖方应在装船日前至少 10 天用电传或电报通知买方合同号、商品名称、数量、船名、船龄、船籍、船只主要规范、预计装货日、预计到达目的港时间、船公司名称、电传和电报挂号。

15.6. 一次装运 1 000 t 以上货载或其他少于 1 000 t 但买方指明的货载，其船长应在该船抵达目的港前 7 天和 24 小时分别用电传或电报通知买方预计抵港时间、合同号、商品名称及数量。

15.7. 如果货物由班轮装运，载货船只必须是＿＿＿＿＿＿船级社最高船级或船级协会条款规定的相同级别的船级，船只状况应保持至提单有效期终了时止，以装船日为准船龄不得超过 20 年。超过 20 年船龄的船只，卖方应负担超船龄外保险费。买方绝不接受超过 25 年船龄的船只。

15.8. 对于散件货，如果卖方未经买方事前同意而装入集装箱，卖方应负责向买方支付赔偿金，由双方在适当时间商定具体金额。

15.9. 卖方应和载运货物的船只保持密切联系，并以最快的手段通知买方船只在途中发生的一切事故，如因卖方未及时通知买方而造成买方的一切损失卖方应负责赔偿。

16. CIF 条件

在 CIF 条件下，除本合同第 15 条 C&F 条件适用之外卖方负责货物的保险，但不允许有免赔率。

17. 装船通知

货物装船完毕后 48 小时内，卖方应即以电报或电传通知买方合同号、商品名称、所装重量（毛/净）或数量、发票价值、船名、装运口岸、开船日期及预计到达目的港时间。如因卖方未及时用电报或电传给买方以上述装船通知而使买方不能及时保险，卖方负责赔偿买方由此而引起的一切损害及/或损失。

18. 装船单据
18. A. 卖方凭下列单据向付款银行议付货款：
18. A. 1. 填写通知目的口岸的＿＿＿＿＿＿＿运输公司的空白抬头、空白背书的全套已装运洋轮的清洁提单（如系 C&F/CIF 条件则注明"运费已付"，如系 FOB/FAS 条件则注明"运费待收"）。
18. A. 2. 由信用证受益人签名出具的发票5份，注明合同号、信用证号、商品名称、详细规格及装船唛头标记。
18. A. 3. 两份由信用证受益人出具的装箱单及/或重量单，注明每件货物的毛重和净重及/或尺码。
18. A. 4. 由制造商及/或装运口岸的合格、独立的公证行签发的品质检验证书及数量或重量证书各两份，必须注明货物的全部规格与信用证规定相符。
18. A. 5. 本交货条件第17条规定的装船通知电报或电传副本一份。
18. A. 6. 证明上述单据的副本已按合同要求寄出的书信一封。
18. A. 7. 运货船只的国籍已经买主批准的书信一封。
18. A. 8. 如系卖方保险需提供投保不少于发票价值110％的一切险和战争险的保险单。
18. B. 不接受影印、自动或电脑处理、复印的任何正本单据，除非这些单据印有清晰的"正本"字样，并经发证单位授权的领导人手签证明。
18. C. 联运提单、迟期提单、简式提单不能接受。
18. D. 受益人指定的第三者为装船者不能接受，除非该第三者提单由装船者背书转受益人，再由受赠人背书后方可接受。
18. E. 信用证开立日期之前出具的单据不能接受。
18. F. 对于 C&F/CIF 货载，不接受租船提单，除非受益人提供租船合同、船长或大副收据、装船命令、货物配载图及或买方在信用证内所要求提供的其他单据副本各一份。
18. G. 卖方须将提单、发票及装箱单各两份副本随船带交目的口岸的买方收货代理人＿＿＿＿＿＿＿。
18. H. 载运货船启碇后，卖方须立即航空邮寄全套单据副本一份给买方，三份给目的口岸的对外贸易运输公司分公司。
18. I. 卖方应负责赔偿买方因卖方失寄或迟寄上述单据而使买方遭受的一切损失。
18. J. 中华人民共和国境外的银行费用由卖方负担。
19. 合同所订货物如用空运，则本合同有关海运的一切条款均按空运条款执行。
20. 危险品说明书
凡属危险品及/或有毒物品，卖方必须提供其危险或有毒性能，运输、仓储和装卸注意事项，以及防治、急救、消防方法的说明书，卖方应将此项说明书各三份随同其他装船单据航空邮寄给买方及目的口岸的＿＿＿＿＿＿＿运输公司。
21. 检验和索赔
货物在目的口岸卸毕60天内（如果用集装箱装运则在开箱后60天内）经出入境检验检疫局复验，如发现品质、数量或重量及其他任何方面与本合同规定不符，除属于保险公司或船行负责者外，买方有权凭上述出入境检验检疫局出具的检验证书向卖方提出退货或索赔。因退货或索赔引起的一切费用包括检验费、利息及损失均由卖方负担。在此情况下，凡货物适于抽样及寄送时如卖方要求，买方可将样品寄交卖方。
22. 赔偿费
因"人力不可抗拒"而推迟或不能交货者除外，如果卖方不能交货或不能按合同规定的条件交货，卖方应负责向买方赔偿由此而引起的一切损失和遭受的损害，包括买价及/或买价的差价、空舱费、滞期费，以及由此而引起的直接或间接损失。买方有权撤销全部或部分合同，但并不妨碍买方向卖方提出索赔的权利。

23. 赔偿例外

由于一般公认的"人力不可抗拒"原因而不能交货或延迟交货,卖方或买方都不负责任。但卖方应在事故发生后立即用电报或电传告知买方并在事故发生后 15 天内航空邮寄买方灾害发生地点之有关政府机关或商会所出具的证明,证实灾害存在。如果上述"人力不可抗拒"继续存在 60 天以上,买方有权撤销合同的全部或部分。

24. 仲裁

双方同意对一切因执行和解释本合同条款所发生的争议,努力通过友好协商解决。在争议发生之日起一个合理的时间内,最多不超过 90 天,协商不能取得对买卖双方都满意的结果时,如买方决定不向他认为合适的有管辖权的法院提出诉讼,则该争议应提交仲裁。除双方另有协议,仲裁应在中国北京举行,并按中国国际贸易促进委员会和中国国际经济贸易仲裁委员会所制定的仲裁规则和程序进行仲裁,该仲裁为终局裁决,对双方均有约束力。仲裁费用除非另有决定,由败诉一方负担。

卖方:　　　　　　　　　买方:

图 10-11　国际海洋货物运输合同

## 10.2.4　货物运输合同管理人员的业务技能

**1. 职责范围**

(1) 拟订货物运输合同草案。

(2) 收集谈判对手的情况,为谈判提供建议。

(3) 协助审核货物运输合同内容是否完备,条件是否合理。

(4) 建立货物运输合同登记卡,监督货物运输合同的履行情况。

(5) 进行货物运输合同的保管、归类与存档。

**2. 操作流程**

货物运输合同管理人员的工作贯穿于货物运输合同起草、磋商、签订直至货物运输合同存档管理的全过程。其程序如下所述。

(1) 货物运输合同起草。必须明确货物运输合同的内容及签订货物运输合同应当注意的事项。货物运输合同一般由开头、主体、结尾三个部分组成。这三个部分相互联系、不可分割。

(2) 货物运输合同磋商。一般而言,货物运输合同磋商的程序包括询盘、发盘、还盘和接受四个环节。

询盘,也称询价。在货物运输合同中,正式进入磋商以前,常有问价的习惯,即询盘。发盘,在法律上称要约,它是当事人一方向对方提出某种条件,表明自己愿意以所列条件与对方达成交易的意见表示。还盘,又称还价,它是受盘人对发盘人内容不完全同意而提出修改或变更的表示。发盘一经受盘人接受,货物运输合同即告成立。

(3) 货物运输合同签订。在货物运输合同上签字后,即将正本一式两份寄交国外客户确认,并回签一份存查。货物运输合同副本,主要供企业内部做业务记录、单证制审、进程登记、统计核算、履约率检查等使用,应按规定分送有关部门。

（4）货物运输合同审核。审核货物运输合同的重点应是：货物运输合同是否符合政策、客户是否可靠、作价是否合理、货源是否落实、支付方式是否合适，以及货物运输合同条款是否周详、具体、完整，责任是否明确等。

（5）建立货物运输合同登记卡。在对外签订货物运输合同后，企业可按照商品分类建立货物运输合同登记卡，分商品进行登记。货物运输合同登记卡的内容主要有：货物运输合同编号、国别地区、客户名称、成交日期、付款方式、品名、数量、单价、总值、交货时间及价格条件等。

（6）检查、督促货物运输合同的履约情况。对每份货物运输合同都要认真检查，弄清情况，分析逾期原因，并分清责任。

（7）货物运输合同存档管理。对于已经履约且无争议的货物运输合同，应分类建档，妥善保管，以备查询。

# 思考与练习

1. **基本概念**

   货物运输合同　　　货物运输合同的主体　　　承运人　　　托运人
   提单　　　　　　　不记名提单　　　　　　国际铁路联运运单　　　多式联运单据
   水路货物运输合同　　多式联运合同

2. **简答题**

   （1）在货物运输合同中托运人权利和义务及承运人权利和义务主要包括哪些？
   （2）如何理解货物运输合同的主要特征？
   （3）提单是如何分类的？提单的主要内容有哪些？
   （4）如何理解货物运输合同的标的是运输劳务行为？
   （5）货物运输合同主要有哪些种类？

3. **案例阅读与分析**

   ### 海上货物运输合同纠纷

   原告：北京某科技发展有限公司
   被告甲：某货运代理有限公司
   被告乙：某集运有限公司

   原告诉称，2016年2月5日，原告委托被告甲将涉案货物从上海运至美国芝加哥。被告甲接收货物后，向原告签发了提单，提单记载被告乙是承运人。货物出运后，原告得知两被告未收回正本提单便将货物交付他人。两被告的无单放货行为损害了原告的合法权益，原告请求两被告连带赔偿货物损失 24 410.00 美元、利息损失及汇率损失人民币 6 270.90 元、退税损失人民币 8 615.00 元，并承担本案的诉讼费用。

被告甲辩称：被告甲为被告乙的签单代理人，不是涉案运输货物的承运人；原告请求汇率损失和退税损失没有法律依据。

被告乙辩称：涉案提单为记名提单，目的港为美国芝加哥，根据提单背面条款应适用美国法，承运人不凭正本提单向记名提单收货人交付货物并无不当，收货人拒付货款属贸易合同纠纷，与承运人无关。

本案在审理过程中，经法院主持调解，双方当事人自愿达成如下协议。

(1) 被告乙向原告赔偿货款及利息损失人民币 165.00 元，于 2016 年 10 月 9 日前支付至原告指定的账户。

(2) 本案案件受理费人民币 3 898.70 元，因调解减半收取人民币 1 949.35 元，由原告负担。

(3) 若被告甲、被告乙逾期不履行或不完全履行付款义务，应按原告诉讼请求的货物损失 24 410 美元、利息损失及汇率损失人民币 6 270.90 元、退税损失人民币 8 615.00 元、案件受理费人民币 1 949.35 元赔偿给原告（被告已经履行部分做相应扣除）。

(4) 原告和被告甲、被告乙就涉案纠纷再无其他争议。

## 评 析 题

(1) 什么是提单？提单有什么作用？
(2) 指出本案中的托运人和承运人，以及他们有哪些权利和义务？

# 第11章

# 国际货物运输保险

**学习目标**
- 了解国际货物运输保险的含义、分类及原则。
- 熟悉国际货物运输保险的程序。
- 熟悉海上货物运输保险、陆上货物运输保险、航空货物运输保险的保险条款及险别种类。

## 11.1 国际货物运输保险概述

### 11.1.1 国际货物运输保险的含义

货物运输保险是指以各种运输工具承运的货物作为保险标的的一种保险。货物运输包括用海轮、火车、飞机、汽车邮运和联运的各种货物的运输。国际货物运输保险是指为国家间运输的货物办理的保险。

### 11.1.2 国际货物运输保险的种类

国际货物运输保险包括海上货物运输保险、陆上货物运输保险、航空货物运输保险和邮递货物运输保险(邮包保险)。我国货物运输保险的种类与国际保险市场上的规定基本一致。

**1. 海上货物运输保险**

海上货物运输保险是指以海上运输的货物作为保险标的的保险,具体可分为以下几种。

(1)海洋货物运输保险。承保进出口货物在运输过程中遭受自然灾害或意外事故时发生的损失。世界上许多国家和地区大都使用英国伦敦保险人协会制定的"协会条款"(Institute Cargo Clauses, ICC)。该条款1963年的基本险别分为一切险、水渍险和平安险三种，从 1982 年 1 月 1 日起该条款基本险别改为 ICC（A）、ICC（B）、ICC（C）。我国参照过去英国伦敦保险人协会的"协会条款"制定的海洋货物运输保险条款，仍相应采用一切险、水渍险和平安险三种险别。

（2）海洋货物运输战争险（也称兵险）及罢工险。此险别作为特殊附加险，只有在投保基本险的基础上才能加保。而 1982 年 1 月 1 日起实行的新"协会条款"中的战争险和罢工险均可按独立险别投保。

（3）海洋运输冷藏货物保险。某些鲜肉、鱼、虾和蔬菜、果品等货物对温度变化很敏感，因而在运输过程中需始终储存在冷冻容器或冷藏舱内，对于这类货物可以投保海洋运输冷藏货物保险。

（4）海洋运输散装桐油保险。这是一种专门保险，其责任范围包括不论任何原因所致的运输桐油的短少、渗漏、沾污、变质及由此引起的施救费用等。

#### 2. 陆上货物运输保险

陆上货物运输保险承保货物在陆上运输过程中（以火车、汽车运输方式或联运）由于保险责任范围内的事故造成的损失。陆上货物运输保险分为陆运险和陆运一切险两个险别。此外，还有陆上运输冷藏货物险，它也具有基本险性质。陆运险的承保责任范围同海运水渍险相似，陆运一切险的承保责任范围同海运一切险相似。上述责任范围均适用于火车和汽车运输，并以此为限。陆运险与陆运一切险的责任起讫也采用"仓至仓条款"。

#### 3. 航空货物运输保险

基本险别有航空运输险和航空运输一切险。这两种基本险都可单独投保，在投保其中之一的基础上，可以加保战争险等附加险。加保时须另付保险费。在加保战争险前提下，再加保罢工险，则不另收保险费。航空运输险和航空运输一切险的责任起讫也采用"仓至仓条款"。

#### 4. 邮递货物运输保险（邮包保险）

邮递货物运输保险（邮包保险）有邮包险和邮包一切险两种基本险，主要承保通过邮局以邮包递运的货物，其责任起讫是，自被保险邮包离开保险单所载起运地点寄件人的处所运往邮局时开始生效，直至被保险邮包运达保险单所载目的地邮局，自邮局签发出到货通知书当日午夜起算满 15 天终止，但在此期限内，邮包一经递交至收件人处所时，保险责任即告终止。

有时一批货物的运输全过程使用两种或两种以上的运输工具，这时往往以货运全过程中主要的运输工具来确定投保何种保险种类。

### 11.1.3 国际货物运输保险的特点

（1）承保的风险具有综合性，出险的原因复杂。
（2）保险标的具有流动性。
（3）国际货物运输保险具有国际性。
（4）保障的对象具有多变性。
（5）国际货物运输保险种类繁多，险种划分详细。

## 11.1.4　国际货物运输保险的原则

国际货物运输保险要求投保人与保险人订立保险合同并共同遵守以下原则：

（1）保险利益原则。保险利益指被保险人对保险标的所具有的合法的利害关系。依据《中华人民共和国保险法》（以下简称《保险法》）的规定，投保人对保险标的应当具有保险利益；投保人对保险标的不具有保险利益的，保险合同无效。

（2）最大诚信原则。最大诚信原则是指保险合同的当事人应以诚实信用为基础订立和履行保险合同，主要体现在订立保险合同时的告知义务及履行保险合同时的保证义务。《保险法》有关最大诚信原则的规定具体体现在告知义务。在被保险人的告知义务上，《保险法》与《海商法》的规定不同，《保险法》采用的是有限告知，而《海商法》则采用了无限告知与有限告知的结合。

（3）补偿原则。补偿原则是指在保险事故发生而使被保险人遭受损失时，保险人必须在责任范围内对被保险人所受的实际损失进行补偿。在发生超额保险和重复保险的情况下，保险人只赔偿实际损失，因为保险的目的是补偿，而不能通过保险获利。

（4）近因原则。近因是指在风险和损失之间导致损失的最直接、最有效、起决定作用的原因，而不是指时间上或空间上最接近的原因。在国际货物运输保险实践中，近因原则是常用的确定保险人对保险标的的损失是否负保险责任及负何种保险责任的一条重要原则。

## 11.1.5　国际货物运输保险的程序

在国际货物买卖过程中，由哪一方负责办理投保，应根据买卖双方商订的价格条件来确定。例如，按 FOB 条件和 CFR 条件成交，保险应由买方办理；如按 CIF 条件成交，保险应由卖方办理。办理国际货物运输保险的一般程序如下所述。

（1）确定投保金额。投保金额是诸保险费的依据，又是货物发生损失后计算赔偿的依据。按照国际惯例，投保金额应按发票上的 CIF 的预期利润计算。但是，各国市场情况不尽相同，对进出口贸易的管理办法也各异。例如，向中国人民保险公司办理进出口货物运输保险，可按两种办法办理：一种是逐笔投保，另一种是按签订预约保险总合同办理。

（2）填写投保单。投保单是投保人向保险人提出投保的书面申请，其主要内容包括：被保险人的姓名，被保险货物的品名、标记、数量及包装，保险金额，运输工具名称，开航日期及起讫地点，投保险别，投保日期及签章等。

（3）支付保险费，取得保险单。保险费按投保险别的保险费率计算。保险费率是根据不同的险别、不同的商品、不同的运输方式、不同的目的地，并参照国际上的费率水平而制定的。它分为"一般货物费率"和"指明货物加费费率"两种。前者是一般商品的费率，后者是指特别列明的货物（如某些易碎、易损商品）在一般费率的基础上另行加收的费率。

交付保险费后，投保人即可取得保险单（insurance policy）。保险单实际上已构成保险人与被保险人之间的保险合同，是保险人的承保证明。在发生保险范围内的损失或灭失时，投保人可凭保险单要求赔偿。

(4) 提出索赔手续。当被保险的货物发生属于保险责任范围内的损失时，投保人可以向保险人提出赔偿要求。

被保险货物运抵目的地后，收货人如发现整件短少或有明显残损，应立即向承运人或有关方面索取货损或货差证明，并联系保险公司指定的检验理赔代理人申请检验，提出检验报告，确定损失程度；同时向承运人或有关责任方提出索赔。属于保险责任的，可填写索赔清单，连同提单副本、装箱单、保险单正本、磅码单、修理配置费凭证、第三者责任方的签证或商务记录及向第三者责任方索赔的来往函件等向保险公司索赔。索赔应当在保险有效期内提出并办理，否则保险公司可以不予办理。

## 11.2 海上货物运输保险

### 11.2.1 海上货物运输中的风险

**1. 海上风险（perils of the sea）**

海上风险具体可以分为自然灾害和意外事故两种。

（1）自然灾害（natural calamities）。自然灾害是指不以人的意志为转移的自然界的力量所引起的灾害。

（2）意外事故（fortuitous accidents）。意外事故一般是指人或物体遭受外来的灾害的非意料之中的事故。

**2. 外来风险（extraneous risks）**

外来风险是指由于自然灾害和意外事故以外的其他外来原因造成的风险，但不包括货物的自然损耗和本质缺陷。外来风险可分为一般外来风险和特殊外来风险两种。

### 11.2.2 海上货物运输中的损失

海上货物运输中的损失按损失的程度不同可分为全部损失与部分损失。

**1. 全部损失（total loss）**

全部损失简称全损，包括实际全损和推定全损。

（1）实际全损。实际全损指保险标的发生保险事故后灭失，或完全受损以致丧失原有的形体、效用，或者不能再归被保险人拥有。

（2）推定全损。推定全损又称商业全损，保险标的发生保险事故后虽然尚未达到全部损毁或全部灭失的状态，但是全损将是不可避免的，或者修复和施救该标的所耗费用将达到或超过其价值。

**2. 部分损失（partial loss）**

（1）单独海损。单独海损是指保险标的在海上遭受承保范围内的风险所造成的部分灭失或损害,即指除共同海损以外的部分损失。单独海损必须是由意外的、偶然的、保险责任范围内的风险所引起的损失;单独海损属于船方、货方或其他利益方单方面所遭受的损失;单独海损是否可以得到赔偿,由所属的保险条款决定。

(2) 共同海损。共同海损是指当船、货及其他利益方处于共同的危险时,为了共同的利益而有意地采取合理的措施所引起的特殊牺牲和额外费用。共同海损损失应由船、货(包括不同的货主)各方共同负担。所采取的共同海损措施称共同海损行为。

共同海损包括共同海损牺牲和共同海损费用。例如,船舶在海上航行时遇到大风浪,为了保证航行安全,船长不得不下令抛弃一部分货物,被抛弃的货物称共同海损牺牲。再如,船舶在航行过程中,因意外原因触礁,为了使船舶脱险,船长只好雇用驳船将部分货物暂时卸下,或雇用拖轮将船舶拖带脱险,期间发生的驳船费用或拖带费用及装卸费用等均属于共同海损费用。

(3) 共同海损与单独海损的主要区别如下。

① 损失的原因不同。单独海损是由所承保的风险直接导致的船、货的损失,而共同海损是为解除或减轻风险,人为地、有意识地采取合理措施造成的损失。

② 损失的承担者不同。单独海损的损失由受损者自己承担,而共同海损的损失则由受益各方根据获救利益的大小按比例分摊。

③ 损失的内容不同。单独海损仅指损失本身,而共同海损则包括损失及由此产生的费用。

### 11.2.3 海上货物运输中的费用

(1) 施救费用。施救费用是指保险标的在遭遇承保的灾害事故时,被保险人或其代理人、雇用人为避免、减少损失而采取各种抢救、防护措施所支付的合理费用。

(2) 救助费用。保险标的在遭遇承保的灾害事故时,由保险人和被保险人以外的第三者采取救助行为,获救方应向救助方支付相应的报酬,这部分报酬就被称为救助费用。它属于保险赔付范围。

海上货物运输中的风险、损失和费用如图 11-1 所示。

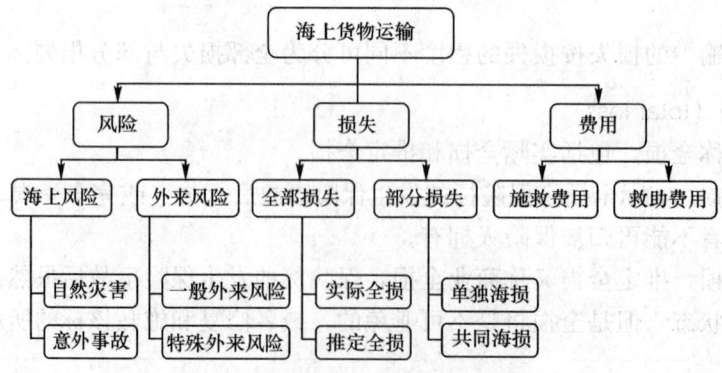

图 11-1 海上货物运输中的风险、损失和费用

## 11.2.4 我国海上货物运输保险的险别及相关条款

我国海上货物运输保险分为基本险和附加险两类。

**1. 基本险**

(1) 平安险（free from particular average，FPA）。平安险是我国保险业的习惯叫法，其英文原意是"单独海损不赔"。平安险承保"全部损失和意外事故导致的部分损失"，具体承保以下责任。

① 货物在运输途中由于恶劣气候、雷电、海啸、地震、洪水等自然灾害造成整批货物的全部损失或推定全损。

② 由于运输工具遭受搁浅、触礁、沉没、互撞、与流冰或其他物体碰撞，以及失火、爆炸意外事故造成货物的全部或部分损失。

③ 在运输工具已经发生搁浅、触礁、沉没、焚毁意外事故的情况下，货物在此前后又在海上遭受恶劣气候、雷电、海啸等自然灾害所造成的部分损失。

④ 在装卸或转运时由于一件或数件整件货物落海造成的全部或部分损失。

⑤ 被保险人对遭受承保责任内危险的货物采取抢救、防止或减少货损的措施而支付的合理费用，但以不超过该批被救货物的保险金额为限。

⑥ 运输工具遭遇海难后，在避难港由于卸货所引起的损失，以及在中途港、避难港由于卸货、存仓及运送货物所产生的特别费用。

⑦ 共同海损的牺牲、分摊和救助费用。

⑧ 运输契约订有"船舶互撞责任"条款，根据该条款规定应由货方偿还船方的损失。

(2) 水渍险（with particular average，WPA；with average，WA）。水渍险也是我国保险业的习惯叫法，其英文原意是"负责单独海损"。水渍险承保的责任范围是：①平安险承担的全部责任；②被保险货物由于恶劣气候、雷电、海啸、地震、洪水等自然灾害所造成的部分损失。这一项责任是指在水渍险项下，保险人承担单纯由于保险单上列明的海上自然灾害所造成的货物部分损失。

(3) 一切险（all risks）。一切险承保的责任范围是：①水渍险承保的全部责任一切险均给予承保；②一切险负责被保险货物在运输途中，由于一般外来风险所致的全部或部分损失。

一切险承保的责任范围是各种基本险中最广泛的一种，因而比较适合对价值较高、可能遭受损失因素较多的货物投保。此外，保险人可以要求扩展保险期。例如，向某些内陆国家出口货物，如在港口卸货转运内陆，无法在保险条款规定的保险期内到达目的地，即可申请扩展。经保险公司出立凭证予以延长，每日加收一定的保险费。不过，在上述三种基本险别中，明确规定了除外责任。所谓除外责任（exclusion）是指保险公司明确规定不予承保的损失或费用。

**2. 附加险**

(1) 一般附加险（general additional risks）。一般附加险承保一般外来风险所造成的损失，共有 11 种。值得注意的是，这 11 种一般附加险只能在投保平安险和水渍险的基础上加保一种或数种，但若投保"一切险"时，因上述险别均包含在内，故无须加保。

① 偷窃提货不着险（theft, pilferage and nondelivery, TPND）。保险有效期内，货物被偷走或窃走，以及货物运抵目的地以后，整件未交的损失，由保险公司负责赔偿。

② 淡水雨淋险（fresh water rain damage, FWRD）。货物在运输中，由于淡水、雨水乃至雪溶所造成的损失，保险公司都应负责赔偿。淡水包括船上淡水舱、水管漏水及汗等。

③ 短量险（risk of shortage）。负责货物数量短少和重量的损失。通常是包装货物的短少，保险公司必须要查清外包装是否发生异常现象，如破口、破袋、扯缝等；如属散装货物，往往以装船重量和卸船重量之间的差额作为计算短量的依据。

④ 混杂、沾污险（risk of intermixture & contamination）。负责货物在运输过程中混进了杂质所造成的损失。例如，矿石等混进了泥土、草屑等，因而使其质量受到影响。此外货物因为和其他物质接触而被沾污，如布匹、纸张、食物、服装等因被油类或带色的物质污染而引起的经济损失。

⑤ 渗漏险（risk of leakage）。负责保险流质、半流质的液体物质和油类物质在运输过程中因为容器损坏而引起的渗漏损失。如以液体装存的湿肠衣，因为液体渗漏而使肠衣发生腐烂、变质等损失，均由保险公司负责赔偿。

⑥ 碰损、破碎险（risk of clash & breakage）。碰损主要是对金属、木质等货物来说的，破碎则主要是对易碎性物质来说的。前者是指在运输途中，因为受到震动、颠簸、挤压而造成货物本身的损失；后者是在运输途中由于装卸野蛮、粗鲁及运输工具的颠震造成货物本身的破裂、断碎的损失。

⑦ 串味险（risk of odour）。茶叶、香料、药材等在运输途中受到一起堆储的皮张、樟脑等异味的影响而使品质受到损失。

⑧ 受热、受潮险（damage caused by heating & sweating）。保险船舶在航行途中，由于气温骤变，或者因为船上通风设备失灵等使舱内水汽凝结、发潮、发热引起的货物损失。

⑨ 钩损险（hook damage）。货物在装卸过程中因为使用手钩、吊钩等工具所造成的损失，如粮食包装袋因吊钩钩坏而造成粮食外漏所造成的损失，保险公司在承保该险的项下，应予赔偿。

⑩ 包装破裂险（loss for damage by breakage of packing）。因为包装破裂造成物资的短少、沾污等损失。此外，对于因货物运输过程中续运安全需要而产生的候补包装、调换包装所支付的费用，保险公司也应负责。

⑪ 锈损险（risk of rust）。保险公司负责货物在运输过程中因为生锈造成的损失。不过这种生锈必须在保险期内发生，如原装时就已生锈，保险公司不负责任。

（2）特殊附加险（special additional risks）。特殊附加险承保特殊外来风险所造成的损失。它与国家行政管理规章所引起的风险相关联。目前中国人民保险公司承保的特殊附加险险别有交货不到险（failure to delivery risk）、进口关税险（import duty risk）、黄曲霉素险（aflatoxin risk）和出口货物到香港（包括九龙在内）或澳门存储仓火险责任扩展条款（fire risk extention clause for storage of cargo at destination Hongkong, including Kowloon, or Macao）。此外，还包括战争险（war risk）和罢工险（strikes risk）等。

我国海上货物运输保险各种险别之间的关系如图11-2所示。

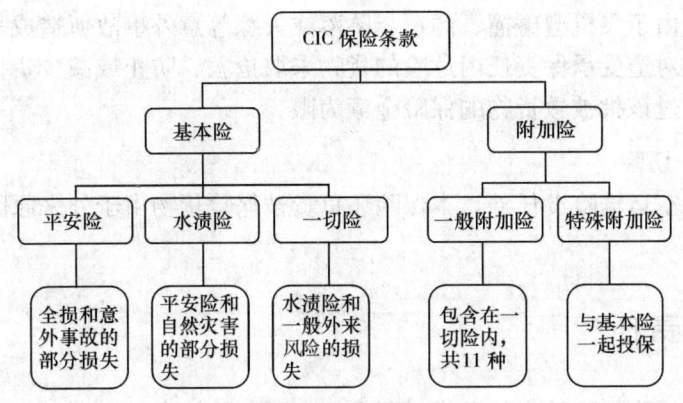

图 11-2 我国海上货物运输保险各种险别之间的关系

### 11.2.5 除外责任

除外责任是指保险人不予赔偿的损失和费用。这是为了维护保险人的权益而对承保责任范围所做的进一步明确和划分。这种除外责任，一般来说是非意外的、非偶然的或比较特殊的风险，其责任范围包括以下几个方面。

（1）基本险的除外责任（5 种）。

（2）其他除外责任。

（3）责任起讫。保险的责任起讫，是指保险人对被保险货物承担保险责任的有效时间。被保险货物如果在保险有效期内发生保险责任范围内的风险损失，被保险人有权进行索赔，否则就无权进行索赔。

（4）基本险的责任起讫。基本险的责任起讫通常采用国际保险业惯用的"仓至仓条款"（warehouse to warehouse clause，W/W）。

（5）其他险别的责任起讫。战争险的责任起讫与基本险所采用的"仓之仓条款"不同，它是以"水上危险"为限。如果货物不卸离海轮或驳船，则从海轮到达目的港当日午夜起算满 15 日为止，等再装上续运海轮时，保险责任才继续有效。

## 11.3 航空货物运输保险

### 11.3.1 航空货物运输保险的分类

保险公司承保通过航空运输的货物，保险责任是以飞机作为主体来加以规定的。航空货物运输保险分为航空运输险和航空运输一切险两种。

**1. 航空运输险**

本保险负责在以下情况的赔偿。

（1）被保险货物在运输途中遭受雷电、火灾、爆炸或由于飞机遭受恶劣气候或其他危难事故而被抛弃，或由于飞机遭碰撞、倾覆、坠落或失踪等意外事故所造成全部或部分损失。

（2）被保险人对遭受承保责任内危险的货物采取抢救、防止或减少货损的措施而支付合理费用，但以不超过该批被救货物的保险金额为限。

#### 2．航空运输一切险

除包括上列航空运输险责任外，本保险还负责被保险货物由于外来原因所致的全部或部分损失。

### 11.3.2 除外责任

航空货物运输保险的除外责任是指对下列损失不负赔偿责任。
（1）被保险人的故意行为或过失所造成的损失。
（2）属于发货人责任所引起的损失。
（3）保险责任开始前，被保险货物已存在的品质不良或数量短差所造成的损失。
（4）被保险货物的自然损耗、本质缺陷、特性及市价跌落、运输延迟所引起的损失或费用。

### 11.3.3 责任起讫

（1）本保险负"仓至仓"责任，自被保险货物运离保险单所载明的起运地仓库或储存处所开始运输时生效，包括正常运输过程中的运输工具在内，直至该项货物运达保险单所载明的目的地收货人的最后仓库或储存处所或被保险人用作分配、分派或非正常运输的其他储存处所为止。如未运抵上述仓库或储存处所，则以被保险货物在最后卸载地卸离飞机后满30天为止。如在上述30天内被保险货物需转送到非保险单所载明的目的地时，则以该项货物开始转运时终止。

（2）由于被保险人无法控制的运输延迟、绕道、被迫卸货、重新装载、转载或承运人运用运输合同赋予的权限所做的任何航行上的变更或终止运输合同，致使被保险货物运到非保险单所载目的地时，在被保险人及时将获知的情况通知保险人，并在必要时加缴保险费的情况下，本保险仍继续有效，保险责任按下述规定终止。

① 被保险货物如在非保险单所载目的地出售，保险责任至交货时为止。但不论任何情况，均以被保险货物在卸载地卸离飞机后满30天为止。

② 被保险货物在上述30天期限内继续运往保险单所载原目的地或其他目的地时，保险责任仍按上述第（1）款的规定终止。

### 11.3.4 被保险人的义务

被保险人应按照以下规定的应尽义务办理有关事项，如因未履行规定的义务而影响保险公司利益时，保险公司对有关损失有权拒绝赔偿。

（1）当被保险货物运抵保险单所载目的地以后，被保险人应及时提货，当发现被保险货物遭受任何损失，应立即向保险单上所载明的检验、理赔代理人申请检验，如发现被保险货物整件短少或有明显残损痕迹,应立即向承运人、受托人或有关当局索取货损货差证明。如果货损货差是由于承运人、受托人或其他有关方面的责任所造成,应以书面方式向他们提出索赔,必要时还须取得延长时效的认证。

(2) 对遭受承保责任内危险的货物,应迅速采取合理的抢救措施,防止或减少货物损失。

(3) 在向保险人索赔时,必须提供下列单证:保险单正本、提单、发票、装箱单、磅码单、货损货差证明、检验报告及索赔清单;如涉及第三者责任还须提供向责任方赔偿的有关函电及其他必要的单证或文件。

### 11.3.5 索赔期限

本保险的索赔时效从被保险货物在最后卸载地卸离飞机后起计算,最多不超过2年。

## 11.4 陆上货物运输保险

### 11.4.1 陆上货物运输保险的分类

本保险分为陆运险和陆运一切险两种。被保险货物遭受损失时,本保险按保险单上订明承保险别的条款规定负赔偿责任。

**1. 陆运险**

本保险负责在下列情况下赔偿。

(1) 被保险货物在运输途中遭受暴风、雷电、洪水、地震等自然灾害,或由于运输工具遭受碰撞、倾覆、出轨,或在驳运过程中因驳运工具遭受搁浅、触礁、沉没、碰撞,或由于遭受隧道坍塌、山崩或失火、爆炸等意外事故所造成的全部或部分损失。

(2) 被保险人对遭受承保责任内危险的货物采取抢救、防止或减少货损的措施而支付的合理费用,但以不超过该批被救货物的保险金额为限。

**2. 陆运一切险**

除包括上列陆运险的责任外,本保险还负责被保险货物在运输途中由于外来原因所致的全部或部分损失。

### 11.4.2 除外责任

陆上货物运输保险的除外责任是指对下列损失不负赔偿责任。

(1) 被保险人的故意行为或过失所造成的损失。

(2) 属于发货人责任所引起的损失。

(3) 在保险责任开始前,被保险货物已存在的品质不良或数量短差所造成的损失。

(4) 被保险货物的自然损耗、本质缺陷、特性及市场跌落、运输延迟所引起的损失或费用。

（5）陆上运输货物战争险条款和罢工险条款规定的责任范围和除外责任。

### 11.4.3 责任起讫

本保险负"仓至仓"责任，自被保险货物运离保险单所载明的起运地仓库或储存处所开始运输时生效，包括正常运输过程中的陆上和与其有关的水上驳运在内，直至该项货物运达保险单所载目的地收货人的最后仓库或储存处所或被保险人用作分配、分派的其他储存处所为止，如未运抵上述仓库或储存处所，则以被保险货物运抵最后卸载的车站满 60 天为止。

### 11.4.4 被保险人的义务

被保险人应按照以下规定的应尽义务办理有关事项，如因未履行规定的义务而影响保险公司利益时，保险公司对有关损失有权拒绝赔偿。

（1）当被保险货物运抵保险单所载目的地以后，被保险人应及时提货，当发现被保险货物遭受任何损失，应立即向保险单上所载明的检验、理赔代理申请检验。如发现被保险货物整件短少或有明显残损痕迹，应立即向承运人、受托人或有关当局索取货损货差证明。如果货损货差是由于承运人、受托人或其他有关方面的责任所造成，应以书面方式向他们提出索赔，必要时还需取得延长时效的认证。

（2）对遭受承保责任内危险的货物，应迅速采取合理的抢救措施，防止或减少货物损失。

（3）在向保险人索赔时，必须提供下列单证：保险单正本、提单、发票、装箱单、磅码单、货损货差证明、检验报告及索赔清单；如涉及第三者责任还须提供向责任方追偿的有关函电及其他必要的单证或文件。

### 11.4.5 索赔期限

本保险的索赔时效从被保险货物在最后目的地车站全部卸离车辆后计算，最多不超过 2 年。

## 思考与练习

1. **基本概念**

   货物运输保险　　　　　平安险　　　　　　一切险
   
   一般附加险　　　　　　包装破裂险　　　　陆运险

2. **简答题**

   （1）列举国际货物运输保险的种类。
   
   （2）国际货物运输保险的原则是什么？

（3）分析单独海损和共同海损的区别。
（4）国际货物运输中保险单是否可以转让？为什么？

3. 案例阅读与分析

### 保险公司责任的认定

我国某外贸公司与澳大利亚某进口商达成一项皮手套出口合同，价格条件为 CIF 悉尼，支付方式为不可撤销即期信用证，投保 ICC（A）险。生产厂家在生产的最后一道工序将手套的湿度降低限度，然后用牛皮纸包好装入双层瓦棱纸箱，再装入集装箱。货物到达目的港后，检验结果表明，全部货物因受潮而发霉、沾污、变色，损失价值达 80 000 美元。据分析，该批货物出口地不异常热，进口地不异常冷，运输途中无异常，完全属于正常运输。

（1）保险公司对该批货物是否负有赔偿责任？为什么？
（2）该进口商对受损货物是否需要支付货款？为什么？

# 第12章

# 运输法律法规

> **学习目标**
> - 了解国际货物运输法律法规。
> - 了解我国货物运输法律法规现状,掌握我国铁路、公路、水路及航空货物运输等相关法律法规。
> - 学会运用相关的法律法规解决实际工作中国际、国内货物运输的简单法律问题。

## 12.1 国际货物运输法律法规

由于货物运输方式很多,适用不同运输方式的法律法规和国际公约也有多种。如果我国是某个国际公约的成员国,则该国际公约比国内法优先适用;如果我国不是某个国际公约的成员国或者该国际公约没有规定,则适用我国相关的法律法规。

### 12.1.1 国际海上货物运输的法律法规

目前,适用于国际海上货物运输的国际公约有3个,即《海牙规则》《维斯比规则》《汉堡规则》。

**1. 海牙规则**

《海牙规则》是国际海上货物运输,特别是班轮运输中一个十分重要的国际公约,全称为《统一提单的若干法律规定的国际公约》,于1924年在布鲁塞尔订立,1931年6月2日正式生效,目前有80多个成员国。

《海牙规则》的主要内容如下所述。

(1) 承运人提供适航船舶的义务。

① 承运人有义务在开航前和开航时谨慎处理,以便使船舶适航;

② 妥善地配备船员、装备船舶和配备供应品;

③ 使货舱、冷藏舱、冷气舱和该船其他载货处所适于并能安全收受、载运和保管货物。

(2) 承运人管理货物的义务。承运人应适当而谨慎地装载、操作、积载、运输、保管、照料和卸下所运货物。

(3) 承运人的责任豁免。《海牙规则》采用的是"不完全过失责任制"。它规定了17项承运人的免责事项，同时又规定承运人只有履行了适航义务才能享受豁免权利。

(4) 承运人的赔偿责任限制。承运人的赔偿责任限制是指已明确承运人不能享受免责权利而负有赔偿责任时，承运人所需支付的最高赔偿金额。

(5) 承运人的责任期间。承运人的责任期间为货物装上船舶开始至卸离船舶为止的一段时间。

(6) 索赔通知与诉讼时效。根据《海牙规则》对索赔通知与诉讼时效的规定，收货人应将货物损失的一般情况于货物被移交其监管之前或当时以书面方式通知承运人或其代理人，否则这种移交便应作为承运人已经按照提单规定交付货物的表面证据。《海牙规则》规定的诉讼时效"在任何情况下"均为一年。

(7) 适用范围。《海牙规则》适用于在任何缔约国签发的一切提单。

**2. 维斯比规则**

《维斯比规则》，全称为《修改统一提单的若干法律规定的国际公约的议定书》，于1968年在布鲁塞尔签订，1977年6月23日生效，目前有20多个缔约国。《维斯比规则》的修订内容如下所述。

(1) 确立了提单作为最终证据的法律效力。当提单已被转与诚实行事的第三方时，便不能接受与此相反的证据。

(2) 延长了诉讼时效。经当事方同意的时效延长同样有效。

(3) 提高了承运人赔偿责任限制。

(4) 增加了集装箱货物的责任限制条款。如果货物是以集装箱、托盘或类似的运输工具集装，则提单中所载明的装在这种运输工具的包数或单位数，便可视为计算赔偿限额的包数或单位数。除上述情况外，此种运输工具应视为包件或单位。

(5) 非合同索赔的适用。

(6) 扩大了该公约的适用范围。

**3. 汉堡规则**

《汉堡规则》，全称为《1978年联合国海上货物运输公约》，于1978年3月汉堡会议通过，1992年11月1日正式生效。《汉堡规则》对《海牙规则》做了较为全面和彻底的修改。《汉堡规则》的修订内容主要包括：

① 加强了承运人的赔偿责任；
② 扩大了货物的范围；
③ 延长了承运人的责任期间；
④ 提高了承运人赔偿责任限制；
⑤ 确立了保函的法律效力；
⑥ 延长了诉讼时效；
⑦ 扩大了公约的适用范围。

我国不是上述3个国际公约的成员国，但我国已于1993年7月1日实施《海商法》，以调整海上货物运输等法律关系。《海商法》涉及面广,包括总则、船舶、船员、海上货物运输合同、海上旅客运输合同、船舶租用合同、海难救助、共同海损、海事赔偿责任限制、海上保险合同、时效、涉外关系的法律适用和附则等共 15 章内容。《海商法》具有较强的国际性,其所规定的托运人与承运人的责任如下所述。

1) 托运人的责任

我国《海商法》规定托运人的责任有:① 妥善包装货物并正确申报;② 正确办理货物运输手续;③ 通知义务;④ 支付运费等。

2) 承运人的责任

(1) 责任期间。我国《海商法》规定,承运人对集装箱装运的货物责任期间是从装运港接收货物时起至卸货港交付货物时止,货物处于承运人掌管的全部期间。

(2) 应负责任。《海牙规则》和我国《海商法》规定的承运人应负责任主要有:① 提供适航船舶;② 妥善地、谨慎地管理货物;③ 及时开航并不得无故绕航;④ 按照运输合同签发提单等,并在指定的目的港向运输单据指定的收货人交付货物。

(3) 承运人的免责。承运人的免责包括:① 火灾免责;② 不可抗力免责;③ 由于托运人或收货人原因免责;④ 驾驶过失免责;⑤ 其他原因免责。

## 12.1.2 国际铁路货物运输的法律法规

### 1. 国际铁路货物运输的概念和特点

(1) 国际铁路货物运输的概念。国际铁路货物运输是指利用铁路进行国际货物运输。它主要是通过联运实现的,在国际货物运输中仅次于国际海上货物运输。

(2) 国际铁路货物运输的特点。国际铁路货物运输在速度上仅次于空运,在载货量上仅次于海运,具有不易受气候条件影响,能全年正常运行,运转过程中遭遇的风险小、连续性强等特点,主要适用于内陆国家之间的运输。

### 2. 有关国际铁路货物运输的国际公约

关于国际铁路货物运输的国际公约主要有以下两个。

(1)《国际铁路货物运输公约》,以下简称《国际货约》。该公约 1961 年在伯尔尼签订,1970 年 2 月 7 日修订,1975 年 1 月 1 日生效。该公约有 20 多个成员国,我国不是其成员国。

(2)《国际铁路货物联运协定》,以下简称《国际货协》。该公约 1951 年在华沙签订,修订本于 1974 年 7 月 1 日生效。该公约有 10 多个成员国,我国是其成员国。凡经由铁路运输的进出口货物均按照《国际货协》的有关规定办理。

### 3.《国际货协》的主要内容

1) 合同的订立

根据《国际货协》第 6 条、第 7 条的规定,发货人在托运货物的同时,应对每批货物按规定的格式填写运单和运单副本,由发货人签字后向始发站提交。从始发站在运单和运单副本上加盖印戳时起,运输合同即告成立。运单是铁路收取货物、承运货物的凭证,也是在终点站向收货人核收运杂费用和点交货物的依据。

2) 合同当事人的权利和义务

(1) 托运人的权利和义务主要有以下几个方面。

① 如实申报。托运人应对其在运单中所填和声明的事项的正确性负责,并对记载和声明的事项的不正确、不确切或不完备及未将应报事项记入运单造成的一切后果承担责任。

② 文件完整。托运人必须将货物在运送途中未履行海关和其他规章所需要的签付文件附在运单上。

③ 货物的交付和拒收。托运人在填写运单的同时,要提交全部货物和付清运费和有关费用。提交的货物可以是整车也可以是零担,但不得属于邮政专运物品、炸弹炸药和军火,不得属于《国际货协》附件(四)中所列的危险物品及重量不足 10 kg 的零担货物。

④ 费用的支付和计算。发送国铁路的运送费用按发送国的国内运价计算,在始发站由发货人支付。到达国铁路的运送费用按到达国的国内运价计算,在终点站由收货人支付。如货物始发站和到达的终点站(到站)属于两个相邻国家且无须经由过第三国国境运输,且两国间定有直通运价规程时,则按运输合同订立日有效的直通运价规程计算、如货物需经第三国过境运输时,过境铁路的运输费用应按运输合同订立日有效的《国际铁路货物联运统一过境运价规程》(简称《统一货价》)的规定计算。

⑤ 合同变更。发货人可以在始发站将货物领回、变更到站、变更收货人及将货物运还始发站。

(2) 承运人(铁路)的权利和义务主要有以下几个方面。

① 从始发站办妥手续并交付货物后,不论途经多少个国家,均须负责完成货物的全程运送,直至到站将货物交给收货人为止。

② 货物抵达到站后,在收货人付清运单所载的一切应付费用后,必须将货物和运单一起交给收货人。

③ 有权检查发货人在运单中记载的事项是否正确。如果记载或声明的事项不正确、不确切、不完整,铁路有权核收罚款。

④ 对于按规定条件承运的货物,承运人应对在承运期间发生的全部或部分灭失和损坏及逾期运达而造成的损失负责。其赔偿的最高限额,在任何情况下均不超过货物全部灭失的款额。

但因下列原因造成的货物毁损、灭失,铁路不负责:由于铁路不能预防和不能消除的情况;由于货物的特殊自然性质而引起自燃、损坏、生锈、内部腐坏和类似的后果,以及自然减量;因发货人和收货人的过失所造成的损失;因发货人或收货人的押运人员的过失,以及装车和卸车的原因所造成的损失;因包装缺陷而造成的损失,且此种缺陷在承运货物时无法从其外表发现;托运人托运违禁品或有特殊要求的货物而未按规定办理的;由于发运铁路规章许可,使用敞车类货车运送货物的。对前三类免责事由,铁路应负举证责任。

3) 赔偿请求

发货人和收货人有权根据运输合同提出赔偿请求,赔偿请求可以书面方式由发货人向发送站(始发站)提出,或由收货人向收货站(到站)提出,并附上相应根据,注明款额。向铁路提出赔偿请求时,应按照下列规定办理。

(1) 运单项下货物全部灭失时,由发货人提出,同时须提交运单副本,或收货人提出,同时提交运单或运单副本;

(2) 货物部分灭失、毁损或腐坏时，由发货人或收货人提出，同时须提交运单及铁路在到站交给收货人的商务记录；

(3) 逾期交货时，由收货人提出，同时须提交运单；

(4) 多收运送费用时，由发货人按其已交付的款额提出，同时必须提交运单副本或发送站国内规章的其他文件，或由收货人按其所交付的运费提出，同时须提交运单。

铁路自有关当事人向其提出索赔请求之日起，必须在180天内审查该项请求，并予以答复。

4) 诉讼时效

有关当事人依据运输合同向铁路提出的赔偿请求和诉讼，以及铁路对发货人和收货人关于支付运送费用、罚款和赔偿损失的要求和诉讼，应在9个月内提出；关于货物运到逾期的赔偿请求和诉讼，应在2个月内提出。其具体诉讼时效起算日如下。

(1) 关于货物毁损或部分灭失及运到逾期的赔偿，自货物交付之日起算；

(2) 关于货物全部灭失的赔偿，自货物运到期限届满后30天起算；

(3) 关于补充运费、杂费、罚款的要求，或关于退还此项款额的赔偿请求，或纠正错算运费的要求，应自付款之日起算；如未付款时，应自交货之日起算；

(4) 关于支付变卖货物的余款的要求，自变卖货物之日起算；

(5) 在其他所有情况下，自确定赔偿请求成立之日起算。

凡诉讼时效期间已过的赔偿请求和要求，不得以诉讼形式提出。

## 12.1.3　国际航空货物运输的法律法规

**1. 国际航空货物运输的特点**

近年来，航空运输在国际贸易中应用得越来越多，货运量不断增加。国际航空货物运输具有运输速度快，航行时间短，安全性能高，货物破损率小，存储费用、包装费用和保险较低等特点。

**2. 有关国际航空货物运输的国际公约**

目前，调整国际航空货物运输关系的国际公约主要有3个，即《华沙公约》《海牙议定书》和《瓜达拉哈拉公约》。

1) 华沙公约

《华沙公约》的全称是《统一国际航空运输某些规则的公约》，1929年在华沙签订，1933年2月13日生效。我国于1958年加入该公约。它是国际航空货物运输的一个最基本的公约。

2) 海牙议定书

《海牙议定书》的全称是《修订1929年10月12日在华沙签订的统一国际航空运输某些规则的公约的议定书》，1955年9月在海牙签订，1963年8月1日生效。我国于1975年加入该议定书。

3) 瓜达拉哈拉公约

《瓜达拉哈拉公约》的全称是《统一非缔约承运人从事国际航空运输某些规则以补充华沙公约的公约》，1961年在墨西哥的瓜达拉哈拉签订，1964年5月1日生效。我国未加入该公约。

另外《中华人民共和国民用航空法》也对国际航空货物运输做出规定，包括货物的承运、交付、运输费用、贸易合同中有关空运的价格条件等。

#### 3. 国际航空货物运输合同

1) 国际航空货物运输合同的签订

根据《华沙公约》的规定，在没有相反的证明时，航空货运单是订立合同、接受货物和承运条件的证明。根据这一规定，航空货运单通常就是双方当事人所订立的国际航空货物运输合同。国际航空货物运输的当事人：一方是承运人；另一方是托运人和收货人，一般为进口商或出口商。

2) 承运人的权利和义务

(1) 承运人的基本权利。承运人的基本权利有：收取相关费用，并依规定的免责事项和责任限额以减免或限制自己的赔偿责任。

(2) 承运人的主要义务。承运人的主要义务是按时、安全地将货物送达目的地。

3) 托运人和收货人的权利和义务

(1) 托运人的基本义务。根据《华沙公约》的有关规定，托运人的基本义务有：支付运费、正确填写航空货运单等。

(2) 托运人享有的权利。根据《华沙公约》的有关规定，托运人享有的权利有：在起运地或目的地提回货物、中止运输等。

(3) 收货人的权利和义务。收货人的基本权利是提取货物、行使索赔权；基本义务是缴付应付款项等。

4) 索赔和诉讼时效

索赔时效和诉讼时效是两个不同的概念。受损方向责任方提出赔偿要求被称为索赔，索赔应在规定的时间提出，即索赔时效。而诉讼时效则是指向法院提出诉讼的日期，如果在规定的时间未提出诉讼，法院一般不再受理，责任方可解除一切责任。索赔方没有或没有按期向责任方发出索赔通知，并不影响其直接向法院起诉。若逾期向法院起诉，法院将依法不再受理。

《华沙公约》规定，如果货物有损坏情况，收货人在发现货损时，最迟应在收货后7天内提出异议，如发生延误，最迟应在收货后14天内提出异议。《海牙议定书》将这两个时限分别改为14天和21天。异议要写在运输凭证上或以书面方式提出。除非承运人有诈欺行为，否则超过规定期限，收货人不能对承运人起诉。

有关赔偿的诉讼应在航空器到达目的地之日起2年内提出，否则丧失追诉权。关于诉讼管辖权，原告可以选择在一个缔约国的领土上向承运人住所地或其总管理处所在地或签订合同的机构所在地法院，或向目的地法院提出。由几个连续承运人办理的国际航空货物运输，第一承运人和每一段运输的承运人要对托运人和收货人负连带责任。

## 12.1.4 国际货物多式联运的法律法规

#### 1. 国际货物多式联运的概念和特点

(1) 国际货物多式联运的概念。国际货物多式联运是指按照多式联运合同，以至少两种不同的运输方式，由多式联运经营人将货物从一国境内接管货物的地点运到另一国境内指定交付货物的地点。

(2) 国际货物多式联运的特点。

① 可以实现"门到门"运输。

② 可以节省包装材料、减少运杂费、提高装载效率。

③ 可以减少货损货差、提高装运质量等。

#### 2. 有关国际货物多式联运的国际公约

1973 年国际商会制定了《联运单证统一规则》，该规则性质上属于国际贸易惯例，只在商业合同当事人同意采用时，才对双方当事人具有约束力。

1980 年 5 月在联合国贸易与发展会议的主持下，制订并通过了《联合国国际货物多式联运公约》（以下简称《联运公约》）。我国在会议最后文件上签了字。

#### 3. 《联运公约》的主要内容

1) 多式联运经营人的赔偿责任

多式联运经营人是指其本人或通过其代表订立多式联运合同的任何人，他是事主，而不是发货人的代理人、代表或参加多式联运的承运人的代表人或代表，并且负有履行合同的责任。

（1）责任期间。多式联运经营人对货物负责的责任期间为接管货物之日起至交付货物止，赔偿责任的归责原则是推定过失责任制。

（2）责任限额。每件或每货运单位 9.20 记账单位，或毛重每千克 2.75 记账单位，以高者为准。记账单位是指国际货币基金组织所规定的特别提款权。

2) 发货人的赔偿责任

由于发货人或其受雇人、代理人在受雇范围内过失或疏忽给多式联运经营人造成损失的，发货人承担赔偿责任。

3) 索赔与诉讼

根据《联运公约》的规定，无论是收货人向多式联运经营人索赔，还是多式联运经营人向发货人索赔，都必须在规定的时间内向对方发出有关货物灭失、损坏或延迟交货的书面通知，且其诉讼时效一般为 2 年。但是，在货物交付之日或应交付之日起 6 个月内没有提出书面索赔通知的，则诉讼在此期限届满后即失去时效。

## 12.1.5 国际公路货物运输公约

涉及国际公路货物运输的公约或规则主要有《海牙规则》《维斯比规则》《汉堡规则》《华沙公约》及《海牙议定书》等。在众多国际公约中，比较系统地对国际公路货物运输做出规定的是《国际公路货物运输合同公约》，该公约于 1956 年 5 月 19 日在日内瓦由欧洲 17 国签署并生效，共 8 章 51 条。

## 12.1.6 国际货物运输法律法规操作人员的基本技能

#### 1. 职责范围

（1）操作人员应了解和熟悉相关的货物运输的国际公约和我国有关的国内法。

(2) 操作人员应密切注意国内外政治、经济环境和各种国际货物运输法律法规的变化。

(3) 在各种货物运输业务操作过程中，操作人员应采取有效的方法和严谨的态度，对各种争议进行预防。

(4) 在各种货物运输争议发生后，操作人员应采取有效合理的方式、方法对争议进行妥善解决。

**2. 处理国际货物运输争议的途径**

(1) 处理国际货物运输争议的途径主要有自决与和解、调解、仲裁和诉讼。自决与和解是解决包括国际货物运输争议在内的各种民事争议的最原始和最简单的一种方式，其中自决注重强力，不利于对弱者的保护；和解是指没有第三者参加而自行解决争议，其结果是达成和解协议。

(2) 调解。它是指在第三者的主持或参加下解决当事人之间的争议。根据调解人不同，调解分为法院调解、仲裁机构调解、其他单位和公民个人调解。

(3) 仲裁。它是当事人根据他们之间达成的书面仲裁协议，将争议提交某一仲裁机构进行裁决的制度。仲裁作为解决民商事和海事争议的途径，如今已为国内外所广泛采用。

(4) 诉讼。它是当事人以起诉的方式，由法院依照法定程序行使审判权来解决争议的一种重要途径，是解决各种争议方法中最权威和最有效的一种。

**3. 国际货物运输仲裁的程序**

(1) 与在中国进行国际货物运输仲裁有关的主要立法。相关法律法规主要包括：《中华人民共和国仲裁法》《中华人民共和国诉讼法》《中华人民共和国海事诉讼特别程序法》《承认及执行外国仲裁裁决公约》等。

(2) 国际货物运输仲裁的基本操作规程。根据我国有关法律法规和我国缔结或参加的国际公约，当事人参与国际货物运输仲裁的先后顺序大致是：进行仲裁前准备、向法院及时提出仲裁前保全措施、参与仲裁程序、申请撤销仲裁裁决、最后进入执行程序等。

**4. 国际货物运输诉讼的程序**

(1) 国际货物运输诉讼适用的程序依据。这些依据主要包括：《中华人民共和国诉讼法》《中华人民共和国海事诉讼特别程序法》，以及中国最高人民法院有关国际货物运输诉讼方面的规定、中国缔结或参加的多边或双边国际条约、司法协助条约等。

(2) 国际货物运输诉讼的基本操作规程。根据我国有关法律法规和我国缔结或参加的国际公约，当事人参与国际货物运输诉讼的先后顺序大致是：进行诉讼前准备、向法院及时提出诉讼前保全措施、参与各相关的审判程序、最后进入执行程序等。

## 12.2 我国货物运输法律法规

我国运输业的立法和实践经历了新中国成立初期的计划经济体制阶段、十一届三中全会后至1988年的初步开放阶段及1988年以后的快速发展阶段。经过几十年的探索和发展，我国已建立了包括公路运输、铁路运输、航空运输、水路运输、货运代理等方面的运输业的法律规范体系。

## 12.2.1 公路运输的法律法规

目前在我国运输基础设施中,公路的使用率相对较高,在短途物流配送中,公路运输的作用显得尤为重要。由于公路运输是我国较为传统的运输方式之一,发展速度也相对较快,因此调整公路运输的法律也比较全面,主要有《中华人民共和国公路法》《中华人民共和国道路交通安全法》《道路旅客运输及客运站管理规定》《道路运输服务质量投诉管理规定》等一系列法律规范。

《中华人民共和国公路法》主要有总则、公路规划、公路建设、公路养护、路政管理、收费公路、监督检查、法律责任、附则等内容。根据 2016 年 11 月 7 日第十二届全国人民代表大会常务委员会第二十四次会议《关于修改〈中华人民共和国对外贸易法〉等十二部法律的决定》,该法进行了第四次修正。将第四十八条修改为:"铁轮车、履带车和其他可能损害公路路面的机具,不得在公路上行驶。农业机械因当地田间作业需要在公路上短距离行驶或者军用车辆执行任务需要在公路上行驶的,可以不受前款限制,但是应当采取安全保护措施。对公路造成损坏的,应当按照损坏程度给予补偿。"

## 12.2.2 铁路运输的法律法规

铁路运输在我国是仅次于公路运输的一种运输方式,我国在铁路运输方面的法规主要有《中华人民共和国铁路法》《铁路货物运输规程》《铁路货运事故处理规则》《铁路货物运输杂费管理办法》《铁路货物运输管理规则》等。

**1. 中华人民共和国铁路法**

《中华人民共和国铁路法》主要包括总则、铁路建设、铁路安全与保护、法律责任及附则。其中涉及货物运输方面的规定主要有以下内容。

(1) 铁路运输合同。铁路运输合同是明确铁路运输企业与旅客、托运人之间权利和义务关系的协议;旅客车票、行李票、包裹票和货物运单是铁路运输合同或者铁路运输合同的组成部分。

(2) 铁路运输企业的责任。铁路运输企业应当按照铁路运输合同约定的期限或者国务院铁路主管部门规定的期限,将货物、包裹、行李运到目的站;逾期运到的,铁路运输企业应当支付违约金。铁路运输企业逾期 30 日仍未将货物、包裹、行李交付收货人或者旅客的,托运人、收货人或者旅客有权按货物、包裹、行李灭失向铁路运输企业要求赔偿。铁路运输企业应当对承运的货物、包裹、行李自接受承运时起到交付时止发生的灭失、短少、变质、污染或者损坏承担赔偿责任。由于下列原因造成的货物、包裹、行李损失的,铁路运输企业不承担赔偿责任。

① 不可抗力。

② 货物或者包裹、行李中的物品本身的自然属性,或者合理损耗。

③ 托运人、收货人或者旅客的过错。

(3) 托运人或者收货人的责任。因旅客、托运人或者收货人的责任给铁路运输企业造成财产损失的，由旅客、托运人或者收货人承担赔偿责任。

(4) 铁路运输合同争议的解决。发生铁路运输合同争议的，铁路运输企业和托运人、收货人或者旅客可以通过调解解决；不愿意调解解决或者调解不成的，可以依据铁路运输合同中的仲裁条款或者事后达成的书面仲裁协议向国家规定的仲裁机构申请仲裁。

当事人一方在规定的期限内不履行仲裁机构的仲裁决定的，另一方可以申请人民法院强制执行。当事人没有在铁路运输合同中订立仲裁条款，事后又没有达成书面仲裁协议的，可以向人民法院起诉。

**2. 铁路货物运输规程**

《铁路货物运输规程》(简称《货规》)。它是铁路运输企业和托运人、收货人组织货物运输、划分权利和义务及承担经济责任的基本规章，对双方都具有约束效力。在货物运输过程中，铁路运输企业和托运人、收货人都有应遵守《货规》的规定。《货规》的主要内容如下所述。

1) 货物运输的有关规定
(1) 货物运输基本条件。
(2) 货物运输合同的签订。
(3) 货物的托运、受理和承运。
(4) 货物搬入装车和卸车。
(5) 货物到达交付和搬入。
(6) 运到期限。
(7) 货物运输合同变更和解除。
(8) 运输阻碍的处理。
(9) 货车出租和托运人自备机车、车辆运输。
(10) 托运人、收货人组织装卸货物的交接等。

2) 货运事故处理及赔偿和运输费用的退补
(1) 货运事故处理。货物在铁路运输过程中（包括承运前保管和交付完毕后保管）发生货损、货差、有货无票、有票无货或其他情况需要证明铁路运输企业同托运人或收货人之间的责任时，都应在当日按批编制货运记录。按件数和重量承运的货物，包装完整、件数相符而重量不足或多出时，不编制货运记录，只在货物运单内注明。整车货物途中需要换装或整理，而货物本身未发生损失及其他情况需要证明责任时，应在当日按批编制普通记录。货物在运输过程中，发现违反政府法令或危及运输安全的情况，承运人应按有关规定分别处理。承运人无法处理的意外情况，应立即通知托运人或收货人处理。货物的运到期限满期后经过15 天，或鲜活货物超过运到期限仍不能在到站交付货物时，车站应于当日编制货运记录交给收货人。运到期限满期后，经过 30 天，仍不能在到站交付货物时，托运人、收货人可按货物灭失向到站要求赔偿。在赔偿前，如货物运到时，车站应及时向收货人办理交付并收回货运记录。因承运人责任，将货物误运到站或误交付，承运人应编制货运记录将货物运到正当到站交给收货人。

(2) 货运事故赔偿和运输费用的退补。托运人或收货人向承运人要求赔偿货物损失时，应按批向到站（货物发送前发生的事故向始发站）提出赔偿要求书并附货物运单、货运记录和有关证明文件,按保价运输的个人物品,应同时提出盖有发站日期戳的物品清单;要求退还多收运输费用时,须提交货票丙联或运费杂费收据,直接联系收款站处理;收货人要求承运人支付运到逾期违约金时,应向到站提交货物运单。承运人向托运人或收货人提出赔偿要求时,应提交货运记录、损失清单和必要的证明文件。

承运人同托运人或收货人相互间要求赔偿或退补费用的有效期间为180日,但要求承运人支付违约金的有效期间为60日。承运人同托运人或收货人之间所发生的赔偿或退补费用及违约金的款额,每批货物不满5元(零担货物为每批不满1元),互不赔偿、退补、支付或核收,但个人托运的搬家货物、行李的赔偿、退补、支付或核收费用,不受以上规定款额的限制。

货物损失的赔偿价格:灭失时,按灭失货物的价格;损坏时,按损坏货物所降低的价格。承运人对托运人或收货人提出的赔偿或退还运输费用要求,应自受理该项要求的次日起,30日内(跨及两个铁路局以上的赔偿要求为60日)进行处理,答复要求人。要求人自收到答复的次日起60日内未提出异议,即为结案。

3)托运人、承运人、收货人责任的划分

承运人从承运货物时起(办理承运前保管的车站,从接收货物时起),至将货物交付收货人或依照规定移交给其他机关企业时止,对货物发生灭失、损坏负赔偿责任。但由于下列原因之一所造成的灭失、损坏除外:不可抗力;货物本身性质引起的碎裂、生锈、减量、变质或自燃等;货物的合理损耗;货物包装的缺陷,承运时无法从外部发现或未按国家规定在货物上标明包装储运图示标志;托运人自装的货物,加固材料不符合承运人规定条件或违反装载规定,交接时无法发现的;押运人未采取保证货物安全的措施;托运人或收货人的其他责任。由于托运人、收货人的责任或押运人的过错使铁路运输工具、设备或第三者的货物造成损失时,托运人或收货人应负赔偿责任。

## 12.2.3 航空运输的法律法规

在现有的运输方式中,航空运输是速度最快、效率最高的,但费用也是最高的。关于航空运输的国内立法,除《中华人民共和国民用航空法》外,还有《中国民用航空空中交通管理规则》《中华人民共和国民用航空安全保卫条例》《中国民用航空安全检查规则》《民用航空运输销售代理业管理规定》等。

## 12.2.4 水路运输的法律法规

水路运输的优点在于运价低、运量大,但缺点是速度较慢、风险较高。我国在水路运输方面的法律规范主要有《海商法》《国内水路运输管理条例》《中华人民共和国海上交通安全法》及《中华人民共和国国际海运条例》等。此外,由于我国已加入WTO,水路运输与国际接轨和统一相关法规成为当务之急。

## 12.2.5 货运代理的法律法规

货运代理是现代运输物流的普遍形态。关于货运代理的法律规范主要有：原外经贸部颁布的《中华人民共和国国际货物运输代理业管理规定》及《中华人民共和国国际货物运输代理业管理规定实施细则》，明确了国际货运代理人的法律地位；原外经贸部颁布的《外商投资国际货物运输代理企业审批规定》，对中外合资企业从事国际货物运输代理业务的条件和报批程序做出了规定。

## 12.2.6 国内货物运输法律法规操作人员的基本技能

**1. 职责范围**

（1）应了解和熟悉与国内货物运输相关的法律法规，并密切注意法律法规和与国际接轨。

（2）能熟练地应用相关的法律法规解决国内货物在运输中出现的法律问题。

（3）应掌握简单法律文书的填写。

**2. 处理国内货物运输争议的途径及其区别**

在我国，仲裁和调解、诉讼是解决国内货物运输争议的三个传统有效的方式，但它们之间也有明显的区别。

1）仲裁和调解的区别

仲裁和调解的区别主要在于法律效力不同。仲裁裁决是终局的，对双方均具有约束力。如果一方当事人不履行裁决，另一方当事人可以依照法律有关规定向人民法院申请执行，受申请的人民法院应当执行。而调解不是终局的，一方当事人拒收调解书，该调解书就不发生法律效力，这样就会影响争议的及时解决。

2）仲裁和诉讼的区别

二者的区别主要表现在以下4个方面。

（1）管辖不同。诉讼是强制管辖，仲裁是协议管辖，只有在双方当事人共同选定某一仲裁机构仲裁时，该仲裁机构才能受理当事人的申请。

（2）审理不同。诉讼一般是公开审理，仲裁自产生时就注重保护当事人的商业秘密，因此仲裁一般实行不公开审理。

（3）制度不同。我国法院实行两审终审制，当事人对一审判决不服可以上诉；而仲裁实行一裁终局制，裁决做出后，当事人就同一纠纷再申请仲裁或者向人民法院起诉时，仲裁委员会和人民法院不予受理。

（4）境外执行不同。法院的判决在境外执行一般需要判决地国与执行地国签有司法协助条约，或者有共同确认的互惠原则；仲裁裁决在境外执行，如是在《承认及执行外国仲裁裁决公约》的缔约国中执行，则会比较方便。

由于仲裁和调解、诉讼具有上述不同之处，因而也产生了收费比较低、结案比较快、程序比较简单、气氛比较宽松、当事人的意愿能得到广泛尊重的特点。

### 3. 国内仲裁的基本程序

按我国仲裁规则规定，仲裁的基本程序如下。

（1）申请仲裁。申请人应提交仲裁协议和仲裁申请书，并附交有关证明文件和预交仲裁费。仲裁机构立案后应向被诉人发出仲裁通知和申请书及附件。被诉人可以提交答辩书或反请求书。

（2）指定仲裁员组成仲裁庭。当事人双方均可在仲裁机构所提供的仲裁员名册中指定或委托仲裁机构指定一名仲裁员，并由仲裁机构指定第三名仲裁员作为首席仲裁员，共同组成仲裁庭。如果用独任仲裁员方式，可由双方当事人共同指定或委托仲裁机构指定。

（3）仲裁审理。仲裁审理案件有两种形式。一种是书面审理，也称不开庭审理，即根据有关书面材料对案件进行审理并做出裁决，海事仲裁常采用书面审理形式。另一种是开庭审理，这是普遍采用的一种形式。仲裁庭审是不公开的，以保护当事人的商业机密。

### 4. 国内诉讼的基本操作规程

根据我国有关法律法规，当事人参与国内货物运输诉讼的先后顺序大致是：进行诉讼前准备、向法院及时提出诉讼申请、参与各相关的审判程序、最后进入执行程序等。

# 思 考 与 练 习

**1. 基本概念**

《海牙规则》　《汉堡规则》　《铁路货物运输规程》

**2. 简答题**

（1）《维斯比规则》和《汉堡规则》及《海牙规则》相比有哪些不同？

（2）我国《海商法》对托运人及承运人的责任有哪些规定？

（3）《国际铁路货物联运协定》对合同当事人的责任是如何规定的？

（4）索赔时效和诉讼时效有什么不同？《华沙公约》对索赔时效和诉讼时效有哪些规定？

（5）《联合国国际货物多式联运公约》的主要内容有哪些？

（6）《铁路货物运输规程》对托运人、承运人、收货人的责任是如何划分的？

（7）汽车货物运输中托运人、承运人的主要运输责任有哪些？

**3. 案例阅读与分析**

船公司的责任

2016年10月，法国某公司（卖方）与中国某公司（买方）在上海订立了买卖200台电子计算机的合同，每台CIF上海1 000美元，以不可撤销的信用证支付，于2016年12月在法国马赛港交货。2016年11月15日，中国银行上海分行（开证行）根据买方指示向卖方开出了金额为 20 万美元的不可撤销信用证,并委托马赛的一家法国银行通知并议付此信用证。2016 年 12 月 20 日,卖方将 200 台计算机装船并获得要求的提单、保险单、发票等单据,随即到该法国议付行议付。经审查,单证相符,银行即将 20 万美元支付给卖方。载货船只离开马赛港 10 天后,在航行途中由于船员航行操作过失,船舶触礁,救助无效,货船及货物全部沉入大海。此时,开证行已收到了议付行寄来的全套单据,买方也已得知所购货物全部灭失的消息。中国银行上海分行拟拒绝偿付议付行已议付的 20 万美元货款,理由是其不能得到所期待的货物。

(1) 什么是 CIF?这批货物的风险自何时起由卖方转移到买方?
(2) 作为承运人的船公司是否要承担责任?为什么?
(3) 中国银行上海分行拒绝偿付货款的理由成立吗?为什么?

# 参考文献

[1] 中国国际货运代理协会．国际海上货运代理理论与实务［M］．北京：中国商务出版社，2005．

[2] 严新平，徐佑林．交通运输业的现代物流［M］．北京：经济管理出版社，2005．

[3] 张理，李雪松．现代物流运输管理［M］．北京：中国水利水电出版社，2005．

[4] 冯援援．运输实务［M］．北京：对外经济贸易大学出版社，2004．

[5] 井颖，季永青．运输管理实务［M］．3版．北京：高等教育出版社，2014．

[6] 郑全成．运输与包装［M］．2版．北京：清华大学出版社，2013．

[7] 陈利秋，李培亮．物流管理操典［M］．广州：广东经济出版社，2002．

[8] 杨家其．现代物流与运输［M］．北京：人民交通出版社，2005．

[9] 黄福华，袁世军．现代企业物流运作管理案例选评［M］．长沙：湖南科学技术出版社，2003．

[10] 王斌义．现代物流实务［M］．北京：对外经济贸易大学出版社，2003．

[11] 佟立本．交通运输概论［M］．北京：中国铁道出版社，2001．

[12] 现代物流管理课题组．运输与配送管理［M］．广州：广东经济出版社，2002．

[13] 余群英．组织与管理［M］．2版．北京：机械工业出版社．2009．

[14] 周在青．物流业务管理［M］．上海：上海财经大学出版社，2003．

[15] 《运筹学》教材编写组．运筹学［M］．4版．北京：清华大学出版社，2012．

[16] 缪六莹．物流运输管理实务［M］．成都：四川人民出版社，2002．

[17] 罗纳德．企业物流管理：供应链的规划组织和控制［M］．王晓东，胡瑞娟，等译．2版．北京：机械工业出版社，2006．

[18] 曲建科，杨明，王海蛟．现代物流企业管理［M］．北京：中国经济出版社．2005．

[19] 吴清一．物流管理：中级［M］．北京：中国财富出版社．2005．

[20] 吴清一．物流实务：初级［M］．北京：中国财富出版社．2005．

[21] 纪荣泰．国际货物运输与保险法研究［M］．天津：天津科技翻译出版公司．2000．

[22] 张淑玲．国际商法［M］．北京：北京工业大学出版社．2003．

[23] 杨霞芳．国际物流管理［M］．2版．上海：同济大学出版社，2015．

[24] 曲昭仲．物流运输管理与实务［M］．北京：机械工业出版社，2005．

[25] 杨占林．国际物流法律操作实务［M］．北京：中国商务出版社，2004．

[26] 张建伟．物流运输业务管理模板与岗位操作流程［M］．北京：中国经济出版社，2005．

[27] 丁波．交通运输企业管理［M］．北京：机械工业出版社，2005．

[28] 汝宜红．物流运作管理［M］．2版．北京：清华大学出版社，2013．

[29] 张旭风.运输与运输管理［M］.北京：北京大学出版社.2004
[30] 戢守峰.物流管理新论［M］.北京：科学出版社,2004.
[31] 刘丽文.服务运营管理［M］.北京：清华大学出版社,2004.
[32] 张典焕.现代物流实务［M］.上海：立信会计出版社,2004.
[33] 周耀烈,葛洪磊.公路货运业中个体运力的整合［J］.中国物流与采购,2005,(9)：54—56.
[34] 中国国际货运代理协会.国际货运代理基础知识［M］.北京：中国商务出版社,2005.
[35] 林自葵.货物运输与包装［M］.2版.北京：机械工业出版社,2010.
[36] 邓凤祥.现代物流成本管理［M］.北京：经济管理出版社,2003.
[37] 现代物流管理课题组.物流成本管理［M］.广州：广东经济出版社,2002.
[38] 贾建华,阚宏.新编国际贸易理论与实务［M］.2版.北京：对外经济贸易大学出版社,2010.
[39] 严启明,韩艺萌.国际货物运输［M］.北京：对外经济贸易大学出版社,1994.
[40] 许明月,叶梅.国际陆空货物运输［M］.北京：对外经济贸易大学出版社,2003.
[41] 李德才.物流法律法规［M］.合肥：安徽大学出版,2015.
[42] 郑宁,张建明.物流运输管理［M］.上海：上海财经大学出版社,2016.
[43] 王容.物流法规与实务［M］.2版.杭州：浙江大学出版社,2016.
[44] 王芸.物流法律法规实务［M］.3版.北京：电子工业出版社,2017.
[45] 方仲民,方静.物流法律法规基础［M］.2版.北京：机械工业出版社,2017.